梁晓声说
我们的时代与社会

梁晓声 著

中国工人出版社

CONTENTS

目　录

第一章　**艰难的中国人**　倘言普遍之中国人的心情，那么我认为，在相当长的时期内，普遍之中国人的心情几乎可以由“郁闷”二字来概括。新中国成立的喜悦、“中国人民从此站起来了”的自豪甫过，就不断“折腾”，很快便使各阶层先后品咂到了“郁闷”的、欲说还休的滋味。有些郁闷是国家转型时期各阶层所必然遭遇必须渐适的心理过程，有些则是治理国家的经验不足导致的，更有些时候体现为“极左政治”的危害。

1. 变动的中国人 / 3
2. 中国人的郁闷 / 4
3. 勇于羞耻的现代公民 / 7
4. 从奴性到理性：国民性的变迁 / 10
5. 中国中产阶级，注定艰难 / 17
6. 我们的下一代真是“小上帝”吗？ / 21
7. 当今中国青年阶层分析 / 25
8. 扫描当代中国女性 / 33

第二章 **中国文化的沉思** 千年之交，回眸凝睇，看中国百余年文化云涌星驰，时有新思想的闪电，撕裂旧意识的阴霾；亦有文人之呐喊，儒士之捐躯；有诗作檄文，有歌成战鼓；有鲁迅勇猛所掷的投枪，有闻一多喋血点燃的《红烛》；有《新青年》上下求索强国之道，有“新文化运动”势不两立的摧枯拉朽……

1. 百年文化的表情 / 79
2. 传统文化之断想 / 83
3. 指证中国文化之摇篮 / 87
4. 国人辩论的表情 / 91
5. 文化的反省 / 94
6. 论文化在政治之上 / 99
7. 皇帝文化“化”了什么 / 104
8. 论文痞的起源 / 108
9. 论“苦行文化”之流弊 / 111
10. 中国“尼采综合征”批判 / 114
11. 沉思鲁迅 / 135

第三章 **呼唤人文教育** 人文在高层面关乎到国家的公平、正义，在最朴素的层面，我个人觉得，人文不体现在学者的论文里，也不要把人文说得那么高级，不要让我感觉到，“你不说我还听得清楚，你一说我反而听不明白了”。其实人文就在我们的寻常生活中，就在我们人和人的关系中，就在我们人性的质地中，就在我们心灵的细胞中，这些都是文化教养的结果，这也是我们学文化的原动力，而且是我们传播文化的一种使命。

1. 中国人文文化的现状 / 145
2. 论大学 / 153
3. 论大学精神 / 158
4. 大学生真小 / 161

5. 走出高等幼稚园 / 165
6. 论教育的诗性 / 167
7. 倦怠的时代 / 175
8. 人文教育——良知社会的起搏器 / 179
9. 一种愿望，一种理想 / 186
10. 父母是最朴素的人文 / 191

第四章 **社会的疼痛** 我进一步认为，“公平”在人类的词典中是这样的一个词——若抽掉其“人文”的，亦即自觉自愿地关怀弱势群体的内涵，那么也就失去了人类社会学的主要含义。这时的“公平”一词，只不过成了“弱肉强食”的丛林法则而已。人类社会若依据丛林法则行事，“泛达尔文主义”必成独步天下的主义。而“泛达尔文主义”是反人类的。

1. 崇尚“曲晦”乃全社会的变态 / 199
2. 税是社会公平的砝码 / 202
3. 一位地税员的自白 / 204
4. 社会黑洞 / 212
5. 权力与金钱 / 215
6. 贴官贴商 / 222
7. 关于“跑官” / 228
8. 中国档案制度质疑 / 230
9. 医生的位置 / 233
10. 木匠哪里去了？ / 236
11. 站直了，不容易 / 242
12. 敬畏为何在中国水土不服？ / 244
13. 俯瞰商业时代 / 247

第五章 做立体的中国人

我愿我们未来的中国，“纸板人”少一些，再少一些；“立体人”多一些，再多一些。我愿“纸板人”的特征不成为不良的基因传给他们的下一代。我愿“立体人”的特征在他们的下一代身上，有良好的基因体现。

1. 地质局长和一顶帐篷 / 275
2. 做立体的中国人 / 278
3. 拒做儒家思想的优秀生 / 284
4. 推荐《资本主义文化矛盾》 / 287
5. 法理与情理 / 291
6. 不能保护，难以文明 / 293
7. 文明的尺度 / 295
8. 时常想起方志敏 / 297
9. 父亲 / 300

第一章　艰难的中国人

倘言普遍之中国人的心情，那么我认为，在相当长的时期内，普遍之中国人的心情几乎可以由“郁闷”二字来概括。新中国成立的喜悦、“中国人民从此站起来了”的自豪甫过，就不断“折腾”，很快便使各阶层先后品咂到了“郁闷”的、欲说还休的滋味。有些郁闷是国家转型时期各阶层所必然遭遇必须渐适的心理过程，有些则是治理国家的经验不足导致的，更有些时候体现为“极左政治”的危害。

1. 变动的中国人

世界上究竟有多少种职业呢？它们又将世人划分成多少种人生形态呢？

谁能说得清楚啊！

然而很久以前的中国人，特别喜欢将世界数字化。开句玩笑，比今天由电脑科技所体现的世界数字化情况早很久的时代，中国人已经大致地将世界数字化了，比如用代表“十干”和“十二支”的文字配成六十组专门词，来规定年、月、日的次序；比如三十六颗天罡星，七十二颗地煞星（《水浒传》中的一百零八将，即是那些天上的神煞之星在凡间的化身）；比如二十四节气，这是世界上只有中国才家喻户晓的节气的细分法。而有些节气极富诗意，清明、谷雨、白露、惊蛰、大满、小满，等等。

数字的意象，也每体现在汉语言的形容方面和诗词佳句之中——如“九曲黄河”、“万里长江”、“一马平川”、“百年好合”，等等。如“三十功名尘与土，八千里路云和月”；如“微觉三四五点雨，闲看八九十枝花”……

很久以前的中国，一向是一个农业大国。其职业的种类是非常有限的，故用“五行八作”来形容。“五”、“八”是单数，概括不了的，于是又有“七十二行”、“三十六业”的说法。太啰唆，于是也有人干脆一言以蔽之曰“百工”。“百”在中国人的数字意识中是虽有限但意象很大的数，于是，似乎包罗了世间一切职业；自然，也便似乎包罗了许多种人生的状态。

有些民间职业，在中国曾普遍存在。比如“锔缸锔碗”的、修理雨伞的（他们的吆喝声是“扎鼓雨伞”）、吹糖人的、捏面人的、弹棉花的、磨刀剪的、走街串巷完全手工制作家具的木匠，等等。比如蒸汽火车时代的验轮工……

现在，中国的最后一辆蒸汽火车早已寿终正寝，开蒸汽火车的司机和司炉以及站台上的验轮工早已改行；现在，家具都是由流水线上生产的材料组装的了，于是游走木匠销声匿迹了。而我，最后一次见吹糖人的艺人，已是二十余年前的事了……

现在，中国早已不是从前的中国。它正由一个农业国变化为现代工业国和现代科技国。但是和全世界一样，由职业而形成的人生状态，依然是社会常规。也和全世界一样，最平凡的人们，往往从事最平凡的职业；而从事特殊职业的人们，也往往有较为特殊的人生经历。无论是这样的中国人，那样的中国人，无论男女老少，精神面貌已和从前大不一样了。

2. 中国人的郁闷

倘言普遍之中国人的心情，那么我认为，在相当长的时期内，普遍之中国人的心情几乎可以由“郁闷”二字来概括。新中国成立的喜悦、“中国人民从此站起来了”的自豪甫过，就不断“折腾”，很快便使各阶层先后品咂到了“郁闷”的、欲说还休的滋味。有些郁闷是国家转型时期各阶层所必然遭遇必须渐适的心理过程，有些则是治理国家的经验不足导致的，更有些时候体现为“极左政治”的危害。

新中国成立是一次国家性质的根本改变，中国自此走上了社会主义道路。工商改造公私合营是必然的，触及的只是少数人的利益，郁闷也是少数人的感受。

互助组、高级公社当年在农村也起到过好的作用，但所谓人民公社化，迫使农民吃食堂则分明犯了主观主义、激进主义的大错误。农民不情愿，也根本不习惯，很抵触，牛不喝水强按头，广大农民很郁闷。并且，不只是习惯不习惯的问题，而是大人孩子都饿肚子的苦楚。饿肚子不许说，还得强装出每天都撑着了的样子。

大炼钢铁虽然具有闹剧色彩，但当时清醒反对而又面对势不可挡的局面却无可奈何的某些党内领导人心中实感郁闷。知识分子亦是如此。看得分明却不能道出，而且批评有罪，于是郁闷之极。

“文革”自不必说，那不仅是清醒的、正直的、多少具有独立思想的人空前郁闷的十年，而且是命运险象环生、危机四伏的十年。独立思想稍有流露，必招致迫害，妻离子散、家破人亡。

许许多多过来人，当年感觉“四人帮”之被粉碎，“文革”之终结是“第二次解放”，将这个大事件与新中国成立相提并论。应该承认，即使放在全世界看，那也是最成功的一次正义行动，没有牺牲，没有流血，顺应民心党心军心，自然举国欢腾。当年那一种全国大喜悦，不但遍及从城市到农村的各个地方，而且持续了三四年之久。

接着是党中央批准知识青年可以返城。

“右派”获得平反。

纠正一切冤假错案。

思想理论界迎来了春天。

科技迎来了春天。

教育迎来了春天。

文艺、文化迎来了春天。

工农业生产迎来了春天。

仿佛是没有冬天的几年。

那是和解放初期一样让中国人舒心的几年。但是，中国还没做好面临多方面思想解放的各种准备。不但准备不足，而且乏经验可循。文化思想界自我表达的激动，与“拨乱反正”后亟待走上某种正轨的具体国情发生了对冲矛盾。这使大多数中国知识分子再一次郁闷了。

当年政治家们有句话是——“一放就乱，一治就死”，说明有些政治人士还不是主观上完全不愿“放”，也不是完全看不明白“放”是大趋势，是改革潮流。但，他们难以估计到后果，也不知该如何“放”，该“放”到什么程度，才既“放”了而又不至于“乱”了。故换位思考，当年的他们肯定也很郁闷。

接着是工业实行体制改革、优化组合，“甩包袱”、“结束大锅饭”、“砸掉铁饭碗”、工人“下岗”——于是，千千万万的“领导阶级”体味了空前郁闷。

再接着是“股份制”，绝大部分中国工人没钱入股，于是被“制”于股份利益之外了。现在看来，当初的股份制，化公为私的过程中权钱交易现象肯定不少，国有资产、集体资产流失到个人名下也是不争事实。中国工人不但郁闷，进而愤懑了。那是中国当年剧烈的阵痛。

刚刚“分田到户”，最大程度拥有土地使用权的农民们喜悦过后也再次郁闷。种子贵、化肥贵，不用种子、化肥就保证不了收成，用又用不起。而且粮价低，一年辛苦下来，得到的钱甚少。倘若遇到灾年，往往白辛苦一场。收了粮向农民打白条的现象屡禁难止。

全中国都在同情地呼吁——农民们压力太大了，救救农民！

那时的中国农民是厚道极了，也老成惯了。没人当面问，心中的郁闷是从不往外吐的。自然，被当面问的时候极少。偶被问，每有假农民替他们回答——不苦不苦，很幸福。

城市人面临房改了。

不少城市人郁闷了，因为凑不足钱买下本已分到自己名下的房产。现在看来，即使当年借钱买下的，也是买对了，买值了。因为毕竟从此有了大幅增值的一宗私产。

但是，刚参加工作的青年们郁闷了。按从前惯例，单位是要解决住房的，不过时间早晚而已，房屋大小、新旧而已。人们习惯了分房子，从没料到还得买房子。而且刚参加工作的他们也买不起商品房，尽管今天看来当年房价还极低，比现在房价的十分之一还低。

教改了——择校要交赞助费了，学校不包分配了，找工作也颇为不易，学子们大为郁闷。

医改了——虽然单位不是根本不负担医药费了，却并不全面负责了。医改实行在前，医保条例出台滞后，这又使中国人郁闷了。一户人家，一旦有了重病之人、久病之人，医药费问题每使倾家荡产、家徒四壁……

入学托关系，住院托关系，找工作托关系，转单位托关系。托关系成了大多数中国人的生存之道。有关系解危救难，没关系寸步难行。关系不仅是交情，还是人情。并且人情性价比越来越高。几乎每个中国人都不得已地或热衷于花费大量时间和精力用于经营各种复杂而微妙的甚至蝇营狗苟的关系。更精明的一些人，根据局面，不断调整关系。民间的关系经营催生了一笔又一笔人情债，官场的关系经营酿成了一茬又一茬裙带及背景庇护之下的腐败。

矿难接二连三，瞒报也接二连三，被“给予”或索取高额“封口费”成为某些记者的灰色收入。

大型项目争先上马、竣工、剪彩，喜气的表情还未褪去，豆腐渣工程让更多人郁闷。

比起饿肚子的年代，人们不愁吃喝了。但不知从何时起，苏丹红、牛肉膏、瘦肉精、染色馒头、硫黄姜出现了，甚至“爆炸西瓜”、“绝育黄瓜”等闻所未闻的食物也被“发明”出来。解决了温饱的中国人，简直没法逃避郁闷了。

人们郁闷于这个时代，可又不得不郁闷地适应本时代的五花八门的规则。被两种力量拉扯长大的中国人，像极了一张单薄的纸：心灵之扁平状态呈现于脸，而满脸写的只不过一种表情——失我之郁闷。

3. 勇于羞耻的现代公民

近三十年来，中国之实际情况差不多是这样——国民在郁闷中成长着，国家在困扰中发展着。

对于我们同胞国民性的变化，我不用“成熟”一词，而用“成长”，意在说明，其变化之主要特征是正面的，但离成熟尚远。而我们的国家，也分明在困扰中令人欣慰地发展着，但其发展颇为不顺，国民所感受到的林林总总的郁闷，其实也正是国家的困扰。

但一个事实却是——虽然普遍的国民几乎经常被令人愤懑的郁闷从四面八方所包围，社会经常弥漫对各级政府的强烈谴责之声，但总体上看，中国社会现状基本上是安定的。潜在的深层的矛盾衬出这种安定显然的表面性，但即使是表面的，肯定也为国家逐步解决深层矛盾争取到了可能的甚至也可以说是宝贵的前提。

“树欲静而风不止。”古今中外，没有一个国家一向如世外桃源尽呈美好，波澜不惊。

日本多年前发生过奥姆真理教地铁放毒事件。那事件甫一经过，我恰去日本访问。地铁站台荷枪实弹的武警壁垒森严，到处张贴着通缉要犯的布告，其中包括数名女大学生。二〇一一年，日本又遭遇了海啸袭击，发生了核泄漏事件。从一九九六年至今，除了以上两大事件，日本亦不能说太平无事。比如首相秘书贪污事件、校园少年犯杀害同学的事件……

欧美各国也殊少宁日，一方面恐怖袭击使各国政府风声鹤唳，忐忑不安的国民们的神经时常处于高度紧张；另一方面，各国受金融危机冲击，失业率增长，国际金融信任率降低，时而曝出令全世界瞠目结舌的新闻。如《华尔街日报》的窃听事件，世界银行行长的性案风波……

如果放眼世界，将社会分为相当稳定、较为稳定、不稳定、极不稳定四个级别，那么中国处在哪一个级别呢？

我认为，首先中国不属于极不稳定的国家当无争议——阿富汗、利比亚、伊拉克……那些国家才显然处于极不稳定之中。

中国也不属于社会极稳定的国家。我这样认为首先是从普遍之国民的综合素质而言的。这一种综合素质的水平，决定一个国家的公民在面对国家大环境恶化时的理性程度。其次也是从一个国家的公民与政府之间的长久关系而言的。欧美各国，其西方式的民主国体存在了一两百年不等，他们的国民早已适应了、习惯了、认可了那一种国家制度。虽然那一种制度的弊端也多有呈现，他们的国民对那一种制度也不无怨言甚至质疑，但是他们起码目前还不能设想出另一种更好的也更适合的制度取而代之。这一种国民与国家相互依赖的关系，使他们具有一种“万变不离其宗”的理性意识。基于此种理性意识，面对颓势，他们具有一种以不变应万变，相信一切都会过去的自信和镇定。

那么，在较为稳定和不稳定之间，中国属于哪一类国家呢？

社会不稳定的国家具有以下特征：

一、其政府管理国家的意识、能力，不是与时俱进，而是意识偏执，固守不变，能力每况愈下。

二、经济发展停滞不前，甚至发生倒退，致使人民的生活水平不是逐渐提高，而是一日不如一日，连好起来的希望也看不到。

三、对于大众生活的艰难视而不见，对于大众怨言及正当诉求充耳不闻，甚至以专制手段压制之，摆出强硬对着干的态度。

这样的国家目前世界上还是有的，但实在已不多。进言之，处于社会不稳定状态的国家，要么它的大趋势毕竟还是与世界潮流逐渐合拍的，要么倒行逆施，直至彻底滑向世界潮流的反面。

目前之中国显然不是这类国家。所以我认为，目前之中国是一个社会较为稳定的国家。

政府管理国家的意识已由从前国家当然以政府为主体逐渐转变为以人民为主体。管理已不仅仅是一种权力意识，同时也是责任意识了。

政府管理国家的能力亦在提高。不是指压服能力在提高，而是指向“以人为本”的宗旨改进的觉悟在提高，方式方法在提高，经验在提高。

特别要加以肯定的是，中国人的公民意识显然在提高，并且还在以不停止的、较全面的精神风貌提高着。目前之中国人，已不再仅仅将自己低看成“老百姓”。嘴上往往也仍说“咱们老百姓”，而实际上，此“老百姓”与历朝历代各个不同历史时期被叫作的彼“老百姓”，身份内涵已大为不同。目前之中国人，也不再仅仅满足于被文字表意“人民”，不再仅仅满足于文字表意上的“人民利益高于一切”、“为人民服务”等口号，而开始要求各级政府将“为人民服务”落实在具体行动上，而开始名正言顺地向政府提出各种“人民”诉求，主张各种“人民”权利，包括监督权。于是，现在的中国“人民”，无可争辩地史无前例地接近现代公民了。

故我对目前我们的同胞的国民性方面令人欣慰的变化，持特别肯定的看法。这一种特别肯定的看法，包括我对“八零后”的看法，也包括我对“九零后”的看法。我还要进而这样说，包括我对“八零后”、“九零后”们的下一代的看法。

当然，这并不意味着我们中国人的国民性已很值得称赞了。依我看来，体现在我们某些中国人身上的丑陋的、恶俗的、邪性的言行，在目前这个世界上每不多见的。比如大学生救人溺亡于江，而捞尸人挂尸船旁，只知索要捞尸费的现象；比如发生矿难，煤老板贿赂媒体，悄塞“封口费”，而某些政府官吏暗中配合力图掩盖的现象；比如拜金主义、媚权世相，等等。我们当下国民的文化素质，不是也每遭西方文明国家人士的鄙视和诟病吗？

所以我说正在“接近”现代公民。现代公民不仅具有不轻易让渡的公民权利意识，同时还应具有现代社会之公德自觉。在后一点上，某些中国人往往还表现得很不像样子，令大多数中国人感到羞耻。

中国在中国人日益增强的权利意识和仍显缺失的公德意识两方面的挤压之间发展着。中国人的公民素质在经常从四面八方包围而来的郁闷中有希望地成长着。

两方面自然是互相博弈的关系，却又并非在博弈中互相抵消，而是共同增减，共同提升。中国人的权利意识每有提升，政府的管理能力也便相应提升。政府的管理能力越人性化，中国人的公德体现也越接近公民素质。反之，政府的管理言行越滞后于中国人的希望、要求和期待，中国人的郁闷感觉越强烈。但这并不是什么中国之发展和中国人之变化的奥秘，而是全世界一切国家向现代化转型的规律。

中国和中国人在改革开放以后，只不过都被这规律所“转型”了而已。那么，对于中国和中国人，好光景之可盼的根据也正在于此……

4. 从奴性到理性：国民性的变迁

“国民劣根性”问题是“五四”知识分子们率先提出的。谈及此，人们首先想到的是鲁迅。其实不唯鲁迅，这是那时诸多知识分子共同关注的。叹息无奈者有之，痛心疾首者有之，热忱于启蒙者有之，而鲁迅是哀其不幸、怒其不争的。

梁启超对“国民劣根性”的激抨绝不亚于鲁迅。陈独秀创办《新青年》伊始曾公开发表厉言：凡一九一九年以前出生者当死，唯一九一九年后出生者应生！何出此言？针对国民劣根性耳。当然，他指的不是肉体生命，而是思想生命、精神生命。蔡元培、胡适也是不否认国民劣根性之存在的。只不过他们是宅心仁厚的君子型知识分子，不忍对同胞批评过苛，一主张默默地思想启蒙，加以改造；一主张实行教育救国、教育强国，培养优秀的新国人种子。蔡元培就任北大校长的演说表达了他的希望：培养具有“自由之精神、独立之思想”的新国人，这一教育思想证明了他的希望。

就连闻一多也看到了国民劣根性。但他是矛盾的。好友潘光旦在国外修的是“优生学”，致信给他，言及中国人缺乏优生意识。闻一多复信曰：“倘你借了西方的理论，来证明我们中国人种上的劣，我将想办法买手枪。你甫一回国，我亲手打死你。”

但他也写过《死水》一诗：

这是一沟绝望的死水，
清风吹不起半点漪沦。
不如多扔些破铜烂铁，
爽性泼你的剩菜残羹。
也许铜的要绿成翡翠，
铁罐上锈出几瓣桃花；
再让油腻织一层罗绮，
霉菌给他蒸出些云霞。

这样的诗句，显然也是一种国状及国民劣根性的诗性呈现。闻一多从国外一回到上海，时逢“五卅惨案”发生不久，于是他又悲愤地写下了《发现》：

我来了，我喊一声，迸着血泪，
“这不是我的中华，”不对，不对！

为什么他又认为不是了呢？有了在国外的见识，对比中国，大约倍感国民精神状态的不振。“不是”者，首先是对国家形象及国民精神状态的不认可也。

那时中国人被外国人鄙视为“东亚病夫”，而我们自喻是“东亚睡狮”。狮本该是威猛的，但那时的我们却仿佛被打了麻醉枪，永远睡将下去，于是类乎懒猫。

清末以前，中国思想先贤们是论过国民性的，但即使论到其劣，也是从普遍的人类弱点劣点去论，并不仅仅认为只有中国人身上才表现的。那么，我们现在接触到了第一个问题——某些劣根性，仅仅是中国人天生固有的吗？

我的回答是：否。

人类不能像培育骏马和良犬那样去优配繁衍，某些人性的缺点和弱点是人类普遍固有的。而某些劣点又仅仅是人类才有的，连动物也没有，如贪婪、忘恩负义、陷害、虚荣、伪善，等等。故，万不可就人类普遍的弱点、缺点、劣点来指摘中国人。但，不同国家的历史、文化，又完全可以造成某一国家的人们较普遍地具有某一种劣性。比如西方欧美国家，由于资本主义持续时间长，便有一种列强劣性，这一种劣性的最丑恶记录是贩奴活动、种族歧视。当然，这是他们的历史表现。

于是我们接触到了第二个问题——中国人曾经的劣根性主要是什么？我强调曾经，是因为今天的中国已与“五四”以前大不一样，不可同日而语。

在当年，民族“劣根性”的主要表现是奴性，“五四”知识分子深恶痛绝的也是奴性。

那么，当年中国人的奴性是怎么形成的呢？

这要循中国的历史来追溯。

世界上没有人曾经撰文批判大唐时期中国人的劣根性，中国的史籍中也无记载。唐诗在精神上是豪迈的，气质上是浪漫的，格调上是庄重的，可供我们对唐人的国民性形成总印象。唐诗的以上品质，从宋朝早期的诗词中亦可见到继承，如苏轼、欧阳修、范仲淹等人的诗词。

但是到了宋中期，宋词开始出现颓废、无聊、无病呻吟式的自哀自怜。明明是大男人，写起词来，却偏如小媳妇。这一文学现象是很值得研究的。伤心泪、相思情、无限愁、莫名苦、琐碎忧这些词汇，是宋词中最常出现的。今天的中文学子们，如果爱诗词的，男生偏爱唐诗，女生偏爱宋词。唐诗吸引男生的是男人胸怀，女生则偏爱宋词的小女人味。大抵如此。

为什么唐诗之气质到了宋词后期变成那样了呢？

因为北宋不久便亡了，被金所灭。现在打开宋词三百首，第一篇便是宋徽宗的《宴山亭》：

> 裁剪冰绡，轻叠数重，淡着燕脂匀注。新样靓妆，艳溢香浓，羞杀蕊珠宫女。易得凋零，更多少、无情风雨。愁苦，问凄凉院落，几番春暮？
>
> 凭寄离恨重重，这双燕何曾，会人言语？天遥地远，万水千山，知他故宫何处？怎不思量，除梦里、有时曾去。无据，和梦也新来不做！

宋徽宗做梦都想回到大宋王宫，最终死于囚地，这很可怜。

“人事有代谢，往来成古今”。朝代兴旺更替，亦属历史常事。但一个朝代被另一种迥异的文化所灭，却是另外一回事。北宋又没被全灭，一部分朝臣子民逃往长江以南，建立了“南宋”，史称“小朝廷”。由“大宋”而小，而苟存，这不能不成为南宋人心口的疼。拿破仑被俘并死于海上荒岛，当时的法国人心口也疼。兹事体对“那一国人”都是伤与耻。

故这一时期的宋词，没法豪迈得起来了，只有悲句与哀句了。南宋人从士到民，无不担忧一件事——亡的命运哪一天落在南宋？人们毫无安全感，怎么能豪迈得起来、浪漫得起来呢？故当年连李清照亦有词句曰：“至今思项羽，不肯过江东。”

后来南宋果然也亡了，这一次亡它的是元朝，建都大都（今北京）。

元朝将统治下的人分为四等——第一等自然是蒙古人；第二等是色目人（西北少数民族）；第三等是“汉人”，特指那些早已长期在金统治之下的长城以北的汉族人；第四等是“南人”，灭了南宋以后所统治的汉人。

并且，元朝取消了科举，这就断了前朝遗民跻身官僚阶层的想头。我们都知道，服官政是古代知识分子的追求。同时又实行了“驱口制”，即规定南宋俘虏及家属世代为元官吏之奴，可买卖，可互赠，可处死。还实行了“匠户制”，使几百万工匠成为“匠户”，其实便是做技工的匠奴。对于南宋官员，实行“诛捕之法”，抓到便杀，迫使他们逃入深山老林，隐姓埋名。南宋知识分子惧怕也遭“诛捕”，大抵只有遁世。

于是汉民族的诗性全没了，想不为奴亦不可能。集体的奴性，由此开始。

枯藤老树昏鸦，
小桥流水人家，
古道西风瘦马。
夕阳西下，
断肠人在天涯。

我们今天读马致远的这一首诗，以为诗人表达的仅仅是旅人思乡，而对他当时的内心悲情，实属缺乏理解。当年民间有唱：

说中华，道中华，
中华本是好地方，
自从来了元皇帝，
十年倒有九年荒。

元朝享国九十二年，以后是明朝。明朝二百七十年，经历了由初定到中兴到衰亡的自然规律。“初定”要靠“专制”，不专制不足以初定。明朝大兴“文字狱”，一首诗倘看着不顺眼，诗人是很可能被满门抄斩的。二百七十年后，明朝因腐败也亡了。

于是清朝建立，统治了中国二百七十六年。

世界上有此种经历的国家是不多的。我个人认为，正是这种历史经历，使国人形成了根深蒂固的奴性。唯奴性十足，方能存活，所谓顺生逆亡。旷日持久，奴成心性。谭嗣同不惜以死来震撼那奴性，然撼山易，撼奴性难。鲁迅正是哀怒于这一种难，郁闷中写出了《药》。

故，清朝一崩，知识分子通力来批判“国民劣根性”，他们是看得准的，所开的医治国民劣根性的药方也是对的。只不过有人的药方温些，有人的药方猛些。

可以这样说，中国人艰苦卓绝、可歌可泣的八年抗战，与批判国民劣根性有一定关系。那批判无疑令中国人的灵魂疼过，那疼之后是抛了奴性的勇。

综上所述，我认为，今日之中国人，绝非是梁启超、鲁迅们当年所满眼望到的那类奴性成自然的、浑噩冷漠乃至于麻木的同胞了。我们中国人的国民性有了前所未有的变化。“国民”只不过是“民”。普遍之中国人正在增长着维权意识，由一般概念的“民”而转变为“公民”。民告官，告大官，告政府，这样的事在从前不能说没有。《杨三姐告状》，告的就是官，就是衙门。但是现在，从前被视为草民们的底层人、农民，告官告政府之事司空见惯，奴性分明已成为中国人过去时的印记。

但，有一个现象值得深思，那就是近年来的青年工人跳楼事件。他们多是农家子女。他们的父母辈遇到想不开的事尚且并不轻易寻死，他们应比他们的父母更理性。但相反，他们却比他们的父母辈脆弱多了。这一方面是由于他们虽为农家儿女，其实自小也是娇生惯养。尤其是独生子女的他们，像城里人家的独生子女一样，也是“宝”。与从前的农家儿女相比，他们其实没怎么干过农活的。他们的跳楼，也可说是“娇”的扭曲表现。还有一点那就是——若他们置身于一种循环往复的秩序中，而“秩序”对他们脆弱的心理承受又缺乏较周到的人文关怀的话，那么，他们或者渐渐地要求自己适应那秩序，全无要求改变那秩序的主动意识，于是身上又表现出类似奴性的秩序下的麻木；或者走向另一种极端，企图以死一了百了。

要使两三亿之多的打工的农家子女成为有诉求而又有理性，有个体权益意识而又有集体权益意识，必要时能够做出维权行动反应而又善于正当行动的青年公民，全社会任重而道远。

自从网络普及，中国人对社会事件的参与意识极大地表现了出来。尤其事关公平、道义、社会同情之时，中国人这方面的参与热忱、激情，绝对不亚于当今别国之人。但是也应看到，在网络表态中，嘻哈油滑的言论颇多。可以认为那是幽默。对于某些事，幽一大默有时也确实比明明白白地表达立场更高明，有时甚至更具有表达艺术。而有些事，除了幽它一大默，或干脆“调戏”一番，几乎也不知再说什么好。

但我个人认为，网络作为公众表达公民社会诉求和意见的平台，就好比从前农村的乡场，既是开会的地方，也是娱乐的地方。从前的中国农民在这方面分得很清，娱乐时尽管在乡场搞笑，开会时便像开会的样子。倘开会时也搞笑，使严肃郑重之事亦接近着娱乐了，那么渐渐，乡场存在的意义，就会变得只不过是娱乐之所了。

亲爱的诸位，最后我要强调时间是分母，历史是分子。时间离现实越远，历史影响现实的“值”越小，最终不再影响现实，只不过纯粹成了“记事”。此时人类对历史的要求也只不过是真实、公正的认知价值；若反过来，视历史为分母，人类就难免被历史异化，背上历史包袱，成为历史的心理奴隶了。

中国是一个多民族国家。抗日战争不仅千锤百炼了汉民族，使我们这个民族浴火重生，凤凰涅槃，也千锤百炼了汉族与蒙、满、回、朝、维等多个民族之间的关系。这一种关系也凤凰涅槃了。可以这样说，中国经历了抗日战争，各民族之间空前团结了。古代的历史，使汉民族那样，也使汉民族与其他民族的关系那样。近代的历史，使汉民族这样，也使汉民族与其他民族的关系这样。

影响现实的，是离现实最近的史。

离中国现实最近的是中国的近代悲情惨状史，中国人心理上仍打着这一种史的深深烙印，每以极敏感极强烈的民族主义言行表现之。解读当代中国人的“国民性”更应从此点出发，而不能照搬鲁迅们那个时代总结的特征。

5. 中国中产阶级，注定艰难

城市平民脆弱：中产如何产生?

构建和谐社会，最终不在于是否形成中产阶级社会。从理论上说，中产阶级社会如果形成，整个社会的贫富结构就变成了枣核型，这也意味着较富裕的人多起来，自然构成了稳定因素。中产阶级社会形成的过程，就是较富裕的人群从少数变成多数的过程，壮大中产阶级只是其中一个途径而已。如果我们在财富分配政策方面失之于兼顾，失之于体恤，失之于相对公平，恐怕国家还没等到枣核型结构时，社会矛盾就已经尖锐万分了。

一则报道说，中国的城市初步形成了中产阶级化，以我的眼睛看，事实并非如此。我们有七亿多城市人口，要达到枣核型的社会结构，中产阶级怎么也得达到百分之六十以上。我们的中产阶级够四亿人么？我很怀疑。我写《中国社会各阶层分析》谈到的中产阶级，是指从城市平民阶层中上升出来的一个阶层。社会朝前发展，平民共享改革成果的成分越来越大，在此基础，才可能上升出足够的中产阶级。当年我就提过，中国的城市平民阶层正处于一个相当脆弱的边缘，甚至完全有可能随时跌入贫民阶层。

平民的生活，如果在稳步地，哪怕是小幅度，但同时又必然是分批地提升着的时候，社会的中产阶层才能开始成长，这是正常的发育。而我们的平民基础却是越来越脆弱。改革开放这么多年，有的工人的退休金还只有五六百元、六七百元。所以你不应该急于谈如何壮大中产阶层，你首先要把城市平民这个阶层的状态分析清楚，他们在享受改革开放成果方面，几乎可以说是微不足道的。他们的退休金普遍很低，和物价的上涨不能成正比。他们有一点存款，但用那点存款给儿女买房子的话，交首付都不够。即使交了首付，能够可持续还贷的能力也是较差的。何况他们的医疗保障都非常有限，家庭中如果有人罹患重大疾病，一次抢救就要花很多钱，于是倾家荡产。一旦有这样一个病人，原来是城市平民的这些家庭可能就会迅速滑入城市贫民阶层。社会保障没有做好，平民阶层中每一个人都有下滑的危机感，即使幸运升为中产阶级的少数人，也根本无法拥有中产阶级本应有的稳定心态。

再譬如说，出身平民的高校大学生，毕业后能找到律师、医生这样的体面工作，在大城市工作上三五年，就仿佛可能纷纷加入中产阶层了。实际上，普遍而言，大学生起薪工资的相对消费能力较十几年前比不是上升，而是降低了。一般的工作，月工资收入二千五百元，要是租房子，单位给你补贴吗？没有，租房在北京最便宜也要拿出一千吧？要吃饭怎么也要花七八百元吧，再加上零花，那就所剩无几了，如果这时你想反哺于父母的话，会很难。在这个状态下，你变成中产阶层的可能性非常微小，而且社会也没有给你提供一种感觉到上升的希望，你这一生的状态就不可能是中产阶级的状态，活得很累、很焦虑。真实的中产阶级在哪儿呢？

中国的中产阶级，不足百分之几

中国最初的资产者是二十世纪八十年代那些骑着摩托背着秤的冒险者、创业者。后来是有学历的，再后来是一些从做买办开始的，替外国人、投资方盖房子，做生意，他们说起话来非常奇怪。一个中国人，当他加入外国国籍回国来替外国人挣钱以后，他会说“你们中国”。而中国的中产阶层，主要是从城市平民中产生的，比如律师、医生，在政府机关，当个处长就是中产阶级了，权力本身带给他一系列福利，这跟西方是不一样的。因此，当你说中国中产阶层的时候，不管它多或者少，不管它是枣核型还是葫芦型，作为一个阶层，它存在着。当你来分析这个阶层的成分的时候，你会看到演艺界有相当一批属于中产阶级，甚至接近于资产阶层，政府官员会有一大批属于中产阶级，包括前辈官员的儿女们，哪怕他们的父母不是很大的官。还有些平民子弟，名牌大学毕业生，通过个人奋斗，衣衫褴褛地闯了出来，但还没闯进资产者的群体。以上，全加在一起，我认为不足百分之几。

仅有的这些所谓中产阶级，他们之间的价值观念也很不同，这和西方中产阶级同质化的价值观相比差得甚远。在中国，同样是中产，一个是从平民家庭里通过刻苦读书成为优秀分子的人，一个是官员子弟，通过不合理的制度及种种优势过上中产阶级生活的人，价值观能一样么？以一个平民子弟的眼光来看，他认为要反腐败，打破特权，加强底层的福利，可是，另一方可能对他的观点非常不屑。同属一个阶层，但共识的稳定价值观并不存在。

我们的大学生群体应该是未来中产阶级最有可能产生的土壤吧？但目前，这些准中产阶级们的价值观如何？恐怕，它可能很不像中产阶级价值观，而更像资产阶级价值观。它和人文的关系不再那么紧密，身上沾染了一种特别的亲和——与资本的亲和。最优秀的平民阶层里产生出来的大学生，当他感到要成为中产阶级非常困难的时候，他可能希望尽快地成为资产阶级。司汤达的《红与黑》里的于连情结，可能在当下的青年身上会体现得多一些，这绝对不能据此就责备我们的青年。大学生是最容易培养成中产阶层的未来力量，可大学教育却早就变了味。当我们考虑未来几十年中国的问题的时候，政治家头脑中考虑的是政治上会不会出问题，政府部门考虑的是经济上会不会出问题。我个人觉得，更应该考虑文化价值观会不会出问题。最近的国学热、孔子学院热，这些都不能解决以上问题，这只是对普通老百姓的要求，它希望你们老百姓多知道一点，应该和怎样做好的老百姓，并拿出怎么样安贫乐道的东西，来哄劝底层。

关怀、同情、平等、敬畏，这些普适的中产阶级价值观在哪里？我们没有。我们有主旋律文化，有红色革命题材，背后是政府的强力支持。我们有商业文化，那里有强势资本的运行规律在发挥作用。但是社会的人文力量在哪里？我们看不到。

西方中产阶级：人文力量推动进步

中产阶级概念是从西方引进的。在西方，资产阶级先于中产阶级产生。资产阶级是一些什么样的人呢？是一些能人，是一些敢于冒经济风险的人，是一些对商机有敏锐反应的人，甚至还可能是一些唯利是图的人，只认金钱原则，不认其他原则的一些人。资产阶级产生之后，客观上带动了经济发展，从而使城市平民相对受惠。哪怕城市平民觉得受了剥削，但是比之于从前，实际生活水平还是渐渐提高了。然后，从这些受资产阶级之惠的城市平民里，才逐渐派生出中产阶级。

资产阶级靠经济冒险的方式完成了阶层雏形。但是，中产阶级是靠文化知识的提升。最初，中产阶级的成分是城市平民中的卓越分子和优秀子弟，这些人有着不同于平民阶层和资产阶级的思想。他们对民主非常在意。由于在意民主，就在意社会公正，主要是分配的公正。刚开始，中产阶级可能还是只为本阶层着想，但若当他们更深远地思考后，他们的思想就会兼顾到底层。西方的民主历程不是由资产阶级来推动的，民主意识很强的中产阶级才是主力军。资产阶级要保持稳定的是有利于他们的框架。平民除了暴力，没有任何可能性去推动变革。只有平民中派生出来的优秀知识层——中产阶级，才有这个能力理性地通过思想表达民主、公正、自由的要求，表达普适的同情心、责任感。社会进步了，中产阶级的价值才会实现。社会进步已经不能依赖资产阶级了，资产阶级考虑的利益只是他们自己的利益，他们不管社会是否进步，他们只管自己阶层拥有资产的量化问题；中产阶级主张体恤下层，除了以身作则，还要求政府、国家和资产阶级同时体恤，他们对于人性道德的主张是比较由衷的。因此，整个西方社会的进步，实际上由两种力量推动，一种是资本运行本身的力量，一种就是人文的力量。

人文的力量，它不可能来自草根阶层，草根无法凝聚成一种力量。思想、读书，这更符合中产阶级的状态，资产阶级早期的时候是不太读书的，因此在西方的文学作品里面，常常有那种老贵族会对一个暴发起来的资产阶级说，“瞧这个指甲黑乎乎的家伙”。没错，就是他，曾经指甲黑乎乎的家伙，现在变成了腰缠万贯。创业的这一代资本家，何尝有精力、有心思、有情绪去读书，去关注历史，去思考呢？而这些却是中产阶层最接近的。中产阶层的优秀子弟，他的前人没有给他留下过多的资产，他们不可能像资产阶层那样去轻易冒险，进入大学后，他们乐于接受人文价值的洗礼，喜欢沉浸在公正平等的理想中。

中国的中产阶级能为底层代言么？难。中国目前的现实问题是，底层面对严重的贫富差距产生了强烈的愤懑，很容易把情绪发泄向中产阶层。底层和资产者阶层的距离太远，他们想象不到富人的生活，对于他们来说，那是另一个国度里的事情，他们只能从网上偶尔知晓他们结婚花费了多少多少，股票又怎么怎么了。他们与新兴的中产阶层距离更近，对中产阶级的言行更为敏感，比如收一个红包，可能几千元，他们一下子就能看到。正如哲学家所说，使我们郁闷、恼火和不高兴的事情往往是我们的左邻右舍。

中产阶级是要同情弱势的，尽管离底层最近，但是已经不能成为他们中的一员了，顶多是底层的代言人，但时常也做不到，这是一种夹缝中的状态。中国的中产阶级将通过什么来证明自己的正当性或价值呢？中产阶级在西方，是通过做了什么，真的担当了什么，有所牺牲，最后还要有所成果，当这个成果真的被底层分享到了，底层才会认可他们。这是一个很沉重的悲剧过程。民主、自由、平等、博爱以及对于社会进步的责任感。中产阶级要学会担当的太多了。这也是我们社会最应该首先去考虑的。我从不指望中国今天的中产阶级能像西方当年的中产阶级那样作为，在中国，悲观地说，这几乎是不可能的。

然而我深信，几十年后，中国之中产阶级会渐渐醒悟——对底层的同情与代言，乃是本阶层最光荣也最值得欣慰的阶层本色。而底层也终将相信，除了中产阶层，他们没有更值得信赖的阶层良友。底层和中产阶层，实在是唇亡齿寒的关系。这一点对于双方，都是一个社会真相。而即使社会真相，有时也需要几十年来证明之。

6. 我们的下一代真是“小上帝”么？

曾有一位外国朋友问我：“处在‘转型’期的中国人中，哪些人的心理负荷最大？”

我不加思考地回答：“首先当然应是政治局的成员们。中国这个斯芬克斯给他们出的难题太多。”

她又问：“其次呢？”

我说：“那就要数我们这一代人的儿女们了。”

她顿时“友邦惊诧”起来，困惑不解：“你们不是总发议论，认为你们的下一代简直就如同‘小上帝’，一个个幸福得都快溺死在蜜罐子里了么？”

我说：“那样的一些个孩子是有的。但属极少数。中国还有相当多的孩子穷困得根本上不起学。所以我们才有‘希望工程’。相比之下，大都市里的孩子们的命运要强得多。但他们都像野兔，已经很快被分数这条极其凶猛的猎犬撵咬得疲于奔命，倒毙升学途中了！”

……

我所在的海淀区，一九九七年重点高中的录取限数是一万多中学生，但有九万多的中学生报考重点高中。初中升重点高中的比例是一比九点七！比全国高中升大学的比例高三倍还多！

我的儿子所在的中学是海淀区的重点中学。本校初中升高中的平均分数线已提高到九十三分以上。预计这所区重点中学的中学生，在升高中的考试后，将被淘汰半数以上！平均九十三分乃是一个浮动的分数线。而淘汰比例却几乎是定死了的。水涨船高。届时如果考分普遍上扬，那么高中录取分数线也相应提高。可能由平均九十三分而九十四分，而九十五分……

倘果而提高到了九十五分，那么，一名考生即使达到了平均九十三分的成绩，也注定了将被重点高中的校门所拒斥！谁能说初中考高中，平均九十三分还不算优异的成绩？这个地球上有比此初中升重点高中的平均分数线更高的分数线么？它是体现在教育制度方面的“中国特色”之一种，是一个极其冷酷无情地摧残我们下一代身心的幽灵。

据我所知，北京另一个区的重点中学向学生们透露，低一分而交八万元，亦可考虑直接升入本校高中，竟有二百余名家长，争先恐后向校方预交“加分抵押金”！

看来有钱的中国人家真的是多起来了。清贫的家庭，也就只得寄希望于儿女在初考校场上使出浑身解数搏杀的结果了……有天，我的儿子晚上十一点半还没写完作业。我说："儿子，算啦，睡吧!"他说："爸，你别怜悯我。我们班有家远的同学，常一点多钟才能睡下。"而我们的这些孩子们，每天最迟六点半便得起床。他们一到初二，就没有了双休日。初中升高中也罢，高中升大学也罢，题是一年比一年出得怪，出得刁，出得诈了！出题者们，分明地，是将某些已与考试宗旨相背离的题当成"杀死"考生正常智力的"凶器"，以考生的"伤亡惨重"为能事，为荣事，为快事的。

因为，在中国，在目前，似乎只能以考生的"伤亡惨重"，来暂缓大学的"人满为患"。这是很无奈的事。吾国人口也多，下一代也众。尽管都已是独生子女。而近十年来，这也发展，那也繁荣，我们又究竟多盖了几所高中？几所大学？或曰——考不上重点高中，家长和学生，就自行地泯灭了"大学梦"嘛！考"职高"嘛！全国真已有那么多"职高"了么？

升大学，其实早已非是什么"望子成龙"的思想在作祟，而是为了儿女将来起码可以谋到一份职业，成家过日子，不必父母操心至死。

一个秃子头上的虱子——明摆着的事实是——一个初中或高中毕业生，要找到一份工作，将是多难多难的事啊！

到工厂去当工人？

国有企业正在大裁员……

中国的这一教育窘况，据我看来，很快就会继"失业"问题之后，成为困扰中国的第二大问题。它直接就将体现为失业问题的一部分。而且将是潜在态势更咄咄逼人的一部分。因为，下一代的谋职无路，是比他们的父母辈"下岗"，更令他们沮丧的。这一种沮丧，也许会在他们太年轻的心中，氤氲成一片对时代对社会的悲观、不信任，乃至敌意。

摆了这么多，似乎有点儿危言耸听的意味儿。

良方何在？

据我看，目前没什么所谓良方。教委的官员们的头脑，并不比我辈愚笨。如果有好办法，他们早想出来了，早实施了。

唯一的办法恐怕也就是，也只能是——做家长的增强心理承受力，做儿女的也增强心理承受力。毕竟的，初考也罢，高考也罢，试卷面前人人平等。目前，在这个地球上，还没有比试卷面前人人平等更平等的方式。只不过中国的初考高考试卷是全世界最难的罢了。落榜的倒霉。被淘汰了得认命。有钱的你就以钱抵分。没钱的能借到钱的，你若愿为儿女负债累累你就借。连借都借不着的，求爷爷告奶奶，赶紧替儿女找到份儿他们好歹能挣钱好歹糊自己口的工作。儿女此时最需当父母的帮一把。这就叫为人父为人母的责任。为了尽到这个责任，哪怕将自尊剁碎了包装在礼品盒儿里去送人情，也是你完全应该的，也是值得的，也别有什么委屈。谁叫你做了父亲做了母亲呢？早没听说过“可怜天下父母心”这句话么？这也叫父慈母爱啊！此时为父不慈，为母不爱，枉为父母。

当然，还要告诉儿女明白，“马失前蹄不算倒”，何况小小年纪，不过是马驹子。从赛马场上遭淘汰了，未见得就难成为一匹将来能驮、能载、能吃苦能耐劳的壮马好马。这世界上古今中外自学成才的人不乏其数。这世界也非是只为有高等学历的人才构成世界的……

在目前的中国，对初考高考落榜的儿女言语呕呕斥责辱骂的父母，是最没体恤心的父母，是最不人道的父母，是可憎的父母。

国家的问题分而化之，均摊到具体的家庭，由具体的个人们，靠了增强的心理承受力承受，靠了坚忍的意志力背负，恐怕是目前，也是今后一个时期的方式。

这是一种看似解决了危机，而实际上危机与日俱增的方式。因而，不可由国家认为是长久的方式。倘国家真的这么认为，国家和民族，终将会遭报应的。国家对此窘况，难道真的就一点儿作为也没有了么？答曰：否！大力提倡、鼓励和支持创办“职高”。这国家已在做着了。开拓就业市场——这是前提的前提，根本的根本。否则，“职高”毕业了又到哪儿去？

及早制定“累积税收制”——先富起来的一部分人，有义务向国家多纳税。否则，这国家曾给予他们那么多优惠政策和先富起来的优先机会，为的又是什么？

严密控制国有资产的流失。有意或无意的流失，流向国外，流向个人腰包，是对中国下几代人无耻的犯罪。据国有资产管理局的友人告诉我，至今为止，国有资产流失的总数，可兴建近百所高等院校！再有，就是少开些会吧！尤其少开那些隆隆重重地走巨大过场的会！一次会就是一所重点中学！少开几次会中国亡不了的。中国，为了我们的下一代，你这并不富有的国家，该节省的地方，节省一点儿吧！国家经济实力，也体现在拥有高等院校的总数的多少。国民素质的提高，也体现在受高等教育的人数占总人口的百分之多少。这是我们都清楚的一般性常识。我们的儿女这一代，其实是命运注定，在劫难逃了。我们只能祈祷中国还我们的孙儿孙女辈以美好的青少年岁月！而不要他们在终于挤入了大学校门后去读他们本该是孩子们时才读的安徒生童话和格林童话！……

7. 当今中国青年阶层分析

不差钱的“富二代”

报载，当下中国有一万余位资产在两亿以上的富豪们，“二世祖”是南方民间对他们儿女的叫法。关于他们的事情民间谈资颇多，人们常津津乐道。某些报刊亦热衷于兜售他们的种种事情，以财富带给他们的“潇洒”为主，羡慕意识流淌于字里行间。窃以为，一万多相对于十三亿几千万人口，相对于四亿几千万中国当代青年，实在是少得并没什么普遍性，并不能因为他们是某家族财富的“二世祖”，便必定具有值得传媒特别关注之意义。故应对他们本着这样一种报道原则——若他们做了对社会影响恶劣之事，谴责与批判；若他们做了对社会有益之事，予以表扬与支持。否则，可当他们并不存在。在中国，值得给予关注的群体很多，非是不报道“二世祖”们开什么名车，养什么宠物，第几次谈对象便会闲得无事可做。传媒是社会的“复眼”，过分追捧明星已够讨嫌，倘再经常无端地盯向“二世祖”们，这样的“复眼”自身毛病就大了。

由于有了以上“二世祖”的存在，所谓“富二代”的界定难免模糊。倘不包括“二世祖”们，“富二代”通常被认为是这样一些青年——家境富有，意愿实现起来非常容易，比如出国留学，比如买车购房，比如谈婚论嫁。他们的消费现象，往往也倾向于高档甚至奢侈。和“二世祖”们一样，他们往往也拥有名车。他们的家庭资产分为有形和隐形两部分：有形的已很可观，隐形的究竟多少，他们大抵并不清楚，甚至连他们的父母也不清楚。我的一名研究生曾幽幽地对我说：“老师，人比人真是得死。我们这种学生，毕业后即使回省城谋生，房价也还是会让我们望洋兴叹。可我认识的另一类大学生，刚谈恋爱，双方父母就都出钱在北京给他们买下了三居室，而且各自一套。只要一结婚，就会给他们添辆好车。北京房价再高，人家也没有嫌高的感觉！”——那么，“另一类”或“人家”自然便是“富二代”了。

我还知道这样一件事——女孩在国外读书，忽生明星梦，非要当影视演员。于是母亲带女儿专程回国，到处托关系，终于认识了某一剧组的导演，声明只要让女儿在剧中饰一个小角色，一分钱不要，还愿意反过来给剧组几十万。导演说您女儿也不太具有成为演员的条件啊，当母亲的则说，那我也得成全我女儿，让她过把瘾啊！——那女儿，也当属“富二代”无疑了。

如此这般的“富二代”，他们的人生词典中，通常没有“差钱”二字。他们的家长尤其是父亲们，要么是中等私企老板，要么是国企高管，要么是操实权握财柄的官员。倘是官员，其家庭的隐形财富有多少，他们确乎难以了解。他们往往一边享受着“不差钱”的人生，一边将眼瞥向“二世祖”们，对后者比自己还“不差钱”的生活方式消费方式每不服气，故常在社会上弄出些与后者比赛“不差钱”的响动来。

我认为，对于父母是国企高管或实权派官员的他们，社会应予必要的关注。因为这类父母中不乏现行弊端分明的体制的最大利益获得者及最本能的捍卫者。这些身为父母的人，对于推动社会民主、公平、正义是不安且反感的。有这样的父母的“富二代”，当他们步入中年，具有优势甚至强势话语权后，是会站在一向依赖并倍觉亲密的利益集团一方，发挥本能的维护作用；还是会比较无私地超越那一利益集团，站在社会公平和正义的立场，发符合社会良知之声，就只有拭目以待了。如果期待他们成为后一种中年人，则必须从现在起，运用公平、正义之自觉的文化使他们受到人文影响。而谈到文化的人文思想影响力，依我看来，在中国，不仅对于他们是少之又少微乎其微，即使对最广大的青年而言，也是令人沮丧的。故我看未来的“富二代”的眼，总体上是忧郁的。不排除他们中会产生足以秉持社会良知的可敬人物，但估计不会太多。

在中国，如上之“富二代”的人数，大致不会少于一两千万。这还没有包括同样足以富及三代五代的文娱艺术界超级成功人士的子女。不过他们的子女人数毕竟有限，没有特别加以评说的意义。

中产阶层家庭的儿女

世界上任何一个国家，中高级知识分子家庭几乎必然是该国中产阶层不可或缺的成分，少则占三分之一，多则占一半。中国国情特殊，二十世纪八十年代以前，除少数高级知识分子，一般大学教授的生活水平虽比城市平民阶层的生活水平高些，但其实高不到哪儿去。二十世纪八十年代后，这些人家生活水平提高的幅度不可谓不大，他们成为改革开放的直接受惠群体是无可争议的事实。不论从居住条件还是收入情况看，知识分子家庭的生活水平已普遍高于工薪阶层。另一批，正有希望跻身于中产阶层。最差的一批，生活水平也早已超过所谓小康。

然而二〇〇九年以来的房价大飙升，使中产阶层生活状态顿受威胁，他们的心理也受到重创，带有明显的挫败感。仅以我语言大学的同事为例，有人为了资助儿子结婚买房，耗尽二三十年的积蓄不说，儿子也还需贷款一百余万，沦为“房奴”，所买却只不过八九十平方米面积的住房而已。还有人，夫妻双方都是五十来岁的大学教授，从教都已二十几年，手攥着百余万存款，儿子也到了结婚年龄，眼睁睁看着房价升势迅猛，不知如何是好，只有徒唤奈何。他们的儿女，皆是当下受过高等教育的青年，有大学学历甚至是硕士、博士学历。这些青年成家立业后，原本最有可能奋斗成为中产阶层人士，但现在看来，可能性大大降低了，愿景极为遥远了。他们顺利地谋到“白领”职业是不成问题的，然“白领”终究不等于中产阶层。中产阶层也终究得有那么点儿“产”可言，起码人生到头来该有产权属于自己的一套房子。可即使婚后夫妻二人各自月薪万元，要买下一套两居室的房子，由父母代付部分购房款，也还得自己贷款一百几十万。按每年可偿还十万，亦需十几年方能还清。又，他们从参加工作到实现月薪万元，即使工资隔年一升估计至少也需十年。那么，前后加起来可就是二十几年了，他们也奔五十了。人生到了五十岁时，才终于拥有产权属于自己的两居室，尽管总算有份“物业”了，恐怕也还只是“小康人家”，而非“中产”。何况，他们自己也总是要做父母的。一旦有了儿女，那一份支出就大为可观了，那一份操心也不可等闲视之。于是，拥有产权属于自己的一套房子的目标，便离他们比遥远更遥远了。倘若双方父母中有一位甚至有两位同时或先后患了难以治疗的疾病，他们小家庭的生活状况也就可想而知了。

好在，据我了解，这样一些青年，因为终究是知识分子家庭的后代，可以“知识出身”这一良好形象为心理的盾，抵挡住贫富差距巨大的社会现实的猛烈击打。所以，他们在精神状态方面一般还是比较乐观的。他们普遍的人生主张是活在当下，抓住当下，享受当下；更在乎的是于当下是否活出了好滋味，好感觉。这一种拒瞻将来，拒想将来，多少有点儿及时行乐主义的人生态度，虽然每令父母辈摇头叹息，对他们自己却未尝不是一种明智。并且，他们大抵是当下青年中的晚婚主义者。内心潜持独身主义者，在他们中也为数不少。三分之一左右按正常年龄结婚的，打算做“丁克”一族者亦大有人在。

在中国当下青年中，他们是格外重视精神享受的。他们也青睐时尚，但追求比较精致的东西，每自标品位高雅。他们是都市文化消费的主力军，并且对文化标准的要求往往显得苛刻，有时近于尖刻。他们中一些人极有可能一生清贫，但大抵不至于潦倒，更不至于沦为“草根”或弱势。成为物质生活方面的富人对于他们既已不易，他们便似乎都想做中国之精神贵族了。事实上，他们身上既有雅皮士的特征，也确乎同时具有精神贵族的特征。

一个国家是不可以没有一些精神贵族的；决然没有，这个国家的文化也就不值一提了。即使在非洲部落民族，也有以享受他们的文化精品为快事的“精神贵族”。

他们中有不少人将成为中国未来高品质文化的守望者。不是说这类守望者只能出在他们中间，而是说由他们之间产生更必然些，也会更多些。

城市平民阶层的儿女

出身于这个阶层的当下青年，尤其受过高等教育的他们，相当一部分内心是很凄凉悲苦的。因为他们的父母，最是一些“望子成龙”、“望女成凤”的父母，此类父母的人生大抵历经坎坷，青年时过好生活的愿景强烈，但这愿景后来终于被社会和时代所粉碎。但愿景的碎片还保存在内心深处，并且时常也还是要发一下光的，所谓未泯。设身处地想一想确实令人心疼。中国城市平民人家的生活从前肯定比农村人家强，也是被农民所向往和羡慕的。但现在是否还比农民强，那则不一定了。现在不少的城市平民人家，往往会反过来羡慕农村富裕的农民，起码农村里那些别墅般的二三层小楼，便是他们每一看见便会自叹弗如的。但若有农民愿与他们换，他们又是肯定摇头的。他们的根已扎在城市好几代了，不论对于植物还是人，移根是冒险的，会水土不服。对于人，水土不服却又再移不回去，那痛苦就大了。

“所谓日子，过的还不是儿女的日子！”这是城市平民父母们之间常说的一句话，意指儿女是唯一的精神寄托，也是唯一过上好日子的依赖，更是使整个家庭脱胎换骨的希望。故他们与儿女的关系，很像是体育教练与运动员的关系，甚至是拳击教练与拳手的关系。在他们看来，社会正是一个大赛场，而这也基本是事实，起码目前在中国是一个毫无疑问的事实。所以他们常心事重重、表情严肃地对儿女们说：“孩子，咱家过上好生活可全靠你了。”出身于城市平民人家的青年，从小到大，有几个没听过父母那样的话呢？

可那样的话和十字架又有什么区别？话的弦外之音是——你必须考上名牌大学，只有毕业于名牌大学才能找到好工作；只有找到好工作才有机会出人头地，只有出人头地父母才能沾你的光在人前骄傲，并过上幸福又有尊严的生活；只有那样，你才算对得起父母……即使嘴上不这么说，心里也是这么想的。

于是，儿女领会了——父母是要求自己在社会这个大赛场上过五关斩六将，夺取金牌金腰带的。于是对于他们，从小学到大学都成了赛场或拳台。然而除了北京、上海，在任何省份的任何一座城市，考上大学已需终日刻苦，考上名牌大学更是谈何容易！并且，通常规律是——若要考上名牌大学，先得挤入重点小学。对于平民人家的孩子，上重点小学简直和考入名牌大学同样难，甚至比考上名牌大学还难。名牌大学仅仅以高分为王，进入重点小学却是要交赞助费的，那非平民人家所能承受得起。往往即使借钱交，也找不到门路。故背负着改换门庭之沉重十字架的平民家庭的儿女们，只有从小就将灵魂交换给中国的教育制度，变自己为善于考试的机器。但即使进了重点初中、重点高中、重点大学，终于跃过了龙门，却发现在龙门那边，自己仍不过是一条小鱼。而一迈入社会，找工作虽比普通大学的毕业生容易点儿，工资却也高不到哪儿去。本科如此，硕士博士，情况差不多也是如此，于是倍感失落……

另外一些只考上普通大学的，高考一结束就觉得对不起父母了，大学一毕业就更觉得对不起父母了。那点儿工资，月月给父母，自己花起来更是拮据。不月月给父母，不但良心上过不去，连面子上也过不去。家在本市的，只有免谈婚事，一年又一年地赖家而居。天天吃着父母的，别人不说“啃老”，实际上也等于“啃老”。家在外地的，当然不愿让父母了解到自己变成了“蜗居”的“蚁族”。和农村贫困人家的儿女们一样，他们是中国不幸的孩子，苦孩子。

我希望中国以后少争办些动辄“大手笔”地耗费几千亿的“国际形象工程”，省下钱来，更多地花在苦孩子们身上——这才是正事！

他们中考上大学者，几乎都可视为坚卓毅忍之青年。

他们中有人最易出现心理问题，倘缺乏关爱与集体温暖，每酿自杀自残的悲剧，或伤害他人的惨案。然他们总体上绝非危险一族，而是内心最郁闷、最迷惘的一族，是纠结最多、痛苦最多，苦苦挣扎且最觉寡助的一族。

他们的心，敏感多于情感，故为人处世每显冷感。对于帮助他们的人，他们心里也是怀有感激的，却又往往倍觉自尊受伤的刺痛，结果常将感激封住不露，饰以淡漠的假象。而这又每使他们给人以不近人情的印象。这种时候，他们的内心就又多了一种纠结和痛苦。比之于同情，他们更需要公平；比之于和善相待，他们更需要真诚的友谊。

谁若果与他们结下了真诚的友谊，谁的心里也就拥有了一份大信赖，他们往往会像狗忠实于主人那般忠实于那份友谊。他们那样的朋友是最难交的，居然交下了，大抵是一辈子的朋友。一般情况下，他们不会轻易或首先背叛友谊。

他们像极了于连。与于连的区别仅仅是，他们不至于有于连那么大的野心。事实上他们的人生愿望极现实，极易满足，也极寻常。但对于他们，连那样的愿望实现起来也需不寻常的机会。"给我一次机会吧！"——这是他们默默在心里不知说了多少遍的心语。但又一个问题是——此话有时真的有必要对掌握机会的人大声地说出来，而他们往往比其他同代人更多了说之前的心理负担。

他们中之坚卓毅忍者，或可成将来靠百折不挠的个人奋斗而成功的世人偶像，或可成将来足以向社会贡献人文思想力的优秀人物。

人文思想力通常与锦衣玉食者无缘。托尔斯泰、雨果们是例外，并且考察他们的人生，虽出身贵族，却不曾以锦衣玉食为荣。

农家儿女

家在农村的大学生，或已经参加工作的他们，倘若家乡居然较富，如南方那种绿水青山、环境美好且又交通方便的农村，则他们身处大都市所感受的迷惘，反而要比城市平民的青年少一些。这是因为，他们的农民父母其实对他们并无太高的要求。倘他们能在大都市里站稳脚跟，安家落户，父母自然高兴；倘他们自己觉得在大都市里难过活，要回到省城工作，父母照样高兴，照样认为他们并没有白上大学，即使他们回到了就近的县城谋到了一份工作，父母虽会感到有点儿遗憾，但不久那点儿遗憾就会过去的。

很少有农民对他们考上大学的儿女们说："咱家就指望你了，你一定要结束咱家祖祖辈辈都是农民的命运！"他们明白，那绝不是一个受过高等教育的儿女所必然能完成的家庭使命。他们供儿女读完大学，想法相对单纯：只要儿女们以后比他们生活得好，一切付出都是值得的。中国农民大多是些不求儿女回报什么的父母。他们对土地的指望和依赖甚至要比对儿女们还多一些。

故不少幸运地在较富裕的农村以及小镇小县城有家的、就读于大都市漂泊于大都市的学子和青年，心态比城市平民（或贫民）之家的学子、青年还要达观几分。因为他们的人生永远有一条退路——他们的家园。如果家庭和睦，家园的门便永远为他们敞开，家人永远欢迎他们回去。所以，即使他们在大都市里住的是集装箱——南方已有将空置的集装箱租给他们住的现象——他们往往也能咬紧牙关挺过去。他们留在大都市艰苦奋斗，甚至年复一年地漂泊在大都市，完全是他们个人心甘情愿的选择，与家庭寄托之压力没什么关系。如果他们实在打拼累了，往往会回到家园休养、调整一段时日。同样命运的城市平民或贫民人家的儿女，却断无一处“稚子就花拈蛱蝶，人家依树系秋千”，“罗汉松遮花里路，美人蕉错雨中棂”的家园可以回归。坐在那样的家门口，回忆儿时“争骑一竿竹，偷折四邻花”之往事，真的近于是在疗养。即使并没回去，想一想那样的家园，也是消累解乏的。故不论他们是就读学子、公司青年抑或打工青年，精神上总有一种达观在支撑着。是的，那只不过是种达观，算不上是乐观。但是能够达观，也已很值得为他们高兴了。

不论一个当下青年是大学校园里的学子、大都市里的临时就业者或季节性打工者，若他们的家不但在农村，还在偏僻之地的贫穷农村，则他们的心境比之于以上一类青年，肯定截然相反。

回到那样的家园，即使是年节假期探家一次，那也是忧愁的温情有，快乐的心情无。打工青年们最终却总是要回去的。

大学毕业生回去了毫无意义——不论对他们自己，还是对他们的家庭。他们连省城和县里也难以回去，因为省城也罢，县里也罢，适合于大学毕业生的工作，根本不会有他们的份儿。而农村，通常也不会直接招聘什么大学毕业生“村官”的。

所以，当他们用“不放弃！绝不放弃！”之类的话语表达留在大都市的决心时，大都市应该予以理解，全社会也应该予以理解。

这是一个最好的时代！

这是一个最坏的时代！

以上两句话，是狄更斯小说《双城记》的开篇语。那究竟是一个怎样的时代，此不赘述。狄氏将“好”写在前，将“坏”写在后，意味着他首先是在肯定那样一个时代。在此借用一下他的句式来说：

当代中国青年，他们是些令人失望的青年。当代中国青年，他们是些足以令中国寄托希望的青年。

说他们令人失望，乃因以中老年人的眼看来，他们身上有太多毛病。诸毛病中，以独生子女的娇骄二气、“自我中心”的坏习性、逐娱乐鄙修养的玩世不恭最为讨嫌。

说他们足以令中国寄托希望，乃因他们是自一九四九年以后最真实地表现为人的一代，也可以说是忠顺意识之基因最少，故而是真正意义上脱胎换骨的一代。在他们眼中，世界真的是平的；在他们的思想的底里，对民主、自由、人道主义、社会公平正义的尊重和诉求，也比一九四九年以后的任何一代人都更本能和更强烈……

只不过，现在还没轮到他们充分呈现影响力，而他们一旦整体发声，十之七八都会是进步思想的认同者和光大者。

8. 扫描当代中国女性

你对当代女性有什么评价？

你对同代女性有什么评价？

你对你上一代的女性有什么评价？

你觉得这几代女性之间有什么不同？

你更亲近哪一代中国女性？

……

近年，诸如此类的女性话题，是我经常“遭遇”的话题之一。

用“遭遇”这词，意在表明，我非研究女性问题的专家或学者，也从未动过变成的念头。故几乎对一切与女性相关的话题，不管成了“焦点”还是“热点”，都不怎么去想的。所以常陷于窘境，怔怔然无从答起。不消说，发问的差不多皆女性。有青年，有中年。十之三四是读者，问题提出在信中。十之六七是记者，每每的，话锋陡转，冷不丁就当面掷过来。于是我渐渐形成了这样一种印象，当代女性，无论现代的还是传统的，其实仍比较在乎当代男人们究竟是如何看待自己们的。的确，大多数当代女性，自我意识早已不受男人们的好恶所主宰，但有时候却依然希望从男人们对女性的评说中获得某种好感觉。而这意味着，现代的其实并不像她们自我标榜的那么思想独立；传统的仍自甘地习惯于传统。

有意思的是，我觉得——当代中年女性，似乎很希望从当代男人口中听到比当代青年女性更高的评说。而当代青年女性也是。当代中年女性和当代青年女性，谁们更具风采，真的仍需由男人们来作结论吗？这现象不仅有意思，也有值得分析的意义。遭“考问”的次数既多，心静之时，难免就漫忆琐思，一忆一思，便产生了写的冲动。所写绝对地没有文学的价值，但会有那么一丁点儿认知价值。一丁点儿而已。一丁丁点儿而已。既有，也就不算无聊了……

二十世纪五十年代的母亲们

我以少年的眼所识之女性，当然皆二十世纪五十年代的女性。

道里区是哈尔滨最有特点的市区。一条马蹄石路直铺至松花江畔，叫作“中央大街”。两侧鱼刺般排列十二条横街，叫作“外国”一至十二道街。因是早年俄人所建所居，故得“外国”之名。

少年时期的我，家在道里区。但不是在道里区的“中央大街”那一带，而是在距“中央大街”三四站路的“偏脸子”。

就是在如此这般的一条条街上，一座座院子里，一户户人家中，我的少年的眼和心，观察过亲近过老年的、中年的、青年的各式各样的女人，也领略过与我同龄的少女们的风情。有的是小知识分子之家；有的是工人之家；有的是小干部之家；有的是小贩之家；有的是被“共产”了的富人之家或被“合营”了的小业主之家。有的人家在街头开爿小小的杂货铺维持生活；有的人家在街尾开修鞋铺、理发亭；还有的人家靠男人收破烂儿，女人夏天卖冰棍儿，冬天卖糖葫芦养家糊口……总之，没上层人家，但有最底层人家。没太富的人家，但有很穷的人家……

我的少年的眼和心，观察过亲近过的，便是这些人家的母亲们和女儿们——五十年代，中国平民和贫民人家的母亲们和女儿们。

先说那些是母亲的女性们。她们当是我母亲的同辈人，年龄在四十岁左右。年轻的三十七八岁，年龄大些的四十五六岁。她们不仅是那条街上，而且是“偏脸子”千家万户为数最多的母亲。看来，中年母亲，是任何一个时代“母亲群体”的主要成分。

她们大抵没工作，更没职业。五十年代不是女性走出家门竞相谋职的年代。她们大抵是比较典型的传统的家庭妇女。除了极少数知识分子之妻、小干部之妻、新中国成立前的富裕人家的妻子，百分之九十七八以上的她们是文盲。她们中一半以上又都是城市中的新一代居民，平均定居城市的时间大约二十余年。有的是在少女的时候进城投亲靠友谋生，如当代的“打工妹”，赶上了“光复”，于是索性嫁与城里的男人为妻。当年落城市户不容易。最简单的途径是嫁给一个有城市户口的男人。好比今天的出国女性，获得长期居住权的最简单的途径是嫁给外国人。

她们中后来有些人有了文化，是中国开展“扫除文盲”运动的成果。在那一运动中，她们每天晚上成群结队去夜校的身影，是当年城市里一道独特的、具有轻松喜悦色彩的风景线。

家庭妇女的主要责任和使命当然是扮演好家务总管的角色，也是她们互比优劣的主要根据。

她们每天早早起床，尽量轻手轻脚地做饭。那晨光正是丈夫和儿女们睡“回笼觉”的时候，扰醒了儿女无妨，儿女白天尽可以补觉。扰醒了丈夫，丈夫是要生气的。丈夫不生气，她们自己也会觉得罪过。将去上班的丈夫白天无处补觉，这一点她们是知道的。所以，即使谈不上罪过感，也会内疚。夫妻感情好的，便会生出一份儿心疼。这一点和今天的妻子们是很不同的。今天的妻子们虽然也做早饭，但已非义务，而是觉悟。何况自己也要吃了早饭去上班。今天许多人家做早饭的义务已移交给丈夫们了。倘丈夫们弄出大的响动，扰醒了妻子们，她们也是要不满的。今天的丈夫们如果不主动承担做早饭的义务，久而久之，妻子们是要牢骚满腹甚至提出抗议的。但五十年代绝少丈夫们做早饭的现象。那样的丈夫将遭男人耻笑，同时那样的妻子也将遭女人耻笑。五十年代的妻子们，没有因做早饭而发牢骚的权利，更没有抗议的权利，这一种任劳任怨，乃由她们家庭妇女的角色所决定了的。

五十年代以细粮为主的家庭不多。生活较优越的家庭每月三分之二吃细粮。生活一般的家庭一半吃细粮，生活贫穷的，每月仅吃三分之一或更少的细粮。那也就差不多仅够丈夫一个人吃和带饭了。倘家中有老人有小儿女，受优待跟丈夫们沾点儿吃细粮的光。于是，也就几乎只有妻子自己吃粗粮了。

虽然如此，她们也无怨言。甚至，会认为是自然而然天经地义之事。更甚至，不愿实情被外人所知。当然是不愿在这一点上被别人家的妻子们同情和怜悯。因为在这一点上来自别人家的妻子们的同情和怜悯，对于她们，似乎意味着自尊所受的伤害。

五十年代也有羡人富笑人穷的现象。与现在比，不是什么咄咄逼人的现象，但也毕竟不是令穷人家愉快的现象。

“瞧她，哪儿像个妻子，像雇的个老妈子！做在前，吃在后，而且只能吃粗粮糙饭！”

这是当年左邻右舍口舌尖刻的女人们，对穷家妻的讥嘲之一种。话里包含着对穷家丈夫的谴责，实际上也包含了对穷家妻的女主人地位的贬损，因而使穷家妻的自尊最受不了。

于是，她们常常嘱咐儿女，对外人要讲全家都吃一样的饭菜。

经母亲告诫过的小儿女们就回答吃一样的饭菜。

于是维护了母亲家庭地位的尊严。

未经母亲告诫过，或忘了母亲告诫的小儿女们，往往“泄密”。

于是其母亲每每遭别家女人们背后的议论。

五十年代的中国女性，尤其平民阶层以及底层人家的女性，在社会上完全无地位可言。其家庭地位如何，自然的，往往的，就成了暗比高低的唯一方面。这一种互比，又往往构成女性之间的伤害。但属于只要心理承受能力强些，完全可以不当一回事儿的小伤害。不涉及直接利益冲突，企图造成更大的伤害也没可能性。但也有一方心理承受能力薄弱，或另一方尖刻得放肆，于是引起争吵之事。争吵起来，也无非由是街道组长的女人出面两厢批评一通，各打五十大板了事。

丈夫们早饭吃得满意，对饭盒里的内容面呈悦色，则他们出门后，妻子们的心情那一天从早舒畅到晚，直保持到丈夫们下班回到家里，笑脸迎之。否则，妻子们一整天忐忑不安，并会一整天都在自责做妻子的最主要的义务之一没尽到，开门迎夫之际，表情和言语倍加小心。

对于五十年代的妻子们，侍奉好丈夫们似乎是第一位的责任。而抚育儿女反是第二位的责任了。

丈夫们上班后，家才是女人们的天下。她们的女主人的地位，才开始较充分地体现。丈夫们在家，就好比皇帝坐驾金銮宝殿。哪怕他是“明主”，而她在他眼中的地位又颇高些，也不过就是近身侍臣的角色罢了。一言一行，免不了总是要察言观色的。更有卑顺者，唯夫之命是从。经济是基础，因她们的操劳并不直接体现于奠定家庭经济基础方面，故腰板怎么也挺不起来。实际家庭地位之低，虽新中国成立以后，并无本质的改善。一半是妻，一半是仆妇。由于家庭文化背景的先天欠缺，以及夫妻二人文明意识的长期蒙昧，这一种情况，在平民之家和贫民之家，反而尤普遍，尤甚。

当年我以少年的眼，在许许多多这样的家庭里，见惯了那些衣来伸手，饭来张口，凳子横于前一脚跨过去，油瓶倒了也不弯腰扶一下的丈夫们，不以为怪。渐渐觉得天下做丈夫的男人们，不但必定都是这样的，而且理所当然应该是这样的。

这样的丈夫们在家时，妻子们的真性情是很受束缚的，心理也很受压抑。甚至可以说，很受到心理的压迫。

当年我又以少年的眼，观察到过这样的生活现象——丈夫前脚出家门，妻子立刻获得了解放似的。她倏忽地变了，整个人的状态完全轻松了。她竟会一边干这干那，一边哼着唱着。她以熟练工的麻利里里外外同时兼顾，有条不紊，从容不迫，居然比丈夫在家时做得还有章法。此时家务之对于她仿佛已不再是义务，而简直是喜欢干的事，从中体会着别人不大体会得到的愉快……

接着，她唤醒儿女，安排大的吃了饭去上学，帮小的穿衣服给他们洗脸。

儿女们吃饭时，她在叠被子，整理床。

待儿女们也都吃罢了，她才坐到饭桌旁。结果是饭菜凉了。倘家中还有老人，那么她得像照料儿女们一样再照料一番老人。她得热一遍饭菜，服侍老人吃。无老人，则省了份儿心。

待她也吃罢了，上学的儿女上学去了，不上学的儿女或在家里待在一个角落玩儿着，或出去玩儿了。

此时，家里一般肃静了。于是她刷洗盘碗，扫地擦灰。忙了一通，九点来钟，家清洁了。

于是她摘下围裙，自己才开始洗脸，梳头。随后，她出门了。如果是夏季，各家的女人们，都坐着小凳聚在院子里聊天。聊天是家庭妇女们传统的社交方式。她们嘴上聊着，手却不闲，或补袜子，或缝衣服，或纳鞋底儿，或绣花儿。

五十年代，毛衣属高级之物。毛线非是寻常人家舍得买的东西。所以五十年代的一般家庭妇女们，其实大多数并不会织毛活儿。她们中有些人是后来会的。是长大了的女儿们将毛线买回家，并将织毛活儿的针法带回家，她们首先向自己女儿们学的。

如果相互关系处得都很亲近，聊天是五十年代家庭妇女们最美好的时光。在那一种美好时光里，不仅愉快地完成了她们分内的事，而且增强了感情。家境好些的女人，尽量对家境艰难的女人表示怜悯，娓娓地劝说她们化解心中忧愁。她们往往会替后者们的命运一声声长叹一把把抹泪，也往往会放下自己手中的活，帮后者缝缝补补，拆拆洗洗。此时，她们因自己心中的善而自我感动，自我满足。后者们当然也会受感动，也会获得被怜悯的满足。

倘非夏季而是冬季，则家庭妇女们就彼此串门儿。串门儿是她们冬季里的社交方式。自然，往往也都带着针线活儿。常有这样的事儿——张家的女人，腋下夹着没做成的一卷棉袄片儿或棉裤片儿去到李家。如果李家的女人也正做着同样的活儿，立刻让出一半儿炕面。于是两个女人相向而坐，一边各做各的，一边聊家常，聊她们少女时期的往事和家世。倘李家的女人没什么活可做，也会热情地腾出炕面，情愿帮着张家的女人做。

如若张家丈夫的鞋底儿是李家女人帮着纳完的，李家儿女的衣服是张家女人帮着做成的，乃不足为奇的寻常之事。

倘同院女人关系相处得不睦，或某一户的女人与别家的女人关系紧张，那么聊天和串门儿便由本院转移到别的院去了，可叫作交际的“外向型发展”。

于是，五十年代男人们训斥自己的女人或私议别人家女人的一句话往往是——“就生了一张嘴两条腿，串遍了街!”

倘在同一条街上也知音难寻，那么她们便向别的街上去寻。

由这一条街到那一条街，每是极方便的事。往往从本院或邻院的什么地方，比如矮墙的豁口处，比如两间房子的夹隙，就可以穿行到前一条街或后一条街的某个院子里。哈尔滨叫“钻院儿”。

家庭妇女们喜欢聊天和串门儿，实在是人渴望彼此交流的基本心理需求之一项。除了这一项传统的交流方式，她们当年再没有另外的什么交流方式。她们的真性情，通过此方式呈现和舒展。如果连这一种方式也遭硬性的禁止，她们作为女人的生气也就迅速萎靡了。

十一点左右，她们又都回到了各自家里。丈夫虽不在家，儿女们还要吃午饭呢。

下午，她们可小睡一会儿。下午的聊天和串门儿，时不时看表的，必得在四点半以前结束。六点钟左右，丈夫们下班回家了。他进门片刻，喝杯水，吸支烟，饭菜就上齐在桌上了。出色的妻子，无论做什么饭菜，时间是掐算得极准确的。如果饭桌上有馒头、白米粥，照例首先由丈夫、老人和小儿女分享。还剩，有她的份儿。不多，自然没她的份儿。

没她的份儿她也早就习惯了。因为她是妻子，是母亲，是儿媳。她自己的意识里，承认自己是家庭中最不重要的成员。吃穿方面，无论与谁比，她自己往后排永远是合情合理的。

七点钟左右，她开始为丈夫、儿女和老人烧洗脚水。如果家里有收音机，丈夫往往一边吸烟一边听什么，等着洗脚水端到脚前。而上学的长子长女，必在埋头写作业。无论夏天还是冬天，八点半后，一般人家准拉窗帘了。夏天男人们吃罢晚饭也喜欢坐在院子里聊一会儿天，或下一盘棋，但绝不会聚到很晚。冬天，若非星期六晚上或星期日，男人们是不太串门儿的。九点，十之八九的人家皆熄灯。有的人家睡得更早，往往八点多就熄灯。没电视的年代有一个好处——那就是无论大人孩子，睡眠都较充足。五十年代，并非家家户户都有收音机。可以说大多数平民家庭并没有。谁家有，也是老旧的。只能听一两个台。记得我家住的那条街上，有人家买了一台八十几元的国产名牌收音机，几乎一时轰动整条街……

当丈夫和儿女们发出鼾声，家庭妇女的一天终于结束了。她们周而复始，一年又一年，过着内容完全相似的日子。直至发白了，脸皱了，在不知不觉中老了。

她们当然也是爱美的。她们往头上抹的叫头油；往脸上擦的叫雪花膏；润手的叫蛤蜊油——两片蛤蜊壳扣装的某种油脂，八分钱。而这三样，对她们而言是奢侈品。加起来一元钱左右。如此廉价的东西，有的女人一辈子也没用过几次。

平素她们洗发用碱水，洗脸用肥皂，手上的皮肤干裂了，涂点儿豆油。过春节了，才舍得预先买块香皂用。

她们也很少穿新衣服。新衣服毕竟是会有一两件的。比如结婚时穿过的。但婚后不久可能就叠起来压在箱底儿了。有人家的箱底儿，甚至压着她们当年穿过的旗袍。某个日子，往往是夏季的好天晒箱底儿的时候，她会一高兴心血来潮地穿上，在院子里招摇一番。那旗袍当然已瘦了，穿着不合体了。同院的女人们就围拢了观赏，赞叹，或遗憾。

除了结婚时拥有的新衣服，据我估计，她们中的大多数，婚后又为自己做过五六套新衣服，就算多了。说是五六套，其实不可能同时做，往往新衣服前年做的，新裤子去年做的，今年打算为自己做双新鞋。终于凑齐上下一套，留待特殊的日子特殊的心情下穿。

新的衣服，无非是用平纹布或斜纹布做成的。平纹布三角多一尺，斜纹布五角多一尺。她们中大多数，终生在衣着方面的消费，细算下来，二三百元罢了。她们中某人猝死，往往没一套新衣服入殓。现做一套平纹或斜纹的送终。

她们当然是爱名誉的。贤妻、良母、孝媳便是她们的至高无上的名誉追求。

家庭妇女真的能在此三方面被公认为榜样，那么她会成为全院乃至整条街上极受尊敬的女人。倘三方面她做到了，那么她在邻里关系方面也肯定是能谦善忍的。即或刁蛮泼悍的女人，对她也不敢过分地冒犯，怕引起公怒。家庭妇女中也有侠肝义胆的女子，她们在一个院子里乃至整条街上主持民间正义，抑强扶弱，专替受欺辱的女人打抱不平。

家是她们每个人的展窗。一位家庭妇女究竟是怎样的女人，别人一迈入她的家门心中便有数了。持家有方的女人，无论她家的屋子大小，家具齐全或简陋，都是一眼就看得出的，是清贫抵消不了的。丈夫、儿女、老人是她们的广告。她们懂得这一点，所以，尽一切能力，使家庭的每一成员都穿得体面些。如果说顾不上考虑到谁，那么顾不上的往往只能是她们自己。而要尽到以上义务，对于她们已实非易事。五十年代，平民之家几乎是舍不得花钱买衣穿的。全靠她们一双手做。

一职业妇女如果嫉妒心强，人们就都会说她“像家庭妇女”。

然而我想说，五十年代，在中国，嫉妒之心最有限的，也许恰恰是家庭妇女。更确切地说，恰恰是平民阶层的家庭妇女。这样说，并不意味着宣扬她们似乎天生地最接近着女性的美德。而是强调——她们并不能直接参与到社会中去进行名利的竞争；同时值得女人嫉妒的现象又几乎皆存在于她们短窄的视野以外。无论男人或女人，根本不可能由自己不知晓的现象生发出嫉妒之心。置身于她们那么一种群体封闭的生活形态，决定了她们对别的女人实在没什么可嫉妒的。

但毕竟也会有嫉妒的时候吧?

是的。

家庭妇女们最嫉妒、真嫉妒的是——谁家的丈夫对妻子比自己的丈夫对自己好。因为这不但是她们视野以内的事，而且是直接触动她们女人感想的事。毫无疑问，其实也是无论任何时代的女性都很在乎的事。只不过，因为她们是家庭妇女，仅能通过丈夫对自己的态度意识到几分自己存在的重要性。故比任何时代的女性尤其在乎这一点。

她们中有人常常公开展示一瓶雪花膏，一瓶头油，几尺布料，炫耀说是自己丈夫给自己买的。

也有人动辄便说：“在我们家里，我可是和他吃一样的饭菜！我不和他吃一样的他不高兴！”

言外之意是丈夫心疼她到了极点。

其实都未必真事。

大多数女人并不在乎自己和丈夫吃的是不是一样的饭菜，但是极其在乎自己的丈夫连一瓶头油一瓶雪花膏都不曾给自己买过。她们算算丈夫的收入和家庭的花费，暗自承认其要求虽属正当但未免铺张，心里却总是希望丈夫某一天给予她那一份儿惊喜。而丈夫们又似乎偏偏不予考虑……

于是，她某一天兴许会当众宣布：“俺家那口子，说要给俺买一双皮鞋呢！”

家庭妇女们的这一种虚荣，有时简直像比宠的小女孩儿。

五十年代的家庭妇女们，绝大多数是勤俭型的。许多人家床上或炕上，永远放着针线笸儿。几乎家家有袜底板儿。袜底板儿上往往套着没补完的袜子。几乎家家的面板另有一种功用，反过来贴袼褙。纳一双鞋底儿要贴十几层袼褙。解释起来实在啰唆，省略。至于带着针线没缝完补丁没做成的衣服，那便是一眼可见。她们没有八小时以外，她们总在不停地做这做那。永远也做不完，而且永远也做不烦似的。

家庭妇女没什么个人祈求。她们的祈求体现在丈夫、老人和孩子身上。老人宽厚而长寿，丈夫体贴而本分，孩子听话而健康——便几乎是她们的全部幸运和幸福。

她们最怕的是丈夫经常对自己吼而又经常被邻居们听到。被丈夫打了是她们最觉丢脸之事。

五十年代的家庭妇女心中很少动离婚之念。她们能忍的程度令今人无话可说。

她们其实并不怎么地望子成龙。儿女长大后能有份工作她们就颇感欣慰。而五十年代正是城市青壮年劳动者短缺的时代。所以她们看着儿女一天天长大，对将来是较乐观的。而这乐观一进入六十年代便被粉碎……

我亲近她们甚于亲近以后任何时代的女性。因为她们皆是我的同代人的母亲。我一向对她们怀有深厚的敬意，因为她们那一代女性的含辛茹苦任劳任怨。

我也非常地同情她们，因为她们作为妻子和母亲，付出太多，享获太少——更因为她们没有生在今天女性也有机会大有作为大展宏图的时代。

五十年代的职业女性，其风貌与五十年代的家庭妇女们相比，仿佛根本不是同一时代的女性。这不仅是由“职业”二字所决定的，更是由“解放”二字所决定的。“职业”只能使女性发生经济独立的变化，以及由此影响的消费水平物质生活质量的变化。而全中国的解放这一改天换地的大事件，却使当年的职业女性以崭新的前所未有的姿态证明着自己不可轻视的社会作用。

二十世纪五十年代的少女和“大姑娘”

二十世纪五十年代的女孩儿，一入中学，母亲们就会经常教诲她：“不小了啊，该有点儿大姑娘样儿了！”

当然，她们还根本不能算是“大姑娘”，只不过不再被视为“小姑娘”了。

于是，母亲们的经常教诲，对那些比“小姑娘”大比“大姑娘”小的少女们的心理发生了重要的暗示作用。她们便开始要求自己像“大姑娘样儿”了。

少女们已不再跳格子跳皮筋。那被视为“小姑娘”玩儿的项目。她们尤其较少跳皮筋了。因为跳皮筋是夏季玩儿的项目。夏季她们多穿裙子。跳皮筋有时需撩起裙子。皮筋举多高，一条腿要踢到多高。她们已自觉不雅。而母亲们倘见她们仍玩儿着，就会训斥。自己的母亲不训斥，别人家的母亲也会议论：“那么大个姑娘了，还撩裙子高踢腿的，真没羞。也不知她妈管过没有！”

我一直认为，跳皮筋对于少女们，是极有益于健康和健美的玩儿法。她们当年跳皮筋时灵敏的身姿，至今仍印在我的脑海里。她们母亲当年训斥她们的情形，也一直是我回忆中有趣的片断。

倘她们不属于学习成绩优秀的学生，父母们自然也是遗憾的，但绝不至于像今天的父母们一样着急上火，惶惶然不可终日起来。因为当年上学是为了识字。既已是中学生了，便一辈子不可能再是文盲了，父母们也就觉得对她们尽到了义务，满足于这一点了。大多数的她们，自己也满足于这一点。不就你是优等生，我不是吗？但你能读，我也一样能读；你能写，我也一样能写呀！中学毕业之后，不都是要参加工作的吗？不都是要学三年徒吗？学徒期间不都是只有十八元的工资吗？以后不都是要凭工龄凭实际工作表现长级吗……

的确，五十年代的她们中，只有极少极少数，非立志要升高中考大学不可。普遍的她们，自己并无很强烈的愿望。普遍的家长，也只打算供她们读到初中毕业。当年初中毕业生的就业机会较多，这使她们对自己前边儿的人生没有什么太严峻的忧虑。

五十年代的少女的心怀，普遍如一盆清水般净静。说是一盆，而非一池，比喻的是她们心怀范围的有限。净静得当代人既不能说多么好也不能说多么不好。

她们不寂寞，也许因为她们之间有足够装满心怀的友情。一名少女当年伤心了，暗暗哭泣了，往往由于她们之间的友情发生误解了，出现裂痕了。

我小时候，不止一次在别人家里见过这样的情形：

一个少女一回家就哭。

她母亲问她怎么了。她说："她妈（或她爸）打她了！"

那么那个"她"，自然便是她的知心姐妹。

"她"在"她"家里挨打挨骂，她会难过得一回到自己家就哭起来，每一回忆，心为之感动。

不知今天的少女之间，是否还存在着那么样一种不是姐妹胜似姐妹的友情？那真是一种醇香如亲情的友情呢。

五十年代少女之间的此种友情，验证了一条人性的逻辑——对于心灵而言，有空旷，就有本能的填补。无好坏之分。

五十年代的中国，社会现象过于单调，因而世风相对较为纯朴。

打扮一个五十年代的少女是极其简单的——一尺红或绿的毛线头绳儿；一件"布拉吉"——连衣裙；一双黑布鞋，足够了。只要"布拉吉"和黑布鞋是洗过了才穿上的，即使旧，也还是能使她们变得清清爽爽，灵灵秀秀的。有双白袜子穿更好，没有，也好。总之，当年那一种简朴到极点的少女的美，真是美极了美极了。

五十年代，她们中学毕业以后，就被视为名副其实的"大姑娘"了。在早婚的年代，女性的少女期是短暂的。短暂得几乎可以说稍纵即逝。五十年代仍是早婚的年代。到了十八九岁，无论工作与否，如果自己不急于考虑婚事，父母们也会按捺不住地张张罗罗地为她们东找婆家西找婆家。倘二十三岁以后居然还没嫁出去，那么就将被视为“老姑娘”了。而一个家庭若有一个“老姑娘”，那么父母愁死了，唯恐她被剩在家里。所以“大姑娘”也意味着是一段短暂的年华。从结婚那天起就是“小媳妇”了。从是“大姑娘”到是“小媳妇”，短则三四年，长则五六载。五十年代，二十来岁二十多岁的“小媳妇”，即使在城市也比比皆是。

所幸她们对工作并不怎么挑拣。一般是份工作便高高兴兴去上班。工资是全国平等的。脑体之间基本无差别；机关与行业之间基本无差别；行业与行业之间基本无差别；男女之间基本无差别。在此种种基本无差别的前提之下，对工作条件工作环境工作性质不满意的她们，虽也羡慕这些方面比她们幸运的别人，但一般不至于羡慕到怨天尤人自暴自弃的程度。

上班的她们，普遍还买不起自行车。如果单位远，她们每天需六点多钟就离家。从居民区走到有马路的地方，才能挤坐上几站公共汽车。为了不迟到，她们常将工作服穿回家，第二天穿着工作服离家。那样就省下在厂里换工作服的时间了。

五十年代，青年女性因有工作而自豪，所以穿行业服走在路上觉得挺神气。如果那行业体面，那厂是大厂，有名，则她们穿着工作服走在路上，不仅觉得神气，简直还往往觉得美气。她们穿那样的工作服，能吸引较高的“回头率”。向她们投以热烈目光的，当然都是小伙子。

她们中当护士的，无论冬夏，常喜欢将雪白的护士帽戴在头上。医院是被刮目相看的行业。戴了雪白护士帽的她们，自然也被刮目相看。那时她们就尤其显出大姑娘的矜持来。

餐饮行业也戴白帽子，与护士在医院里戴的白帽子区别不大开。故有在小饭馆工作的她们，也戴了白帽子招摇过市，内心里乐于被路人看待成大医院的护士。所谓“过把瘾”，但不“死”。

当年有小伙子冲着一顶白帽子而苦苦追求小饭馆服务员的事，因而成了相声、小品和小说、戏剧中的喜剧情节。

她们上班时，邻家没有大儿女的母亲一出门碰上了她们，投在她们身上的目光是很复杂很微妙的。那一种目光告诉她们，对方们心里在想——盼到哪一天我自己的女儿才也开始上班挣钱呢？她们每月十八元二十几元的工资，对一个平民之家的经济补充非同小可。那时她们嘴上礼貌地问着好，内心里体会到极大的优越感。

如果是星期六，她们也会在厂里换下工作服回家。倘还是夏季，她们往往穿一件“布拉吉”。因为她们自己最清楚，“布拉吉”尤能显示出她们成熟又苗条的“大姑娘”的美好身段。也因为她们明白，一旦做了“小媳妇”，再穿“布拉吉”的机会便少了。“小媳妇”们一般是不公开穿“布拉吉”的。

于是许多母亲的目光，都会追随她们的身影久望，互相询问她们是哪条街上，哪个院里，哪一户人家的“大姑娘”。如果她的容貌比较漂亮，那么她的家便出名了。

女人们每每会情不自禁地这么说：“瞧人家那大姑娘长得喜人劲儿的！”

五十年代的父母，尤其工人家庭的父母，一般认为自己的女婿年轻、健康、英俊、人品好就是女儿的福，当然也是自己的福。健康和人品好是首条。其次是英俊不英俊。至于是工人还是小干部，那倒无所谓。当然，如果前四条“达标”，居然还是位小科长，父母会替女儿高兴得心花怒放。

“大姑娘”们下班一回到家里，放下饭盒就帮母亲们做这做那。她们一般不会因为自己也是挣工资的人了便在家里摆什么资格，要求什么特殊待遇。

她们明白，自己生活在家里的日子不会太久了。这使她们比从前更体恤她们永远操劳着的母亲们了。回想自己是小姑娘是少女时，竟不怎么懂得体恤母亲替家庭分忧，她们每每地心生愧疚，同时心生对她的家的眷眷依恋。虽然它可能很清贫，很拥挤，很杂乱。那一种眷眷依恋又每使她的心情特别惆怅。“大姑娘”们这时望着生出白发了的母亲的目光，是非常之温柔的。

“女儿是娘的贴心袄”——这句话主要指的是“大姑娘”了的女儿们。

吃完饭，“大姑娘”和母亲争抢着洗碗。

“不用你，屋里歇着吧！”

“妈，进屋歇着，就让我来吧！我还能替你几次呢？”

这每每是母女二人在厨房里悄悄的对话。

当母亲的听了，心里一阵热。她感动得想哭。她这时心里边觉得，她将女儿从一个小姑娘拉扯成一个“大姑娘”，所付出的一切操劳都是值得的。她的心满足得快要化了。

“大姑娘”洗罢碗，收拾干净了厨房，进屋又拿起了毛线活儿或针线活儿。如果家是两间屋，“大姑娘”准和母亲待在同一间屋。或对坐，或并坐，或“大姑娘”手里运针走线，母亲陪着一递一接地说话儿，或母女俩手中各有各的活儿……

少年时期的我，常在别人家见到这样的母女亲情图。

“大姑娘”有工资了，她可以用自己的工资买毛线了。她心里有种筹划，那就是要在“出门”前，给父亲织件毛衣，给母亲也织件毛衣，再给弟弟织件毛背心，给妹妹织条毛围巾什么的。“出门”前的“大姑娘”，心里装着每一个家庭成员。她要留下念心儿，延续她对这个生于斯长于斯的家的亲情。

“大姑娘”某一天终于是新娘了。男方家里会送她一套料子做的新衣。一般是“哔叽”的。那将是她以后二三十年内最好的一套衣服。

当然还少不了一双皮鞋。那几乎肯定是“大姑娘”生平穿的第一双皮鞋。手表、自行车、缝纫机是当年代表一个家庭物质水平的“硬件”。新婚夫妻极少有同时备齐三大件的，往往由“大姑娘”随自己的心愿任选其中的一件或两件。

五十年代“大姑娘”的娴静，还与较多地占有她们业余时间的编织与针线活儿有关。那些仿佛是她们的“书”。爱读书会使男人变得娴静，正如编织和针线活儿会使“大姑娘”变得娴静。

五十年代的“大姑娘”，普遍而言，也都较腼腆。

腼腆包含有羞涩的意思在内，但又不仅是羞涩。羞涩形容的是内在的心态，腼腆形容的是外态。羞涩是一个发生性的、进行性的词。因为人不可能无缘无故地羞涩起来。

但五十年代的“大姑娘”们，却往往会经常无缘无故地腼腆起来。

比如同院住了多年，邻居关系很好，她们到我家借东西，或春节拜年，也会显出非常腼腆的样子。而我父亲常年在外地工作，我哥哥是中学生，我是少年，我家简直没有能算得上“男人”的人，她们为什么也腼腆呢？

正由于我家只有小男人，我母亲又特别好客，对“大姑娘”们一向特别亲热，一向特别被她们所敬，故不但同院的，而且连邻院的，一条街上的，乃至前街后街的“大姑娘”们，相当一个时期内，都愿结伴儿往我家聚。有时会在窗前聚七八人之多。就着屋里的灯光，各自手里皆钩着织着，你一句我一句地聊天。悄悄地聊，偶尔发出一阵哧哧的轻笑。邻居们都说，我家简直成了“大姑娘之家”了。我母亲也常望着她们说：“我要有这么多大姑娘可美死了！”

正是那么一种情形，使我这个少年的眼，有机会观察很多“大姑娘”。

连我母亲和她们说话，她们也显出腼腆的样子。

同院有个比我大的男孩子心思不良。按今天说法，可叫作“问题少年”。

有次他问我：“你看她们中哪个漂亮？”

我就指着其中一个说：“她最漂亮。”

他怂恿我：“那你敢走到她跟前去对她说‘我爱你’吗？你若敢，我给你两个玻璃球儿！”

于是，我逞强地走到那一个“大姑娘”跟前大声说：“我爱你！”

不惟那一个“大姑娘”，所有的“大姑娘”们全都倏地一齐红了脸，全都瞪着我呆住了。片刻，这几个伏在那几个身上，一齐笑得前仰后合。

那是我生平第一次见“大姑娘”们笑开怀。她们一个个忍住笑，复一齐瞪着我，脸仍红着，都显出一种很美的腼腆。我母亲因那件事狠狠训了我一通，不许我以后再跟那“问题少年”接触……五十年代“大姑娘”们的娴静和腼腆，单就男性对女性的眼光而言，从我这儿讲，在我记忆里永远是优雅的，美的。姑娘大了，如果只“蹦迪”蹦得好，却从不知娴静何意，如果一味现代，从未羞涩过，从未腼腆过，细想想，也够俗得烦人了……

二十世纪六十年代的中国女性

二十世纪六十年代前三年，是中国的灾荒之年，也是中国人的饥饿之年，更是逢此三年的绝大多数中国女性每忆心悸的艰苦岁月。从母亲怀中的女婴到老妪，几乎盖难幸免。

我们这里既说的是绝大多数，因而强调了例外者们的存在。某些成年人虽然在那三年里自己不曾挨过饿，但还是知道别人们在挨饿的情况的。只有极少数六十年代的少男少女在那三年里并没挨过饿，以至于长大后，听许多同龄人或上一代人回忆起“三年自然灾害”时期的苦日子，自己们浑然不知，莫名其糊涂。仿佛非中国人，乃外国人。

他们是极少数的高干子女。当年的空军战士，曾节省下自己每月发的饼干和巧克力，送往他们曾寄宿的小学或中学。“难怪学校里当年发过饼干和巧克力!”他们往往是在这样的联想下，才能证明那三年在自己的年龄中也确曾是度过的。

所谓“三年自然灾害”，我们如今都知道的，并不仅仅是自然因素造成的，也是政治因素造成的。中国和苏联决裂了兄弟国家之间的友好关系，于是导致苏联板起面孔讨债，中国显示出强硬的志气偿还。

那三年内，司局级以上干部，每月发“优待券”，可凭券买到白糖、茶、烟、奶粉之类。老百姓在那三年里见不到奶粉。凭出生证明供应给婴儿的是“代乳粉”，一种接近奶粉的婴乳品。那证明不仅要证明婴儿的出生，还要证明母亲奶水的不足。倘不证明这后一点，也是不卖给的。春节前，每户人家供应几两茶叶。白糖每月每人二两，吸烟的男人每月供应一条劣质烟。

城市人口中，对男劳动力的最高定量是三十六斤半（搬运工、伐木工、煤矿工享此优待），一般工人三十二斤，脑力劳动者三十斤，家庭妇女们和中学生高中生们一样定量——二十八斤半。后来，在哈尔滨市，粮食不能保证定量供应了，每人每月减少三斤粮食，以霉质的地瓜干等量代之。连霉质的地瓜干都作为城市人的口粮供应了，足见已将农民的口粮收缴到了什么程度。许多学生腹中空空地上学。许多学校因而取消了课间操。学生和教师饿昏在课堂的事是经常发生的。“天府之国”的农民大批大批地逃亡外省寻求活路……陕甘宁的农民大批大批地“闯中原”或“走西口”……事实上，饥饿从一九五八年起，在有些省份就蔓延着了，也并未能全国齐刷刷地结束于一九六三年底。在有的省份，直至一九六五年一九六六年才略见缓机。而一九六六年中期就开始了“文化大革命”……

那些年，城市里的许多中年母亲们，迅速地白头了，明显地苍老了。

作为妻子，她们必得保障丈夫们不至于被饿倒。丈夫们一饿倒，家庭也就没了基本收入。作为母亲，她们必得保障儿女们维持在半饥半饱的状态，因这是她们的起码责任。如果还有公婆，如果她是个孝顺媳妇，岂忍看着老人挨饿？

但每一个家庭成员的口粮都是定量的。巧妇难做无米炊，她们往往也只有自己吃得比定量更少。

倘有丰富的副食，以上定量并不至于使人挨饿。

但那些年里几乎没有任何意义上的副食。连蔬菜也是按票证供应的。

六十年代的前几年，中国城市里的绝大多数母亲们亦即中年母亲们，总体值得评说之处是母性的坚忍和毫不顾惜自身的家庭责任感。如果她们自己不吃饭也能将就着活，她们中许多人肯定会根本一口饭都不吃；如果她们身上的肉割下一条来半个月就会长合，她们中许多人肯定会每隔半月从身上割下一条肉来给全家人炖汤。

除以上两点，实难再由她们评说出什么折射时代精神的风貌特征。

那么咄咄逼人的饥饿时代里，她们身上还能显示出别种的女性异彩吗？

那些年参加工作了的“大姑娘”，大多数比较自觉地推迟婚龄。一是由于结婚成了很不现实之事。大多数小伙子那些年没心思结婚。整天饿得心慌眼花的，哪儿有结婚的心思呢？念头一闪，便自行地打消了。而小伙子们的消极，正中“大姑娘”们下怀。其实她们都不愿在艰苦岁月里嫁出门去。一嫁出门，工资也就带走了。她们微薄的工资，对于她们的家越发显得重要了。毕竟，在黑市上，花高价还是有可能买到粮食或粮票的。若买粮票，她们的工资也等于十几斤粮食啊！一个家庭每月多十几斤粮食少十几斤粮食，区别是很大的。何况，因为她们参加了工作，每月口粮比母亲高三斤半，比小弟弟小妹妹高六七斤甚至十来斤，自己每顿少吃，家人不是可以多吃几口吗？

那些年，是中国城市结婚率最低的几年。二十四五岁了仍不考虑婚事的“大姑娘”多了，不足为奇了。与五十年代初期至中期相比，她们接近着是“老姑娘”了。

饥饿比宣传号召起了更大的晚婚作用。

但在农村里恰恰相反。

为了拯救家庭，“大姑娘”或者甘愿牺牲自卖自身，或被无奈的父母所暗卖。因为她们没有工资，土地荒芜，工分也没了意义，只有自身还能换点儿吃的。又加中国农民传统的重男轻女的封建思想仍十分严重，卖了女儿，起码家里少了一口“白吃”。保命的重点，是倾斜于儿子的。当然，也有父母，愿望是好的，考虑得极为现实——女儿让一个男人领走，只要他能养活她一条命，总比饿死在家里强。“大姑娘”白白被人领走了，接着，二姑娘三姑娘也眼睁睁被人领走。只有儿子，要死，也得和自己死在一起。因为只要留住儿子，只要儿子不死，就有能传宗接代那一天……

城市里的少女们，半大姑娘们，亦即中学生们高中生们，比起农村的少女们半大姑娘们来，落不到那么悲惨的命运，似乎该算是苦难岁月中的幸运。

但她们中的许多，在身体正待发育着的年龄，由于极度的营养缺乏而中止了发育。如果将今天小学六年级的学生和六十年代前三年的初一初二学生混编在一起，并且都来一个向后转，那么可能较难分出哪些是今天的小学六年级生，哪些是从前的初一初二生。如果将六十年代前三年的高中生与今天的初中生混编在一起，那么会比较明显地看出，后者们发育的良好程度远胜前者们。良好中的忧虑，倒是营养过剩现象。

许多六十年代的初中生高中生，身体发育在不该中止的年龄中止以后，再就永远地矮小了。排除个别遗传因素，共同的原因是三年饥饿。

一进入六十年代，中国城市女性人口的年龄比例发生了显而易见的变化。过去是家庭妇女多，后来是学生多。过去，街头巷尾发生件什么事，哪怕仅仅是出现了个卖彩线的小贩，满街急匆匆聚去的是中青年母亲们的身影。后来，如果正巧是学生们放学的时候，被吸引的往往是许多女学生了。

过去，早晨七点多钟下午五点多种，女人们的目光迎送的是上下班的丈夫们，而后来迎送的是上下学的儿女们。成群结队的中小学生从街上络绎经过，情形往往颇为壮观。

六十年代的中学女生与五十年代的中学女生们相比，头脑中对于上学的思想大为不同了。她们已不满足于将来的自己仅仅不是文盲。她们已开始明白，学历的高低，不但关系到自己将来的婚恋和人生的质量，而且足以直接扭转自己的命运。

绝大多数初中女生的志向是升高中。她们上中学不久，便开始了解到市里有哪几所中学是重点中学，而自己就读的中学之教育水平大致属于几等。在课堂上，老师们每每倍感荣耀地告诉学生，本班本校的上一届上几届学生中，有多少考上了重点高中。那些使老师谈起来很骄傲的学生中的女生，便渐渐成了她们心中的榜样。

绝大多数高中女生的志向当然是升大学或大专。那些重点高中的女生尤其如此。她们对于全国的名牌大学耳熟能详。“三六一十八，清华北大哈工大。”这是六十年代初开始在哈尔滨初高中生们之间流行的话，代表着他们和她们的学习理想。“三六一十八”——当年指哈尔滨的四所重点中学三中六中一中十八中。中学生考入此四所中学的高中，意味着离踏进全国名牌大学只有一步之遥了。我的哥哥原在哈二十九中读初中，初中毕业后被保送到一中，前街和后街的“大姑娘”们都对他另眼相看起来。

一九六三年我升入中学，哥哥考入大学，前街后街为之轰动。连派出所所长和社区的干部都纷纷到家里祝贺。新中国成立以来，我们那一居民社区几千户人家中，还没出现过大学生。他到外地上大学前，预先定亲的媒人终日不断。许多“大姑娘”和她们的父母，认为我哥哥将来必是工程师无疑，都愿早结良缘，等上四五年也心甘情愿……

六十年代的“大姑娘”们——她们已不怎么乐于被视为“大姑娘”了，人们已开始顺应她们自己的意识称她们为“女青年”了——无论是学生还是参加了工作的她们，依然是娴静的。

但与五十年代相比，她们已外静内不静，态静心不静。是的，她们不再如五十年代的“大姑娘”们一样娴静得头脑空旷心思简单了。一九六三年后，饥饿的黑翳从城市里渐退，人们又能吃饱肚子了。“女青年”们择婿的标准在吃饱了肚子以后开始悄悄形成。“蓝制服，白大褂，枪杆子，舵把子。”这是当年“女青年”们之间流行的顺口溜儿。如果嫁给有大学文化的男人无望，这是她们退而求其次的择婿标准。

“蓝制服”指公安干警。社会的许多方面，都对“执行无产阶级专政”的男人们礼让三分，故他们在“女青年”们心目中地位颇高。

“白大褂”指医生。中国百姓看病是件麻烦事，有时甚至是件叫天天不应，叫地地不灵的事。嫁给医生，或只不过是在医院工作的男人，全家人包括亲戚朋友都会受益匪浅。

“枪杆子”指排长以上现役军人。军官月薪高些。成了军人家属，不但生活有保障，不但光荣，还会受些优待。但嫁给军人有一点不中她们的心意，那就是将忍受婚后长久的分居生活的苦闷。而随军不但须经部队批准，又有可能离开城市。离开城市是她们所不情愿的。故“枪杆子”在国家那儿虽然排在第一重要的位置，在她们心目中却只能屈尊第三。

“舵把子”指司机。无论开卡车的还是给官员开小车的，总之自己和自己的家人能沾点儿方便。

看来，归根结底，女性自我意识的觉醒，不是由任何其他的条件和因素所决定的，首先是由工业的发展所决定的。工业的发展带来了广泛的城市就业机会。广泛的就业机会增加了许多家庭的收入。收入提高了的家庭有能力承担儿女们的学费。而较普遍的文化教育，使普遍的男人和女人的意识受改变的过程和阶段是有区别的——它使男人开始关心自身以外的事情，它使女人开始思想与自身相联系的事情。好比展开一幅画在男人们眼前，使男人知道世界比自己所了解的广大得多；而展开一幅画在女人们的头脑中，使女人知道女人的命运比自己所以为的丰富得多。那幅画原先就存在于女人的头脑中。只不过它卷着，还捆着，非靠时代的咒语而不能展开。只有极特殊的女性，能凭自己的觉醒先于时代的默许而展开它。她们在任何时代都是具有叛逆精神的女性……

五十年代中后期的许多“小媳妇”，在六十年代的前几年，不但早已是母亲，而且可能已是两三个儿女的母亲了。

那时“计划生育”还没实行。

她们的某些母亲们，在十来年内，尤其在饥饿威胁每一个家庭的三年内，已被老年扯拽得趔趔趄趄，过早地随之而去了……

她们可算是共和国的第二代母亲，她们生下的是共和国的次子次女们。

由于她们本身已是有些文化的母亲，她们对女儿们的企盼，比她们的母亲在她们小时候对她们的企盼高得多。她们每每因还没上学的儿女居然也会写她们教过的某些字非常惊喜。而她们的母亲们，当年往往只因她们的脸蛋漂亮小嘴儿乖甜笑逐颜开……

尽管，共和国的许多次女幼小时吃过“代乳粉”，但智力却比第一代们开发得早，接受文化的年龄也比第一代们小。普遍的她们，学龄前就已经培养起了学习的兴趣。甚至，连她们的入学年龄，也比第一代们提前了一二岁……

然而，饥饿的黑翳刚刚敛去，中国人刚刚又能吃上两年饱饭，一九六六年，“文革”爆发了。用“爆发”一词形容“文革”是并不夸张的。尽管它在领导人那儿的准备是较周密并是经过了较长期运筹的，但对于绝大多数中国人，它来得还是太突然了。尤其对于中国的初高中学生们，它突然得使他们一时懵懂。四月份“黑云压城城欲摧”，五月份席卷全国，六月初宣布“停课闹革命”，六月中旬公告各省市，“废除旧的教育制度”，取消当年的中考、高考。

全中国初高中学生们的学业，都终结在那一月份里。像许多他们和她们的身体发育，中止在三年饥饿的年代……

“文革”将六十年代力劈为两截。一九六六年以前是一种情形，一九六六年以后是天翻地覆的另一种情形。一九六六年以前的中国人和中国女性是一种常态，一九六六年以后是不可同日而语的一反常态。

因而，“文革”实际上也在中国改变了世界一贯通用的年代划分的常识。我们简直无法不承认，一九六六年虽是六十年代的中间一年，但同时又是另一个疯狂年代的开史元年。从一九六六年到“文革”结束的一九七六年十月——这由六十年代的后五年和七十年代的前五年半“剪辑”组合成的十一年，自成一个时代。这个时代的中国女性很有些与此前此后的时代完全不同的表现……

一九七八年至一九八八年的中国女性

在世界美术史上，通过女性和书的关系体现某种美感的名画是不多的。即使那些最伟大的大师们，创作的目光一专注向女性，也往往首先被她们的肉体的美所吸引。不惟画家们如此，连雕塑家们也如此。罗丹和毕加索，都对女性肉体的美说过许多情不自禁、如醉如痴的话，但却都没有为我们留下将女性和书统一在一起的雕塑或绘画。

而我一直觉得——一位静静地看着书的女性，如果她本身是美的，毫无疑问，那样子的她，则就更美了。如果她本身是欠美的，毫无疑问，那样子会使她增添美感。

我一直觉得有四类女性形象是动人的——托腮凝思着的少女；读着书的青年女性；哺育着的成熟女性；编织着的老妇人。我想说的是——入画的托腮凝思的少女我见过；哺育着的成熟的女性我见过；编织着的老妇人我也见过。但是——入画的读着书的青年女性，我只见过两幅。一幅画的是一位公爵夫人，在豪华的房间内静静地仿佛聚精会神地读一部《圣经》——如果《圣经》也算是书的一种的话。

另一幅是俄国画家画的——一位少妇坐在小窗前一把旧椅上，聚精会神地读一部差不多与《圣经》等厚的书。她一只细长的手指正打算抚过一页……

女性，尤其青年女性，与书一同入画、入摄影，“变为”雕塑——在我看来，其艺术的魅力，仿佛便具有了某种超凡脱俗的圣洁意味。我记得有这样一幅画——一位面容清秀的姑娘，身着白连衣裙，手捧一册刊物看得忘我。她的身后是街头报刊亭。那一册刊物似乎是《知识》。那一幅画的题似乎是《知识就是力量》。它一经问世，便被许多报刊转载。如果能够统计一下，我们将会更加确信不疑——它可能是当年转载量最高的一幅画。起码是之一。

当年，许多三十来岁三十多岁的中国男人和女人，一看到这幅画时竟泪光闪闪。尤其那些被时代蹉跎了岁月，永远再没有机会以正式大学生的身份跨入大学校门的男人和女人，面对《知识就是力量》无不百感交集。

“老青年”、“后知青”，当年的高中生们，从十七八岁到二十七八岁三十余岁的一切城市里的男女，凡求知若渴的无不参与到了同一种竞争中——那就是升学。

当年的升学竞争并不像今天的升学竞争这么激烈。或者反过来说，以今天比当年，今天的升学竞争不但显得尤为激烈，而且简直可以说达到了惨烈的程度。

当年的考题容易，分数线定得低，高考恢复后的前两届，分明地带有体恤性和关怀性。

在大学的课堂上，在女大学生之间，当一名十八九岁的年龄最小的女大学生和她的二十八九岁的可能已经做了妻子的女同学坐在一起时，时代在尊重文化知识方面曾经一度发生的断裂就呈现出来了。

当年，女性要求和向往自身知识化的强烈冲动，远胜过今天时装、减肥、美容、出国旅游对她们的吸引。

这一方面是由于当年还没有那些，甚至可以说主要是由于当年还没有那些；另一方面，不能不承认，中国女性力图通过知识化完善自身的可贵意识开始觉醒。而这一点，对于全世界的女性来说，其实都是最不容易的选择。因为——孜孜苦读考上大学并以优秀的成绩毕业，远比埋头苦干挣上一大笔钱通过整容术将自己的脸整得端正些还需要执着的精神。而当年又恰恰是那些被耽误了十年的大龄大学生，尤其他们中的女性，其苦读之执着精神特别令人钦佩。四五年后曾有报纸做过调查，她们的毕业成绩是令她们的许多老师深为满意甚至深为叹服的。

不能以正式大学生的身份进入大学校门的她们，转而毫不气馁地成了夜大、电大、职工大学里学习态度最具自觉性的“女生”。

从恢复高考到八十年代的最初二三年，中国当代女性，主要指中青年女性，给我留下的最深刻的印象，可用七个字来概括，那就是——学习、学习、再学习。

在城市里，你几乎可以到处看到她们捧读的身影和姿态。有的是在读刊物上发表的最新小说。这倒并不怎么特别值得喝彩。因为支撑文学延续至今的主要读者群，几乎一向是女性。如果某一天连女性也不看小说了，全世界十之八九的出版社就该倒闭了。好比如果某一天连男人也不看足球赛不看拳击赛了，那么足球运动和拳击运动就该寿终正寝了。但当年你也会不经意间发现她们手捧另外一些纯知识性书籍全神贯注地读着的身影和姿态。比如物理、化学、高等数学、历史、文学史以及哲学史，等等。或在公共汽车站，或在拥挤的公共汽车上，或在商店的采购队列中。她们惜时如金令人怦然心动。她们大抵是些上夜大、电大或职工大学的女性。若你发现她们是在公共汽车站或公共汽车上，那么往往是下班的时间。她们的小包儿里装着一个面包一罐头瓶水，往往直接赶去上课。若你发现她们是在商店的采购队列中，那么那一天往往是星期日，她们又往往是在“放学”回家的路上顺便买些东西。

当年我曾见到过一次这样的情形——那一天下着蒙蒙细雨，在前门二十二路公共汽车起点站，有一位三十岁左右的女子没带伞而捧着一册几何书看。她怕雨淋湿了书，将书捧在前边一个人的伞底下，任凭自己被细雨淋着而又似乎浑然不觉。她的衣服分明地已经快湿透了，头发上聚着一层非常细微的雨珠儿。我排在她身后，也没带伞。但我穿着风衣，并不在乎雨淋。我身后是一位老者，他撑着伞。他尽量将伞举过我头顶，撑向前边。那么一来，不但他自己被淋着，伞上淌下来的雨滴也落在了我肩上。我回头正欲开口提出“抗议”，瞬间明白了，他是想用自己的伞替那位女子遮住雨。我立刻闪身将他让到了我前边。那样，他自己不会再被雨淋着，也能将那位女子罩在伞下了。他对我说谢谢时，我内心里却被他的善意感动着，不知该说什么好，只有笑笑。我很希望那位女子回转身，发现有一位老者在她背后为她撑伞遮雨。然而她没有。那老者一直默默将伞向她斜举着，仿佛是她的一位老仆，所做纯属义务。直至一辆公共汽车开来，我们都上了车。那女子站在车上，仍一手握栏杆，一手持书，全神贯注地看。车上，许多人的目光不时投向她。人们的目光中包含着敬意。那是对于女性自强不息之精神的敬意。

车到师范大学那一站，乘务员提醒她：“那位女同志，别用功了，该下车了！”

虽然她不曾开过口，却连乘务员都猜到了，她一准该在那一站下车。

她这才想起还没买票，急将书夹在腋下，打算从小挎包里往外掏钱……

而乘务员说：“算啦算啦，快下去吧！别耽误你上课，也别耽误司机开车……”

在车上许多人善意的笑声中，她匆匆下了车，身影汇入涌进师范大学校门的人流中。

当年，晚六点半至七点之间，某些开设“业大”的大学的校门口，其人流匆匆涌入的情形如同上夜班的工人人群。他们和她们，九点半以后才能离开大学回家。第二天当然要照常上班。所以“业大”又简直可以叫作“夜大”。当年的许多中国城市，包括北京、上海、天津这样的大城市，九点半以后绝对地寂静下来了。斯时如果有许多骑着自行车的身影从马路上鱼贯而过，那么肯定是些早已不再年轻的“业大”生……

如果以为，当年的中国女性那一种求知若渴，纯粹是对知识的毫无功利心的追求，也非实事求是的看法。

人对于知识的追求，大致可归结为两类——一类由于兴趣；一类由于需要。

当年的中国女性，几乎皆是由于需要而追求知识。更确切地说，是追求文凭。

文凭可以助她们较为顺利地谋到符合自己理想的职业。

这一点与现在是一样的，与以后也必是一样的。

但那职业的理想与否，于当年的她们而言，其实又只不过是由性质所决定的。在工资收入方面其实并不能体现出什么差异来。当年中国仍处在工资无差别的年代，也没有什么外资企业或商业集团频频地向她们招手并释放强大的吸引力。故她们追求文凭的原始动力，又几乎可以说与钱无关。

昨天的与钱无关也罢，今天的与钱密切相关也罢，只不过是时代特征下知识或学历价值的区别，只不过是这种区别体现在两个时代的女性身上所折射的不同意识内容，二者之间并不存在着可褒或贬之分。进言之，在中国今天这样一个特征显明的商业时代，无论男人还是女人，追求知识或学历以谋求高薪职业，不但并不亵渎知识或学历本身，而且完全符合着时代一贯的法则。只有极少数的人才能达到逆商业时代法则而进取的单纯的知识追求的境界。这样的人不但历来极少，而且将越来越少，所以是不可以他们为榜样而苛评大多数人顺应时代法则的天经地义的现实态度的……

当年除了以上那些女性，工厂的青年女工们也在补习文化知识。有的工厂明文要求青年女工们进行初中文化考核。通过考核者才发给正式“上岗”证。所以当年找齐一套从初一到初三的课本不但是不易的，而且是幸运的。当年一套初中的旧课本在地摊上标以高价。当年某些家庭里有这样的情况——上初中的弟弟妹妹做哥哥姐姐的家庭补习教师，甚至儿女做父母的家庭补习教师。

当年许多城市里的中青年女性都体会到一种时间上的紧迫感。

无论是追求学历的女性，还是应付文化补习的女工，见了面，或在电话里所交谈的内容，往往都离不开“考试”二字。有些人是为了和别人不一样而考。有些人是为了能和别人一样而考。无论男人或女人，其实每个人的潜意识里，都存在着企图高于别人的念头。当年的时代说：那么，你知识化起来吧！每个人的潜意识里，又都存在着不甘低于别人的自强。当年的时代说：那么，你知识化起来吧！知识和学历，成为时代抛给人的一种标志。这标志甚至影响着当年嫁龄女性的择偶观。“给你介绍一位男朋友吧，他可是位大学毕业生呢！”倘“他”其余条件不是很差，十之八九的嫁龄女性是乐于一见的。正如今天有人对她们说：“给你介绍一位男朋友吧，他可是位大款呢！”——而她们中许多人眼神会为之顿亮一样。大学毕业这一条，遂成为当年中国嫁龄女性最高择偶标准的项目之一。认为自身条件优越的她们，甚至公开声明非大学毕业生不嫁。当然，今天之中国的许多待嫁女性，择偶要求中往往也是列入这一项标准的。但在当年，那是最高的标准之一。在今天，却差不多是最起码的、最低的标准了。当年，这一最高标准往往是前提。无此前提，对于某些原则如铁的女性，见都不见。今天，这一标准往往只不过是“参考分”。如果其余硬性标准合格，这一标准宁愿主动放弃，根本不再予以考虑。当年，其余的标准无非是相貌、健康情况、家庭负担情况、性情等等。除了学历一条，与五十年代的标准几乎完全相同。

今天，其余的标准因人而异，天差地别——所异所差所别，往往由男人财力决定。财力往往被视为前提。前提满意之下，余项都显得无足轻重了。

当年的标准，尤其当年的前提，只维系到一九八五年左右，便在时代的一次次“解构”中完结了。

国门开放，许多有钱的，或似乎有钱的港人、台胞、华侨、外国人一批批纷至沓来。

于是一批批年轻貌美的中国姑娘挽其臂而去。

当年大宾馆大饭店的漂亮女服务员，如今做了境内中国男人之妻的，想来不会超过十之一二。致使后来那些大宾馆大饭店，因漂亮女服务员们的势不可挡地“流失”而烦而恼，再后来干脆一改初衷，不专招漂亮的了，只要看得过去的就录用了。

年轻的中国知识女性们，在那些宾馆和饭店的女服务员们面前，心理曾何等的优越何等的高傲啊！但时代在让她们尝到点儿甜头之后，似乎又开始恶意地嘲笑她们了！

连宾馆和饭店的女服务员们都时来运转，梦想成真，摇身一变成为尊贵其身的娇妻美妾，那些不但拥有了大学文凭，不但外语流利，并且也漂亮的女性，岂肯坐失良机，蹉跎其后，而不捷足先登？

于是，知识和学历相对于当年的中国男人，其优越感在钱的耀眼光辉下一败涂地。

相对于女性，在佳丽的美貌前黯然失色。

当年，大学毕业生刚参加工作的工资还只不过五十几元。硕士毕业生的工资还只不过七十几元。这比没有学历的同龄人的月工资已经高出一二十元了。但对比于境外的男人们，其工资只不过十几美金（按当年的汇率算）啊！

于是，由学历泛起的时代泡沫，也很快灭落下去了，正如政治的时代泡沫灭落下去一样。

从二十世纪八十年代后半叶至九十年代前几年，中国年轻女性的涉外婚姻率直线攀升。尽管其间丑剧、闹剧、悲剧时时披露报端，但孤注一掷者破釜沉舟者铤而走险者，源源后继。

这一种现象有什么不对头的吗？

许多中国人当年是这么想的。

尤其某些刚刚用勤奋换来了学历，在女性面前的自我感觉刚刚好起来的待婚男人，内心里感到无比失落。

仅仅几年前，还有女性公开声明非大学生不嫁，不承想才几年后，某些年轻漂亮的女性们却往往这么说了：“哼！穷大学毕业生有什么了不起？硕士又有什么了不起？让他们一边儿稍息去，等我实在找不着中意的了再考虑他们！”

仅仅几年前，各地的形形色色的年轻的男性的骗子，还一而再、再而三地冒充大学毕业生骗取青年女性的芳心——不承想才几年后，他们却开始冒充境外的富商子弟了。

某些拥有了高等学历但天生不怎么好看的女性，内心里当然更是愤愤不平于此一种时代现象的不良。岂止不良，在她们想来，简直丑陋！简直可憎！

当年我也是对此一种时代现象持激烈批评态度的中国男人之一。

但是如今细细想来，此一种时代现象，实在是一种从古至今的极其正常的现象。

因为，无论男人女人，总是希望通过最容易的方式达到某种目的。

因为，无论男人女人，改变自身命运，过上比别人好得多的生活，从来是憧憬。

因为，尤其是女人，在一个商业时代的大门迎面敞开之际，对于物质生活的虚荣追求，自古强烈于男人。例外的女性是有的，但她们在数量上绝对代表不了普遍。

因为，女人要过上比别人好得多的生活，最容易的方式只有一种，而且是最古老最传统的一种——那就是通过嫁给一个能给予她们那一种生活的男人的方式。

这方式虽古老，但绝对地并没有过时。目前仍在全世界许多国家里被许多女性继续沿袭着。

通过最容易的方式达到某种目的——这既不但是人性的特点，也是许多种类兽、禽乃至虫的本能特点。

以上方式符合人性的这一特点。尤其符合女性之人性的这一特点。

八十年代后半叶，中国某些女人以她们比男人敏感的神经，触觉到了时代的兴奋的中枢区。它反射给她们的讯号是——欲望时代的集贸商场即将大开张，你有什么可交易的？容貌即资本。青春即股票。它并且暗示她们——二者之和，远远大于一个女人头脑中所可能容纳的全部知识的价值。就像三角形的任意两边之和大于第三边一样。

那时，社会行业还没有发展到今天这么丰富多彩的程度。即使有才干的知识女性，倘要凭其才干和知识获得比普遍的女性多的收入，仍几乎是痴心妄想之事。

于是她们的目光自然而然地由国内转向国外。在国外，对才干和知识的尊重毫不含糊地体现为金钱的结算方式，并且是以美元兑换价值的。而那时在中国，通过金钱对才干和知识进行结算的方式，仍是一种扭捏的、暧昧的、遮遮掩掩甚至偷偷摸摸进行的方式，仿佛有悖于全体中国人对才干和知识的常规思想观念。谁若获得了数千元的奖金，肯定引起嫉妒。几万元的奖金，会成为轰动性的新闻。那时在中国，只有“走穴”的歌星例外。

有才干有知识的女性尚活得这么憋屈，企图潇洒也潇洒不起来，那些没才干没知识甚至一无所长，却有容貌资本有一大把青春股票的女性，又怎会自甘资本闲置股票贬值呢？而她们，在中国，历来对于物质生活质量的向往是最强烈的。这是人类社会中一个关于女性的公开的秘密。

于是，以上两种截然不同的中国女性，那时都渴望着同一种男人出现在她们的命运里——即能带她们离开中国大陆的男人。不管他是香港人还是台湾人，不管他是哪一国家的，不管他是年老的还是年轻人，不管要求她以妻的身份妾的身份情人的身份女儿的身份或秘书或雇员的身份，包括女佣的身份——总之什么身份都不计较，只要能带她出去，她便如愿以偿。

于是形形色色的境外男人，成了“超度”她们的命中贵人。

今天，我们回顾八十年代，完全可以得出这样的结论——似乎从中期开始，它对折为“两页”。而你不能说它是“两页”，因为它并未从中线那儿被裁剪开；你也不能说它是“一页”，因为“两个半页”上所记载的内容竟是那么的不同。

常规的历史进程中，一般不产生这样的时代现象。

此时代现象说明，历史的进程一旦加快，几乎每五年便有大的区别。而普遍的人们，也仿佛每差五岁便如隔代了。所谓道既变，人亦既变。道变速，人变亦速。

八十年代的前半叶，某些中国女性求知若渴的自强不息使中国男人们为之肃然。

八十年代的后半叶，某些中国女性交易自身的迫不及待使中国男人们为之愕然。

尽管，这两类中国女性加起来，在数量上也还是少数。但经她们所体现的中国女性的时代意识的特征，毕竟使八十年代前后“两页”着上了极为浓重的色彩，以至于使其他的色彩显得淡化了，难以成为特征了。

最后值得总结的是——八十年代后期交易自身之目的达到了的女性，如今朝她们扫视过去，其实真正获得幸福的相当有限。她们中不少人，结果甚至相当不幸。有些女性甚至于今无国、无家、无夫、无子、无业、无产，除了跌价的容貌资本和贬值的青春股票，实际上几乎一无所获。证明她们当年的交易自身并不能算是成功之举。

女人通过嫁给某类男人的古老方式达到改变命运过另外一种生活之目的，虽比较符合女性的人性特点，虽不必加以苛求地批判，但也不值得格外地予以肯定。

因为，那方式所符合的，乃是女性的人性中太古老的特点。无论以多么“现代”的盒子包装了，仍是古老的。它在女性的意识里越强烈，女性在现代中越现代不起来。

因为，无论那目标表面看起来多么能满足自己的虚荣心，多么能引起别人的羡慕，本质上仍是初级的——是以依附于男人为目标前提的……

二十世纪九十年代的中国女性

某些中国女性“外销”自己的“新洋务运动”，自二十世纪八十年代中期始，年年方兴未艾，直到一九九三年后才式微渐止。她们的年龄普遍在三十五岁以下，年龄最小者十六七岁。因才十六七岁想方设法更改年龄以求达到合法移民岁数的事屡闻不鲜；因已三十四五岁想方设法更改年龄以求接近于更容易“外销”自己之岁数的事也屡闻不鲜。那些年内，由中国女性推波助澜的“新移民潮”，冲击亚洲欧洲澳洲许多国家。既使那些国家的华人移民数量剧增，也使国内许多城市的家庭夫妻离异子女双亲残缺。有知识的凭学历去闯，有才能的凭才能去闯，有技长的凭技长去闯；无知识无才能无技长可言的，则就仅凭容貌和青春资本去闯；连容貌和青春两项也够不上资本的，凭一往无前的盲目的勇气。

“洋插队”一词便是概括这一现象而产生的。“洋”字与“插队”二字相结合，包含了一切的苦辣酸麻。当然，她们当中也确有不少人，在异国真的尝到了爱情的“甜”，事业有成的“甜”，家庭美满的“甜”，人生幸福的“甜”。这些“甜”，也当然地原本就不该被国界和国籍隔着。在一方国土内获得不到，去别国寻找亦确是天经地义之事。欧洲国家彼此邻近，欧洲的男人们早就这么着了，后来欧洲的女人们也开始这样着了。其动因和目的与中国女性十分一致。中国女性仿佛企图用她们的行动证明——世界并不算太大，国与国都离得很近。

一九九三年以后，中国之经济迅猛腾飞，令世界“拍案惊奇”，刮目相看。但“腾飞”之中，今天看来，泡沫的成分极其显明。

但是经济的泡沫现象，在短期内向有头脑的人提供的发达之机反而尤其的多。许多人其实只需抓住一次机遇便可永久地改变自身命运。不管那机会是否在泡沫里。泡沫经济的游戏之所以对一个国家有危害，甚至有危险，是针对大多数人的长久利益而言的。当泡沫灭落，大多数人不但往往只空抓了两手湿，而且极可能连曾经拥有过的利益也丧失了。但泡沫又可以掩盖起“游戏”的诸种规则，使之变得似有似无，时隐时现，于是无规则的机会随着泡沫上下翻涌眼花缭乱，似乎比比皆是。而有头脑的人适时抓到它比在“游戏”规则极为分明的情况下抓到它更容易。

于是“洋插队”的中国男人和女人们，面对异国的“游戏”规则插而不入时，便转身回首，望向祖国的一大堆又一大堆的泡沫了。他们和她们，在异国学懂了积累了在中国学不到积累不成的经验。那种种的经验对于她们尤其是有用的，也是宝贵的。正是那种种经验告诉她们，中国的机会也多得值得回来一显身手。于是，攒下了些外汇的同时带着经验，没攒下外汇的同时带着半个外国身份，匆匆地又登上归国的航班。

一九九三年以后，这样一些“洋插队”过的女性，在中国的大城市里，既有相当出色的表现和表演，也有相当具“特色”的表现和表演。后一种表现和表演，每每伴随着坑蒙拐骗，每每自身也带有泡沫性。

一九九三年以后，中国的经济罪案中，女主犯或女同案犯渐多起来。倘仅以北京为例，我的司法界的朋友告诉我——当年三分之一左右的经济罪案中，有“洋插队”过的女性充当这样或那样的角色。

尽管如此，另一个无可争议的事实是——不少“洋插队”过的女性，以她们较为特殊的女性身份，在各大城市中营造了一道道当代都市女性的亮丽的风景线。

外企的第一代第二代“中方雇员”的“花名册”上，留下过她们的芳名。

最早的一批“白领丽人”中，加入过她们的身影。

她们中涌现过第一代第二代女经理、女总裁、女外商代理人、女经纪人、女策划人。

对于今天服装、时装、美容、化妆、健身、保健，乃至许多文化行业的发展，她们曾起到过功不可没的作用。她们一方面是这些行业引领消费潮流的女性；另一方面，可能同时便是宣传者、广告者、始作俑者。

与她们的能力、经济和风采一竞高下的，是那些并不曾“洋插队”过的女性。后者们对机会的企盼期比较长，准备期也比较长，因为身在本国环境中，机会一旦来临，自然出手更及时些。所以，二者相比，后者们的事业，往往是自己们的。自己们之上，并不再有老板。而前者们的事业，则往往不是自己们的。虽然优越着，背后还有老板。虽然挣的是外汇，但总归不过是佣金。

这样两类中国女性，当年曾使许许多多的中国男人惊呼“阴盛阳衰”，惊呼到处都是“女强人”。某些男人在哀叹自己们“疲软”的同时，不禁地对某些女人的能力和神通五体投地顶礼膜拜。

其实，世界依然是一个男权主宰的世界。中国也尤其是这样。某些女人们尽管手眼触天能力广大神通非凡，但事业的成功，往往还是离不开某些权力背景更牢靠能力更广大神通更非凡的男人的呵护与关照。

我们说一九九三年以后中国经济呈现显明的泡沫成分，并不意味着否定一九九三年以后中国经济发展的一切实绩。泡沫的成分非是全部成分。实绩也是不可低估的。

有统计表明，一九九三年以后，国外投资大幅度上升，外企与合资企业的数量猛增，乡镇企业如雨后春笋，新行业不断涌现……所有这些，都为中国女性证明个人能力和才干的表现与表演，提供了前所未有的驱动条件。

从普遍性的规律上讲，男人们都不得不承认，女性是影响男人成为什么样的人的第一位导师。

那么，谁是影响女性成为什么样的人的导师？

是时代。

时代不但是，而且是影响女性成为什么样的人的最后一位负责“结业”的导师。

在时代的教导之下，男性文化从前对女性的影响和要求，倘与时代冲突，那么大多数女性都会亲和时代，并配合时代共同颠覆男性文化从前对女性之人性的强加。

二十世纪九十年代的中老年女性，目光望向比自己们年轻得多的“新生代”女性，又是羡慕，又是佩服，又是隔阂种种，又是看不顺眼。

然而“新生代”们如鱼得水。她们的前代女性，首先成为她们的竞争对手。前者在竞争中往往由于对时代的不适应处于劣势。大获全胜的她们，接着便以挑战的姿态向男人们示威。

一切时髦的事物，首先受到“新生代”女性们的欢呼。

一切夜生活的场所，皆可见她们及时行乐的身影。

一切新行业，都惊喜于她们跃跃欲试充满热忱的加盟。

“靠节俭能富起来吗？得靠机遇!”——这是她们的致富观。无疑是很正确的。可时代从前没给过女性什么机会，因而她们前代的女性大多数是节俭型的。她们的致富观，分明包含着对前代女性的嘲讽。

在许多种场合下，你会发现某些年纪轻轻的女性，与形形色色的、年纪往往可做她们父亲的男人，神神秘秘而又一本正经地共商大计，策划一笔投资数额几千万甚至几亿的项目。如果以为这只不过是异想天开，那就大错特错了。后来成为事实的例子举不胜举。

林语堂曾这样解释他为什么最喜欢同女子讲话——“她们能看一切的矛盾、浅薄、浮华，我很信赖她们的直觉和生存的本能——她们的所谓‘第六感’。在她们的重情感轻理智的表面之下，她们能攫住现实，而且比男人更接近人生，我很尊重这个。她们懂得人生，而男人却只知理论。”

我之所以引用林语堂这段话，乃因其中有几点对女性的肯定，借以评说九十年代的一些女性，尤其“新生代”女性，也是相当准确的。

第一，直觉。

九十年代许多年轻女性的直觉，尤其知识化了的“新生代”女性们的直觉，所接受的是时代中枢神经发射的讯号。是大直觉。这种大直觉相对于她们的意义，往往敏感于男人们数倍。倒是男人们常常反而显得很滞后，很迟钝。它成全她们在经济活动中稳操胜券，以至于某些男人每向她们请教。他们信赖于她们的直觉，往往受益匪浅。

第二，生存的本能。

因为她们对生存质量的标准和要求提高了，故她们的本能充满强烈的欲望意味。而欲望驱使她们最大程度地发挥她们的能量。这使她们比以往任何时代的女性都不安于现状。

第三，能攫住现实。

九十年代的女性，尤其知识化了的“新生代”的女性，几乎一概是彻底的现实主义者。传统理念从她们头脑中消失的速度，远比从男人们头脑中消失的速度快得多。由于她们眼到心到手到，直攫现实，所以她们又几乎一概是目的主义者。这在男人们看来，也许太不可爱。她们自己也是明白这一点的。但她们自有她们的理由——在许多方面成功了的男人们又有哪一个非是彻底的目的主义者？凭什么女人就不能有目的？凭什么女人就不能为了那目的之达到而足智多谋？她们也自有另一套使她们变得仿佛依然可爱的方式方法——那就是引导男人们及时行乐。从表面现象看，往往似乎是男人们在向女人们提供行乐的条件和机会，因为他们买单。而实际上，从最终的效果，是女性在陪男人们。这时她们就尽量表现她们的天真、纯情、柔弱，心无任何功利之念和头脑的极其简单。她们知道普遍的男人们喜欢她们这样。她们善于在某时暂且隐藏了目的投男人们之所好……

第四，接近人生，懂得人生。

普遍的她们对人生之理解，与数年前相比已大为不同，甚至可以说大为进步。数年前，在她们中许多人看来，“傍大款”便是最容易地接近最理想人生的捷径。而懂得女人如何受权贵或富有男人长期宠爱的经验，也就算懂得人生了。但是后来她们悟到了，那不过是杨贵妃式的女人的人生。有武则天一比，杨贵妃只不过是一个可悲可怜的女性罢了。她们倒宁肯从男人那儿少要点儿宠爱，多讨些实惠。尤其，当她们与男人的关系无望成为夫妻时，她们给予男人的每一份温柔，都要求男人们加倍地偿还以实惠。她们无不希望拥有完全受自己权力控制的纯粹个人的一番事业。当然这事业主要指经济方面的。她们对这一种事业的渴求，强烈于对一位好丈夫的渴求。因为道理是明摆着的，一个站立在完全受自己权力控制的经济基础上的女人，只要其貌不甚俗，其性情不甚劣，招募一位好丈夫实在并不困难。

当然，这样的女人究竟是否真的便算接近人生懂得人生，大可商榷。我们要指出的仅仅是，九十年代有许多女性持此种人生观。这毕竟比九十年代以前争先恐后自售其容其身要争气得多。

而我想说，九十年代的女性，尤其知识化了的，大城市里的“新生代”女性，尤其她们中特别年轻特别漂亮的，其实大抵是非常理智的女性。她们像一切时代的一切女性一样，有情感的需要，但是并不怎么在乎失去。渴望爱的抚慰，但是也颇善于玩味无爱的寂寞。她们有寂寞之时，但绝对的并不苦闷。她们有流泪之时，但主要因为失意而很少由于内疚。她们为交际付出的时间和精力往往多于恋爱。在她们那儿两者常常是这样掂量的——交际产生交情，而广泛的男女交情比专一的爱情更有助于自己事业的成功。所以使男人常常搞不大清他和她之间的关系究竟是爱情还是交情。情人节亲自送给她们一束玫瑰，男人便可得到她们的一次甜吻。在她们的生日请她们到大饭店去“撮”一顿，她们望着那男人的目光便会始终含情脉脉。而男人若在她意想不到的情况之下送她名贵的首饰，她们很可能会扑入他的怀里惊喜地说：“啊，我的至爱！”——就像首饰广告里的情形那样。而她们越是变得极端地信赖手段追求目的不重情感，则越在一些琐碎的、鸡毛蒜皮的细节方面夸张地表演出注重情感的模样。

她们以上的种种行径又简直可以说都是身不由己的。因为人与人之间的可信任度已大面积地从中国人九十年代的生活中流失了。行业虽然空前地多了，每个人证明自己存在价值的空间反而似乎越来越小越来越拥塞了。呈现在社会许多方面的竞争是那么的激烈，有时甚至是那么的世态炎凉冷酷无情，女性不得不施展最高的人生技巧才能做成她们想做的事情。

毋庸讳言，九十年代的中国“新生代”女性，表面看来头脑似乎史无前例地简单了，而实际上史无前例地精明史无前例地富有心机了。所谓“内方外圆”，从前时代的普遍的中国女性，即使外方，即使表面上见棱见角，其内心也往往是“圆”的，女人天性为主的成分居多。所以从前，最不服气男人的女人，也往往最终在与男人的较量和竞争中败北，被男人所降服。而男人利用了制胜的，又往往是女人天性中的某些弱点。当然，个例总是有的，比如武则天、吕后、慈禧、凤姐……正因为太是个例，所以从前的女人们即使心中暗暗钦佩也不敢公开地表示；所以从前的男人们一再地通过文学和戏剧历数她们的阴险歹毒。相比于从前时代的中国女性，尤其是遵循传统德行成为典范的女性，九十年代的“新生代”女性们，具有显明的反传统反礼教反淑女型典范的时代倾向。这意味着是她们以“代”的整体姿态对一向由男人们“安排”社会秩序“安排”女性命运的现实的挑战。这种挑战是初级阶段的，是无数个体成功欲望的本能汇聚在一起所呈现的，其个体“战术”也是初级阶段的，简单的，相似的，无非以男人之道还治男人之身，反过来利用男人与女人打交道时的天性弱点罢了。她们中许多人因而成功了一些事情。许多人也为成功付出了必然的代价。那代价使她们年纪轻轻心中便充满了沧桑感，使她们表面看来正朝气蓬勃着精神抖擞着姿态生动着，而实际上已陷入疲惫已经从心理上过早地老了……

于是她们中派生出了女“独身族”。

她们成功了或失意了受伤了以后，从社会大校场上抽身便走。这意味着一种人生“战略”上的转移或撤退。倘为成功者，带着伤痕大隐于市体会功成身退的自慰。毫无家族权力背景的女性徒手打天下并且获得某种成功而又居然不曾受过伤，在九十年代的中国，这样的事是不多的。倘为失意者，则一边自疗伤口一边总结教训，另有一番滋味在心头。失意本身即伤痕，而且大抵又是由男人造成的。这一类女性不仅内心更加的“方”了，而且其外也不复再“圆”。那曾“圆”过的外形变得模糊了，晕状了，边线若有若无了。如果说晕是月的框子，那么以守为攻是她们的心理的框子。她们的心理在那一框子内其实并不万念俱灰，而是处于高度的“战备”状态。倘她们又东山再起拥有了一定的实力，她们往往对男人具有报复性。即使并不如此，也往往对男人不屑一顾常常予以轻蔑。当然，也有人陷于较长久的自哀自怜不能自拔。更有人并不急流勇退，以独身

“女强人”的姿态为自己标定一个比一个高的目标鼓励自己实现一次比一次大的野心。在这种无休止的过程中企图忘记自己是女性，仿佛变成了中性人。

女“独身族”们几乎没有不自言独身潇洒独身也美好的。

然而我知道，女性一旦成熟为女人，独身肯定在实际上是不自然的，不美好的。

独身只在一种情况下可称之为理智的选择，那就是相对于形式上的糟糕的婚姻。

这一种相对性，决定了无论对于男人还是女人，独身的选择起点是较低的。

她们也知道这一点。

知道而偏说独身的潇洒和独身的美好，足见她们是多么的言不由衷又是多么的内心苦楚。

让我们祝愿她们都能早日有情人终成眷属，告别她们本性上其实都并不愿恪守的“独身主义”。

九十年代以来的一些女大学生们，第一崇拜财富；第二崇拜权力；第三崇拜明星；第四崇拜女性的性魅力；第五，如果自己具有或自以为具有，极端地自我崇拜……因人而异，还可以列出另外的许多条。但前四条无疑已包含了她们最主要的崇拜内容，无非顺序的先后不尽相同。

她们中毕业后分配在电台、电视台、报刊的文科大学生们，以她们的喜好一改九十年代以前的中国综合文化的老面孔。电台、电视台的节目审查制度依然相当严格，她们的喜好每每受阻。但是今天看来，她们已凭她们的喜好占领了全国大多数报刊的半壁江山。如果说中国的大文化内容空前丰富了，风格空前绚丽了，包装特别多彩了，那么有她们的一份功劳。如果说九十年代以后的中国大文化酸味儿多了，嗲味儿多了，娇味儿多了，未免太甜了太软了太媚了太性感了，那么也是她们苦心营造的结果。

说到九十年代以后中国大文化的性感，肯定有人急欲反驳。其参照又肯定是西方大文化——的确，我们还远没裸到他们那么到处可见的程度。

不过我以为，女性肉体的彻底的裸，要么美；要么妖；要么媚；要么邪。因为彻底，性的意味公然了，一眼望去，想象夭折于全部的展现之前，面对其

“性”反而没了太多所“感”。

这就好比男人可以比较自然地面对穿得较少的女人，却实难比较自然地面对穿得非常之透的女人。

女人不是穿得少而是穿得透，据我看来，便等于放射着邪性了。

有些经营报刊的女编者们，似乎很精通“透”的学问。连她们所撰之稿所编之稿所拟定之标题，每每也“透”出女性荷尔蒙的并不见得芬芳的气息。

这一种“透”的学问，从报刊上也借用到了舞台上。由封面由文字而演出服，不露，但是极“透”；不裸，但是意在性感的用心一目了然。

对财富的崇拜，对权力的崇拜，对明星的崇拜，对女性之性魅力的崇拜，在九十年代的大文化中泛着一阵阵浮华迷醉的绚丽多彩的泡沫。至今仍在泛着，大有一举将中国文化基本的朴素品质淹没掉的趋势。名车美女，豪宅美女，华服美女，珠宝美女，珍馐美女，美酒美女，商业加性感，性感助商业，几乎无处不在无孔不入地侵略着人们日常生活中的每一根视听神经。

与此现象相对应的，乃是目前几千万工人的下岗。

倘我们的目光投向他们中的女性，九十年代的女性话题不免就顿时显得沉重起来。

但即使她们，我认为，也体现出与以往时代极为不同的进步特征来。

一九五八年也有一大批妇女经动员迈出了家门。那是当年工业发展的需要。当年的一条口号是——妇女姐妹们，我们也有两只手，不要围着锅台转，投入到火热的社会主义建设中去！

而仅仅两年后，她们又被成批地撵回家里。有人在那两年中被树为先进典型，有人在那两年中因工致残，有人在那两年里实际上并没挣到多少工资（许多工厂一直信誓旦旦地欠着她们的工资）——但一被宣布解除工人资格（当年不用解雇一词，认为那是资本家一脚踢开工人时用的词），几乎普遍无话可说，温温顺顺地默默地就回家了。所欠工资，倘补给，就庆幸万分。不给，委屈一个时期，也就算了。致残者中，很少有从此月月领到抚恤金的。说她们非是正式工人，不能享受那一条待遇，她们也就放弃理争了。

而九十年代的下岗女工们之权利意识，则提高多了。普遍的她们，最初总想讨个公平的说法。她们开始懂得，即使和国家之间，也是可以大小猫三五只地算算究竟谁欠谁的。账是允许一笔勾销的，道理却非摆清楚不可。摆不清楚，什么厂长局长以及更大的官儿，日子也许就不太消停。

或许，有人会反对我的观点，认为这恰恰证明着她们的觉悟太低，认为她们还应该像五十年代的妇女们那样才可爱。

但是试问，如果没有她们今天这种起码的权利意识的提高，国家的责任意识又怎么会提高？“公仆”们的责任意识又怎么会提高？起码，公民们权利意识的提高，对于国家及其“公仆”责任意识的加强，是有促进作用的。

据我看来，九十年代下岗女工们的觉悟，不是太低，而是很高。高得很可贵，亦很可爱。尤其她们中许多人下岗后另谋职业埋头苦干之精神，实在值得全社会钦佩和尊敬。她们以她们的可贵和可爱，保障了社会的安定。

在时代的发展中，往往付出许多方面的重大的牺牲。有时那牺牲意味着直接是数以千万计的人的起码社会保障。

九十年代的下岗女工们，既能意识到时代这一规律的无奈性，又能顽强地与时代这一冷酷的规律做竭尽全力的较量。对于她们中的许多人而言，乃人生的最后一搏。为了家庭，为了儿女，为了自己晚年的存活，她们毫无退路，只有一搏。而她们又几乎到了原本可以不再搏，可以轻松卸却许多女性责任的年龄。

她们使九十年代的女性话题，具有了一种异常凝重的、悲壮的色彩。

与此凝重的、悲壮的色彩相比，九十年代的卖淫话题显示出了本时代的大的尴尬性。这是“中国综合征”的临床特征。

当然，许多国家都有妓女。妓女的存在，又似乎并不影响那些国家的强盛。

但，许多国家都不约而同地承认——妓女现象乃社会的疮疤。

中国曾一度没有。八十年代初开始有了。至九十年代便多起来。

我们无须讨论为什么会有，因为这是讨论不出个结果的。即使由某社会学权威下了等于真理的结论，其实结论本身对社会的卫生也没多大意义。

倒是，简略分析一下九十年代的卖淫现象，与旧中国的妓女，与历史中的妓女现象有什么区别，对此社会疮疤或还有丁点儿认识的价值。

我至今没接近过九十年代的“市妓”。也不曾像许多经常离家外出的男人们那样受到过她们的滋扰。仅仅一次，住在外市的宾馆里，深夜接到一次问我需要不需要“特殊服务”的电话。别的男人们告诉我那倒是妓女在进行试探了。但我半信半疑，心想说不定那宾馆另有非是“色情”的“特殊服务”项目，比如要不要按铃叫早之类……

所以，我对九十年代的卖淫女的全部印象，其实是从初识的或稔熟的，天南地北的，各行各业的，形形色色的男人们口中获得的。

这印象最初使我惊讶的是她们只存在于某些城市、某些地区。尤其惊讶的是，在一些偏远县镇也蔓延开来。

惊讶几次之后，也就不惊讶了。

后来惊讶于她们讨价的便宜。据说一二十元钱的“活儿”她们也接。

再后来惊讶于她们年龄的渐小。据说在有的城市，有的地区，还不到十八岁便开始走上卖淫的歧途。

再再后来，只剩下了一种惊讶。那就是——她们的卖淫，并非如我想象的那样多么多么的不情愿，多么多么的被逼无奈，因而多么多么的内心悲苦。

据说她们中不少人似乎活得很快活。由于卖淫是“最轻松”的“职业”。由于这“职业”使她们的收入数倍甚至数十倍地高于一般女工们的月工资。由于这“职业”的“计件”性质，现钞交易性质，永远无欠发“工资”或“打白条”一说。更由于这“职业”的传统方式与吃吃喝喝玩玩乐乐密不可分。

收入高了，花钱也大方了，穿得也时尚起来，住的也改善起来。中国是世界上许多行业的大市场。她们似乎都持一种非常乐观的态度确信不疑——她们所从事的“职业”尽管还不能公开化，但前途似锦，“职业”队伍将不断扩大。

她们快活，自在，满意于现状，毫无羞耻感。除了有时不得不偷偷摸摸的，再没什么不顺心的。

据说，倒是些初涉此道的男人们，每每在大大方方的笑容可掬的善于周旋的她们面前显得不好意思起来。那时她们就仿佛关系稔熟地调侃他们，为的是使他们放松些，自然些，大胆主动些……

那么，你在听说得多了，连这最后一点也不惊讶了的时候——你还会怜香惜玉地同情她们吗?

我始终确信，任何一个年轻的女性或少女，当她第一次脱裸了身体卖淫于男人之际，无论他对于她是认识的或陌生的，她内心里肯定是感到羞耻的。起码有几分感到羞耻。因为以钱钞为前提所决定的两性关系的发生，在女性这一方面，根本是违背她们天生在陌生男人面前掩护自己肉体的本能的。

但随着卖淫的次数增多，这一种本能最终会从她们内心里被扫荡得一干二净无影无踪。以后她在任何一个陌生男人面前脱裸了自己的时候，便仿佛在公共浴池的脱衣间一样无所谓了。

我想，这样的一些妓女与嫖客之间的交易，绝不会像林语堂先生在他那篇短文中所描写的那样——“她们是以叫男人尝尝罗曼斯的滋味”。

于嫖客，分明像内急终于寻找到了茅厕。

于卖淫女，大概等于接受一次妇科男医生的身体检查。

中国存在着的嫖娼现象，真相大抵如此。

与古代秦淮河上的风流景观相比，显然连点儿颓靡的色彩都谈不上，而纯粹是丑陋了。

因为，那时的金陵夫子庙畔，毕竟是举行科举考试的地点，学子云集；而那时的妓，于棋琴诗画唱方面，又毕竟的起码都是身怀一艺。即使颓靡放浪，还总归有风流二字包装着，似乎地显出几分雅。

九十年代的中国卖淫女，不但年龄越来越小，文化越来越低（固然早开始有文化较高的女性加盟此行列，则应另当别论），而且，心理状态越来越开放了。

社会看她们的存在如疮疤。她们却很可能经过嫖她们的形形色色的各行各业的或粗鄙或表面斯文的男人看这社会本身如一片疮疤，而视自己们如疮疤上自然真实的蘑。

五六十年代的中国女性，如花房里的花，你可以指着——细说端详。因为指得过来。七八十年代的中国女性，如花园里的花，你可以登坡一望而将绿肥红瘦梅傲菊灼尽收眼底。

因为你的视野即使不够宽阔，她们的烂漫也闹不到国人的目光以外去。所谓

“浓绿万枝红一点，动人春色不须多”。

九十年代的中国女性，抛开那些消极面来看，则便如野生植物自然生长区内的花木了。其千姿百态之芳菲，其散紫翻红之妍媚，其深开浅放之错落，其着意四季之孤格异彩，简直不复是国人所能指能望得过来的，更不消说置喙妄论了。所谓“春风不解禁杨花，蒙蒙乱扑行人面”。

而这正是时代进步的标志。

一个时代的进步，首先从男人们都开始做什么显示着，其次从女人都打算怎么活显示着。

时代的进步常常带着野性。这野性体现在男人们头脑中每每是思想的冲撞，体现在女人们头脑中每每是观念的自由。

转身回顾，有从前的哪一个时代，女性的观念比现在更少束缚更自由吗？

九十年代，一批精神面貌崭新而且风采异呈的中国女性，在政治、经济、文化、艺术、教育、科研、法律和社会公益社会福利等等方面所作的杰出贡献，以及自我价值方面有目共睹的实现——综合中国女性在五千余年的国史中的作为相匹比，有过之而无不及也……

••••第二章　中国文化的沉思

千年之交，回眸凝睇，看中国百余年文化云涌星驰，时有新思想的闪电，撕裂旧意识的阴霾；亦有文人之呐喊，儒士之捐躯；有诗作檄文，有歌成战鼓；有鲁迅勇猛所掷的投枪，有闻一多喋血点燃的《红烛》；有《新青年》上下求索强国之道，有“新文化运动”势不两立的摧枯拉朽……

1. 百年文化的表情

千年之交，回眸凝睇，看中国百余年文化云涌星驰，时有新思想的闪电，撕裂旧意识的阴霾；亦有文人之呐喊，儒士之捐躯；有诗作檄文，有歌成战鼓；有鲁迅勇猛所掷的投枪，有闻一多喋血点燃的《红烛》；有《新青年》上下求索强国之道，有“新文化运动”势不两立的摧枯拉朽……

俱往矣！

历史的尘埃落定，前人的身影已远，在时代递进的褶皱里，百余年文化积淀下了怎样的质量？又向我们呈现着怎样的“表情”？

弱国文化的“表情”，怎能不是愁郁的？怎能不是悲怆的？怎能不是凄楚的？

弱国文人的文化姿态，怎能不迷惘？怎能不《彷徨》？怎能不以其卓越的清醒，而求难得之“糊涂”？怎能不以习惯了的温声细语，而拼作斗士般的仰天长啸？

当忧国之心屡遭挫创，当同类的头被砍太多，文人的遁隐，也就是自然而然的了。

倘我们的目光透过百年，向历史的更深远处回望过去，那么遁隐的选择，几乎也是中国古代文人的“时尚”了。

那么我们就不能不谈《聊斋志异》了。蒲松龄作古已近三百年；《聊斋志异》成书面世二百四十余年。所以要越过百年先论此书，实在因为它是我最喜欢的文言名著之一。也因近百年中国文化的扉页上，分明染着蒲松龄那个朝代的种种混杂气息。

蒲公笔下的花精狐魅，鬼女仙姬，几乎皆我少年时梦中所恋。

《聊斋志异》是出世的。

蒲松龄的出世是由于文人对自己身处当世的嫌恶。他对当世的嫌恶又由于他仕途的失意。倘他仕途顺遂，富贵命达，我们今人也许——就无《聊斋》可读了。

《聊斋》又是入世的，而且入得很深。

蒲松龄背对他所嫌恶的当世，用四百九十余篇小说，为自己营造了一个较适合他那一类文人之心灵得以归宿的“拟幻现世”。美而善的妖女们所爱者，几乎无一不是他那一类文人。自从他开始写《聊斋》，他几乎一生浸在他的精怪故事里，几乎一生都在与他笔下那些美而善的妖女眷爱着。

但毕竟的，他背后便是他们嫌恶的当世，所以那当世的污浊，漫过他的肩头，淹向着他的写案——故《聊斋》中除了那些男人们梦魂萦绕的花精狐魅，还有《促织》、《梦狼》、《席方平》中的当世丑类。

《聊斋》乃中国古代文化“表情”中亦冷亦温的“表情”。他以冷漠对待他所处的当世；他将温爱给予他笔下那些花狐鬼魅……

《水浒》乃中国百年文化前页中最为激烈的“表情”。由于它的激烈，自然被朝廷所不容，列为禁书。它虽产生于元末明初，所写虽是宋代的反民英雄，但其影响似乎在清末更大，预示着“山雨欲来风满楼”……

而《红楼梦》，撇开缠绵悱恻的爱情故事的主线，读后确给人一种盛极至衰的挽亡感。

此外还有《儒林外史》、《官场现形记》、《二十年目睹之怪现状》、《老残游记》、《孽海花》——构成着百年文化前页的谴责“表情”。

《金瓶梅》是中国百年文化前页中最难一言评定的一种“表情”。如果说它毕竟还有着反映当世现实的重要意义，那么其后所产生的无计其数的所谓“艳情小说”，散布于百年文化的前页中，给人，具体说给我一种文化在沦落中麻木媚笑的“表情”印象……

百年文化扉页的“表情”是极其严肃的。

那是一个中国近代史上出政治思想家的历史时期。在这扉页上最后一个伟大的名字是孙中山。这个名字虽然写在那扉页的最后一行，但比之前列的那些政治思想家们都值得纪念。因为他不仅思想，而且实践，而且几乎成功。

于是中国百年文化之“表情”，其后不但保持着严肃，并在相当一个时期内是凝重的。

于是才会有"五四"，才会有"新文化运动"。

"新文化运动"是中国百年文化"表情"中相当激动相当振奋相当自信的一种"表情"。

鲁迅的作家"表情"在那一种文化"表情"中是个性最为突出的。《狂人日记》振聋发聩；"彷徨"的精神苦闷跃然纸上；《阿Q正传》和《坟》，乃是长啸般的"呐喊"之后，冷眼所见的深刻……

"白话文"的主张，当然该算是"新文化运动"中的一个事件。倘我生逢那一时代，我也会为"白话文"推波助澜的。但我不太会是特别激烈的一分子，因为我也那么地欣赏文言文的魅力。

"国防文学"和"大众文学"之争论，无疑是近代文学史上没有结论的话题。倘我生逢斯年，定大迷惘，不知该支持鲁迅，还是该追随"四条汉子"。

这大约是近代文学史上最没什么必要也没什么实际意义的争论吧？

"内耗"每每也发生在优秀的知识分子们之间。

但是于革命的文学、救国的文学、大众的文学而外，竟也确乎另有一批作家，孜孜于另一种文学，对大文化进行着另一种软性的影响——比如林语堂（他是我近年来开始喜欢的）、徐志摩、周作人、张爱玲……

他们的文学，仿佛中国现代文学"表情"中最超然的一种"表情"。

甚至，还可以算上朱自清。

从前我这一代人，具体说我，每以困惑不解的眼光看他们的文学。怎么在国家糟到那种地步的情况之下还会有心情写他们那一种闲情逸致的文学？

现在我终于有些明白——文学和文化，乃是有它们自己的"性情"的，当然也就会有它们自己自然而然的"表情"流露。表面看起来，作家和文化人，似乎是文学和文化的"主人"，或曰"上帝"。其实，规律的真相也许恰恰相反。也许——作家们和文化人们，只不过是文学和文化的"打工仔"。只不过有的是"临时工"，有的是"合同工"，有的是"终生聘用"者。文学和文化的"天性"中，原有愉悦人心，仅供赏析消遣的一面。而且，是特别"本色"的一面。倘有一方平安，文学和文化的"天性"便在那里施展。

这么一想，也就不难理解林语堂在他们处的那个时代与鲁迅相反的超然了；也就不会非得将徐志摩清脆流利的诗与柔石《为奴隶的母亲》对立起来看而对徐氏不屑了；也就不必非在朱自清和闻一多之间确定哪一个更有资格入史了。当然，闻一多和他的《红烛》更令我感动，更令我肃然。

历史消弭着时代烟霭，剩下的仅是能够剩下的小说、诗、散文、随笔——都将聚拢在文学和文化的总“表情”中……

繁荣在延安的文学和文化，是中国自有史以来，气息最特别的文学和文化，也是百年文化“表情”中最纯真烂漫的“表情”——因为它当时和一个最新最新的大理想连在一起。它的天真烂漫是百年内前所未有的。说它天真，是由于它目的单一；说它烂漫，是由于它充满乐观……

新中国成立后，前十七年的文学和文化“表情”是“好孩子”式的。偶有“调皮相”，但一遭眼色，顿时中规中矩。

“文革”中的文学和文化“表情”是面具式的，是百年文化中最做作最无真诚可言的最讨厌的一种“表情”。

“新时期文学”的“表情”是格外深沉的。那是一种真深沉。它在深沉中思考国家，还没开始自觉地思考关于自己的种种问题……

八十年代后期的文学和文化“表情”是躁动的，因为中国处在躁动的阶段……

九十年代前五年的文化“表情”是“问题少年”式的。它的“表情”意味着——“你”有千条妙计，“我”有一定之规……

九十年代后五年的文化“表情”是一种“自我放纵”乐在其中的“表情”。“问题少年”已成独立性很强的“青年”。它不再信崇什么。它越来越不甘再被拘束，它渴望在“自我放纵”中走自己的路。这一种“自我放纵”有急功近利的“表情”特点，也每有急赤白脸的“表情”特点，还似乎越来越玩世不恭……

据我想来，在以后的三五年中，中国当代文学和文化，将会在“自我放纵”的过程中渐渐“性情”稳定。归根结底，当代人不愿长期地接受喧嚣浮躁的文学和文化局面。

归根结底，文学和文化的主流品质，要由一定数量一定质量的创作来默默支撑，而非靠一阵阵的热闹及其他……

情形好比是这样的——百年文化如一支巨大的“礼花”，它由于受潮气所侵而不能至空一喷，射出满天灿烂，花团似锦；但其断断续续喷出的光彩，毕竟辉辉烁烁照亮过历史，炫耀过我们今人的眼目。而我们今人是这“礼花”的最后的“内容”……

我们的努力喷射恰处人类的千年之交。

当文学和文化已经接近着自由的境况，相对自由了的文学和文化还会奉献什么？又该是怎样的一种“表情”？什么是我们自己该对自己要求的质量？

新千年中的新百年，正期待着回答……

2. 传统文化之断想

当下，“弘扬传统文化”一说，似乎方兴未艾。

窃以为，“传统”一词，未尝不也是时间的概念——意指“从前的”。而“从前的”，自然在“过去”里。“过去”并没过去，仍多少地影响着现在，是谓“传统”。又依我想来，“传统文化”无非就是从前的文化。从前的文化中，有精华，也有糟粕。倡导“弘扬传统文化”者，自然是指从前的文化中的精华，这是不消说的。然而“文化”是多么广大的概念呀，几乎包罗万象。故不同的两个人甚或几个人都在谈论着文化，却可能是在谈论完全不同的两码事。

我自然是拥护弘扬优良的传统文化的。但我同时觉得，对于外国的文化包括西方的文化，“拿来主义”依然值得奉行，我这里指的当然是他们的优良的文化。我不赞成以“传统文化”为盾，抵挡别国文化的影响。我认为这一种“守势”的文化心理，也许恰恰是文化自卑感的一种反映。

“弘扬传统文化”也罢，“拿来主义”也罢，还不是因为我们对自己文化的当下品质不甚满意吗？弘扬传统文化，能否有利于提升我们自己的文化的当下品质呢？答案是肯定的——能。能否解决我们自己的文化的当下一切品质问题呢？答案是否定的——不能。我们说传统文化博大精深，几乎包罗万象；但也就是几乎而已，并不真的包罗万象。

以电影为例，这是传统文化中没涉及的。以励志电影为例，这是我们当下国产电影中极少有的品种，有也不佳。但励志，对于当下之中国，肯定是需要着力弘扬的一种精神。

一方面，我们需要；另一方面，我们自己产生的极少，偶见水平也并不高——那么，除了“拿来”，还有另外的什么法子呢？“拿来”并不等于干脆放弃了自己产生的能动性。“拿来”的多了，对自己产生的能动性是一种刺激。而这一种刺激，对我国“励志电影”的水平是很有益的促进。

《幸福来临之际》——这是一部美国励志电影，由黑人明星所演。片中没有美女，没有性，没有爱情，没有血腥、暴力和大场面等商业片一向的元素。它所表现的只不过是一位黑人父亲带着他的学龄前儿子，终日为最低的生存保障四处奔波，每每走投无路的困境以及他对人生转机所持的不泯的百折不挠的进取信念罢了。然而它在全美去年的票房排行榜上名列前茅，使某些商业大片对它的票房竞争力不敢小觑。

然而我们的官方电影机构却不知为什么并没有引进这样一部优秀的电影。我们引进的眼似乎一向是瞄着外国尤其美国的商业大片的，并且那引进的刺激作用，或曰结果，国人都是看到了的。人家明明不仅只有商业大片，还有别种电影，我们视而不见似的，还“惊呼”美国商业大片几乎占领了中国电影院线，这是不是有点儿强词夺理呢？

我想，怎么分析这样一种文化心理才对，是犯不着非从古代思想家那儿去找答案的，更犯不着非回过头去找什么药方。非那么去找也是瞎忙活儿。问题出在我们当代中国人自己的头脑里。我们当代中国人患的究竟是一种什么样的文化病，还是要由我们当代中国人自己来诊断，自己来开药方的好。

话又说回来，引进了《幸福来临之际》又如何？在美国票房排行名列前茅，在中国就必然也名列前茅吗？恐怕未必。

那么另一个问题随之产生了——我们中国人看电影的心理怎么了？是由于我们普遍的中国人看电影的眼怎么了，我们的引进电影的眼才怎么了吗？或者恰恰反过来，是由于我们引进电影的眼怎么了，我们普遍的中国人看电影的眼才怎么了吗？

我想，只归咎于两方面中的哪一方面都是偏激的，有失公正的。于是我想到了我们古代的思想名著《中庸》。我将《中庸》又翻了一遍，却没能寻找到能令我满意的答案。这使我更加确信，“包罗万象”只不过是形容之词。

面对当下，传统是很局限的。孔孟之道真的不是解决当下中国问题，哪怕仅仅是文化问题的万应灵丹。

顺便又从《论语》中找，仍未找到，却发现了一段孔子和子贡的对话——“子贡欲去告朔之饩羊。子曰：‘赐也，尔爱其羊，我爱其礼。’”

礼，我亦爱也。似乎，国人皆爱。但是如果今天有许多人以爱礼为冠冕堂皇的理由，主张重兴祭庙古风，而且每祭必须宰杀活禽活畜，则我肯定是坚决反对的。我倒宁肯学子贡，“告朔之饩羊。”吾国人口也众，平常变着法儿吃它们已吃得够多了，大可不必再为爱的什么“礼”，而又加刃于禽畜。论及礼，尤其是现代的礼，我以为还是以不杀生不见血的仪式为能接受。

我啰嗦以上的一些话，绝不意味着我对传统文化有什么排斥，更不意味着我对古代思想家们心怀不敬。

我认为，如果我们觉得我们对于传统文化理应采取亲和的态度，那么我们首先应该从最普通的也最寻常的角度去接近之，理解之。如果我们觉得对于古代思想家们应满怀敬意，那么我们应该学习他们以思想着为快乐的人生观。而不可太过懒惰，将“我思故我在”这一句话，变成了“你（替我）思故我在”。

过几天便是“父亲节”了，有媒体采访我，非要我谈谈对于“父爱”的体会。我拗不过，最后只得坦率讲出我的看法，那就是——我认为我们的传媒近年来关于“父爱”、“母爱”的讨论，一向是有显然误区的。仿佛在我们中国人这儿，父爱仅仅是指父亲对儿女的爱，母爱当然也仅仅是母亲对儿女的爱，不能说不对。但是太不全面，不完满，不是父爱和母爱的全部内涵。一味地如此这般地讨论下去，结果每每无形中导致儿女辈习惯于仅仅以审视的眼光来看父母。以父比父，以母比母，越比似乎越觉得父爱和母爱在自己这儿委实的“多乎哉，不多也”。

而我们的古人在诠释父爱和母爱方面，却比我们当代人要“人文”得多。父亲、母亲、亲人的这一个“亲”字，在古代是写作“親”的，加了一个“见”字，意味深长。“见”在古文中，与“视”是有区别的。在古文中，“视”乃动词，指“看”。“见”是指看的结果。“亲”字加上一个“见”字，是要通过文字提醒人们——父亲对你的爱，母亲对你的爱，你要看在眼里。视而不见，心灵里也就不会有什么反应。心灵里没有反应，父之亲也罢，母之亲也罢，亲人之亲也罢，也就全都等于虚无。虚无了，父爱也罢，母爱也罢，爱之再深再切，最终岂不还是应了那么一句话——“你爱我，与我何干？”

记者听得云里雾里，不甚了了。

我就只得又举了一个事例——上一学期，我对我所教的大三学子们进行期末考试，出了几道当堂写作题，其中一题是《雨》，允许写景，也可以叙事。写景者多，叙事者少。而一位来自农村的女生的写作，给我留下极深印象。她的父亲是菜农。天大旱，菜地急需浇灌。父亲万般无奈之下，只得花了一百元雇人用抽水机抽水。钱也付了，地也浇了，老天爷却骤降大雨。钱是白花了，力气是白费了。女儿隔窗望着瓢泼大雨中身材瘦小的父亲拉着铁锨，仰面朝天一动不动的样子，知道父亲心疼的不是力气，而是那转眼间白花了的一百元钱。一百元钱等于父亲要摘下满满一手推车豆角，而且要推到二十几里外的集市上去，而且要全部卖掉。

女儿顿时联想到了父亲曾对她说过的一番话：“女儿，你千万不要为上大学的学费犯愁。你就全心全意地为高考努力吧。钱不是问题，有爸爸呢！”

于是女儿冲出家门，跑到父亲那儿，拉着父亲的一只手，拽着父亲跑回了家里，接着用干毛巾给父亲擦头发，擦雨泪混流的脸；再接着，赶紧替父亲找出一身干衣服……

女儿偎在父亲怀里低声说：“爸，我是那么爱你……”

而那一位父亲，终于笑了。在我看来，这才是完满的父爱。

对于那一个女儿，此时此刻的父亲，实在是更值得写成“父亲”的。而对于那一位父亲，父爱不仅是付出，同时也是获得。

我当然并不是想要鼓吹繁体字。我只不过认为，如果我们真的要弘扬传统文化，其实很多时候不必大兴土木，劳民伤财。“我思，故传统在。”难以从传统里激活古为今用的，并且确实是我们的社会所急需的文化，我还是坚持那样的观点——“拿来主义”依然可行。

我在班上读了那名女生的作文，全班听得很肃静。我从那一种肃静中感觉到，引起了不少同学的共鸣。于是我更加明白——文化之对于人心的影响，首先是好坏之分。过分强调“我们的”、“他们的”，是当质疑的文化思想。好比我教的那名女生，倘是外国留学生，我也要给她高分，也要在全班讲读……

3. 指证中国文化之摇篮

我以我眼回顾历史，正观之，侧望之，于是，几乎可以得出一个特别自信的结论——所谓中国文化之相对具体的摇篮，不是中国的别的地方，尤其并不是许多中国人长期以来以为的中国的大都市。不，不是那样。恰恰相反，它乃是中国的小城和古镇，那些千百年来在农村和大城市间星罗棋布的小城和古镇。

仅以现代史一页为例，我们所敬重的众多彪炳史册的文化人物，都曾在中国的小城和古镇留下过童年和少年时期成长的身影。小城和古镇，也都必然地以它们特有的文化底蕴和风土人情濡染过他们。开一列脱口而出的名单，那也委实是气象大观。如蔡元培、王国维、鲁迅、郭沫若、茅盾、叶圣陶、郁达夫、丰子恺、徐志摩、废名、苏曼殊、凌叔华、沈从文、巴金、艾芜、张天翼、丁玲、萧红……

这还没有包括一向在大学执教的更多的文化人士，如朱自清、闻一多们；而且，也没有将画家们、戏剧家们、早期电影先驱者们以及哲学、史学等诸文化学科的学者们加以点数……

我要指出的是——小城和古镇，不单是他们的出生地，也是他们初期的文化品格和文化理念的形成地。看他们后来的文化作为，那初期的烙印都是印得很深的。

小城和古镇，有德于他们，因而，也便有德于中国之近代的文化。

摇篮者，盖人之初的梦乡的所在也。大抵，又都有歌声相伴，哪怕是愁苦的，也是歌，必不至于会是吼。通常，也不一向是哀哭。

故我以为，“厚德载物”四字，中国之许许多多的小城和古镇，那也是决然当之无愧的。它们曾“载”过的不单是物也，更有人也，或曰人物。在他们还没成人物的时候，给他们以可能成为人物的文化营养。

小城和古镇的文化，比作家常菜，是极具风味的那一种，大抵加了各种的佐料腌制过的；比作点心，做法往往是丝毫也不马虎的，程序又往往讲究传统，如糕——很糯口的一种；比作酒，在北方，浓烈，“白干”是也，在南方，绵醇，自然是米酒了。

小城和古镇，于地理位置上，即在农村和城市之间，只需年景太平，当然也就大得其益于城乡两种文化的滋润了。大都市何以言为大都市，乃因它们与农村文化的脐带终于断了。不断，便大不起来。既已大，便渐生出它自己必备的文化了。一旦必备了，则往往对农村文化侧目而视了。就算也还容纳些个，文化姿态上，难免地已优越着了。而农村文化，于是产生自知之前，敬而远之。小城和古镇却不同，它们与农村在地理位置上的距离一般远不到哪儿去。它们与农村文化始终保持着亲和关系。它们并不想剪断和农村文化之间的脐带，也不以为鄙薄农村文化是明智之举。因为它们自己文化的不少部分，千百年来，早已与农村文化胶着在一起，撕扯不开了。正所谓藕断丝连，用北方话说——“打断骨头连着筋”。另一方面，小城和古镇，是大都市商业的脚爪最先伸向的地方，因为这比伸入到国外去容易得多，便利得多。大都市的商业的脚爪，不太有可能越过阻隔在它和农村之间的小城和古镇，直接伸向农村并达到获利之目的。它们在商业利益的驱使下，不得不与小城和古镇发生较密切的关系。有时，甚至不得不对后者表现青睐。于是，它们便也将大都市的某些文明带给小城和古镇了。起初是物质的，随之是文化的。比如小城和古镇起先也出现留声机的买卖了，随之便会有人在唱流行歌曲了。而小城和古镇的知识起来了的青年们，他们对于大都市里的文明自然是心向往之的。既向往物质的，更向往文化的。他们对于大都市里的文明的反应是极为敏感的。而只有对事物有敏感反应的人，其头脑里才会有敏感的思想可言。故一个小城和古镇中的知识起来了的青年，他在还没有走向大都市之前，已经是相当有文化思想的人了，比大都市中的知识起来了的青年更有文化思想。因为他们是站在一个特殊的文化立场，即小城和古镇的文化立场；进言之，乃是一种较传统的文化立场来审视大都市文明的。那可能保守，可能偏狭，可能极端，然而，对于文化人格型的青年，立场和观点的自我矫正，只不过是早晚之事。他们有自我矫正的本能和能力。他们一旦成为大都市中人，再反观来自的小城和古镇，往往又另有一番文化的心得。古老的和传统的文化与现代的和新潮的文化思想，在他们的头脑中发酵，化合，或扬或弃，或守或拒，反映到他们的文化作为方面，便极具个性，便凸显特征，于是使中国的现代现象由而景观纷呈。何况，他们的文化方面的启蒙者，亦即那些小城里的学堂教师和古镇里的私塾先生，又往往是在大都市里谋求过人生的人，载誉还乡也罢，失意归里也罢，总之是领略过大都市的文化的。他们对大都市文化那一种经过反刍了的体会，也往往会在有意无意之间哺予他们所教的学生们。

谈论到他们，于是才谈论到我这一篇短文的自以为的要点，那便是——我以我的眼看来，我们中国之文化历史，上下五千年，从大都市到小城到古镇，原本有一条自然而然形成的链条；一个世纪又一个世纪一代又一代形形色色的文化人归去来兮往复不已的身影，作为其中典型的代表人物是孔子。他人生的初衷是要靠了他的学识治国平天下的，说白了那初衷是要“服官政”的。当不成官，他还有一条退路，即教书育人。在还有这一条退路的前提之下，才有孔门的弟子三千，贤者七十二。他们中之大多数，后来也都成了“坐学馆”的人或乡间的私塾先生。而且其学馆，又往往开设在躲避大都市浮躁的小城和古镇。小城和古镇，由而代代的才人辈出，一个世纪又一个世纪地输送往大都市；大都市里的文化舞台，才从不至于冷清。又，古代的中国，一名文化了的人士，一辈子为官的情况是不多的。脱下官袍乃是经常的事。即使买官的人，花了大把的银子，通常也只能买到一届而已。即使做官做到老的人，一旦卸却官职，十有七八并不留居京都，而是举家还乡。若他们文化人的本性并没有因做官而彻底改变，仍愿老有所为，通常所做第一件第一等有意义的事，那便是兴教办学。而对仕途丧失志向的人，则更甘于一辈子“坐馆”，或办私塾。所谓中国文化人士传统的“乡土情结”，其实并不意味着对农村的迷恋，而是在离农村较近的地方固守一段也还算有益于他人有益于国家民族的人生，即授业育人的人生。上下五千年，至少有三千年的历史中，每朝每代，对中国文化人的这一退路，还是明白应该给留着的。到了近代，大清土崩瓦解，民国时乖运戾，军阀割据，战乱不息，强寇逞凶，疆土沦丧——纵然在时局这么恶劣的情况之下，中国之文化人士，稍得机遇，那也还是要力争在最后的一条退路上孜孜以求地做他们愿做的事情的……

然而，在一九四九年以后的历次政治运动中，他们连一心想要做的都做不成了。他们配不配做，政治上的资格成了问题。一方面，从大都市到小城到古镇到农村，中国之一切地方，空前需要知识和文化的讲授者，传播者；另一方面，许许多多文化人士和知识分子在运动中被无情地打入另册，从大都市发配甚或押遣原籍——亦即他们少年时期曾接受过良好文化启蒙的小城和古镇。更不幸者，被时代如扫垃圾一般扫回到了他们所出生的农村。然后是“反右”，再然后是“文革”，文化人士和知识分子魂牵梦绕的故乡，成了他们的人生厄运开始的地方。而农村、古镇、小城、大都市之间，禁律条条，人不得越雷池半步……

一条由文化人士和知识分子们的自然流动所形成的文化的循环往复的链条，便如此这般地被钳断了，受到文化伤害最深重的是小城和古镇。从前给它们带来文化荣耀感的成因，一经彻底破坏，在人心里似乎就全没了意义和价值……

碎玉虽难复原，断链却是可以重新接上的。

今天，我以我的眼看到，某些以文化气息著称的小城和古镇，正在努力做着织结文化经纬的事情。总有一天，某些当代的文化人士和知识分子，厌倦了大都市的浮躁和喧嚣，也许还会像半个多世纪以前那样，退居故里。并且，在故里，尽力以他们的存在，氤氲一道道文化的风景。

是啊，那时，中国的一些小城和古镇，大概又会成为中国之文化的摇篮吧？

4. 国人辩论的表情

我不喜欢辩论的场面，很少被辩论的场面所激动。当然，指的是中国式的，并且是电视节目上的——我也没经历过外国的辩论场面啊。

看久了，便留意到一种现象——有那辩论者，在对方发言时，表情，不，也可以说是神经太过紧绷。给我的印象是他并非以这样一种态度来听——这可是在讨论国计民生，谁都有调查研究和思考的不全面的方面，所谓“智者千虑，必有一失”，或许对方的观点中，也有合理之成分，对我的观点形成补充的价值，那么我可吸收进来，以纠正我之观点的偏颇甚至偏激，使我的考虑更全面些；而大抵是相反的表情——我即“智者”，“智者”的观点是绝对正确的。于是对方在他或她看来，似乎是目光短浅的“愚者”无疑。他认真地听对方的每一句话，仿佛只为一件事——轮到自己开口时，抓住一点，不计其余，一心要将对方驳输辩倒，于是大获全胜。

在我这个电视机前的观众看来，每一场辩论中每一位辩者的思考，其实几乎都有不全面之点。双方的观点组合起来，往往才较为全面。不消说，这也是节目的初衷和主旨。

但我还是希望从辩者口中听到这样的话：“对方刚才的观点，我觉得也并不是完全没有道理……”

却很少从辩者口中听到。

倒是从某些现场发言的观众口中听到过。他们手中的牌子，往往既为同一辩者举起“赞成”的一面，也会随即举起“反对”的一面。很明显，对于他们，哪一方都不是肯定代表正确的一方，也不是肯定错误的一方。“兼听则明，偏信则暗”这句古话，在他们身上有良好的体现，于是反倒显出听的智性来。而有的辩者，在对方辩者发言时，听得很不耐烦，缺少的也正是那种听的智性。

于是我联想到，自己也与某些外国朋友辩论过关于中国或世界的某事——我说时，他们自然听得认真。往往，刚才彼此的观点还很对立，我一说完，他们居然会紧接着说："你这种看法，我认为也有对的方面……"

后来我就悟出了听别人的观点也要有点儿悟性的道理，受益匪浅。

"你这种看法，我认为也有对的方面……"我觉得我们的同胞太缺少此种听的态度了。于是在听别人阐述他们的观点时，就会呈现出不屑的表情。

我又联想到"五四"时期，那是一个"大辩论"的时代。当时也没留下现场辩言（录音机在中国还是稀奇物），但留下的辩文却是许多的。辩文比于现场辩言，毫无疑问是思考得更为成熟的。即使如此，我们今人读后，仍只能从双方辩文的结合中，形成对当时年代某种思想分歧乃至对立较为全面的认识、理解；否则不能。

比如所谓"国防文学"与"大众文学"之争，很难说哪种观点特正确，而哪种观点错到家了；比如所谓"直译"与"意译"之争；比如"白话文"与"文言文"的审美价值之争；比如"教育救国"、"科学救国"、"实业救国"、"革命救国"等等主张，在当年都是为了救国，都有对的道理；不论持哪一种主张的人都难以将另一种主张一棒子打死。

还联想到了"文革"中"红卫兵"、"造反派"们的"大辩论"——那既不是"辩"，也不是"论"，只不过是一味的"驳"。一味的"驳"与"辩论"之不同在于——后者也要客观评说他人观点的得失，有得说得，有失言失；而前者仅激烈评说他人观点的失，对于他人观点的合理部分，往往只字不提。或因根本没听，或因明明听到了也装作没听到。

那种对他人观点一味驳的态度，依我看来，在中国已是积陋成习，体现于许多方面。

在官场——不少大官那样。他们根本听不进下级官员与自己的主张不尽相同的观点。若竟相反，简直还视为"犯上"，就算是当场没驳，内心里已将相反的观点一棒子打死了。

在学校——不论小学中学高中还是大学，若是讨论课，老师们太听不进学生与自己观点相反的看法了。老师们的思维逻辑往往是——我要使你记住的是教材所要求的观点，教材会错吗？教材不会错的，老师便也不会错。教材“规定”这篇课文要分三段，你为什么偏觉得分四段也可以呢？教材说这篇课文的中心思想是这样的，你为什么偏偏读出了那样的思想呢？尤其在大学里，老师指导学生完成论文时，师生之间发生歧见的时候是不少的。一般而言，老师的知识积累毕竟广一些，思考也肯定比学生全面一些。却也有些时候，学生的观点并非完全没有一点儿合理性，只不过与老师的观点部分相反。结果会怎样呢？当然是学生放弃自己的观点，因为老师对学生观点的“驳”，大抵也是以胜为快的。说来惭愧，我自己初做导师时，也曾那般过的，而学生固执己见，我还抱怨学生“脑子不开窍”——后来答辩时，有别的老师对该学生的观点予以肯定。我自以为见多识广，但老师中知识比我丰富，看问题比我全面，具有听的智性者太多了呀。我当时是暗不服气的，后来看书，方知片面的不是别人，而是我自己，于是始不敢认为自己思想肯定正确，看问题肯定全面，即使在与学生讨论问题时。

在单位，同一件事，因为各部门的人所处的部门立场不同，利益不同，歧见发生更是司空见惯。

总而言之，我时常觉得，这类那类歧见弥漫于我们的社会，而许多同胞习惯于认为——错了的当然是别人。

别人为什么错呢？

因为别人的观点与自己的不同。

若别人的观点与自己的观点不但相反而且对立，那么别人百分之百错了，一点儿对的地方也没有的。即使明明觉得确有对的方面，态度上往往也要违心地强硬。

这样的人，还有救，因为毕竟听出了别人的观点也有对的成分。

不可救药的，也可以说可怕者是——那种半点儿不同的声音也听不进耳，一向地认为自己一贯正确，凡与自己观点不同之人，都是持错误观点的人和坚持错误观点的人。而正是这种人，又一向认为别人不可救药，错得可怕。

这样的人若为官，更可怕。

若多了，委实也是中国之悲哀。

而一种现象乃是——在官民歧见中，觉得民全错，自己全对的官是不少的。

“我不同意你的观点，但我誓死捍卫你说话的权利。”——这句话因为是名人的名言，被国人引用的次数已极多了。

这是社会的进步，也是国人的进步。

但我还希望经常听到这样的话，尤其在国人与国人进行辩论时：“尽管我们是辩论双方，但我仍要说，你刚才的话有一定的合理性……”

若还说：“感谢你促使我能将我们辩论的问题思考得更全面些……”那就更是我的希望了。

到了那一天，多好啊！

证明社会有进步了，而国人也又进步了。

5. 文化的反省

时下，民间和网上流行着一句话——羡慕嫉妒恨，往往从电视中也能听到这句话。

依我想来，此言只是半句话。大约因那后半句有些恐怖，顾及形象之人不愿由自己的嘴说出来。倘竟在电视里说了，若非直播，必定是会删去的。

后半句话应是——憎恨产生杀人的意念。确实令人身上发冷的话吧？我也断不至于在电视里说的。不吉祥，不和谐。写在纸上，印在书里，传播方式局限，恐怖“缩水”，故自以为无妨掰开了揉碎了与读者讨论。

羡慕、嫉妒、恨——在我看来，这三者的关系，犹如水汽、积雨云和雷电的关系。

人的羡慕心理，像水在日晒下蒸发水汽一样自然。从未羡慕别人的人是极少极少的，或者是高僧大德及圣贤，或者是不自然不正常的人。

羡慕到嫉妒的异变，是人大脑里发生了不良的化学反应。说不良，首先是指对他者开始心生嫉妒的人，往往是经历了心理痛苦的。那是一种折磨，文学作品中常形容为“像耗子啃心”。同时也是指被嫉妒的他者处境堪忧。倘被暗暗嫉妒却浑然不知，处境大不妙也。此时嫉妒者的意识宇宙仿佛形成着浓厚的积雨云了。而积雨云是带强大电荷的云，它随时可能产生闪电，接着霹雳骤响，下起倾盆大雨，夹着冰雹。想想吧，如果闪电、霹雳、大雨、冰雹全都是对着一个人发威的，而那人措手不及，下场将会多么的悲惨！

但羡慕并不必然升级为嫉妒。

正如水汽上升并不必然形成积雨云。水汽如果在上升的过程中遇到了风，风会将水汽吹散，使它聚不成积雨云。接连的好天气晴空万里，阳光明媚，也会使水汽在上升的过程中蒸发掉，还是形不成积雨云。

那么，当羡慕在人的意识宇宙中将要形成嫉妒的积雨云时，什么是使之终究没有形成的风或阳光呢？

文化。除了文化，还能是别的吗？

一个人的思想修养完全可以使自己对他者的羡慕止于羡慕，并消解于羡慕，而不在自己内心里变异为嫉妒。

一个人的思想修养是文化现象。

文化可以使一个人那样，也可以使一些人、许许多多的人那样。

但文化之风不可能临时招之即来。文化之风不是鼓风机吹出的那种风。文化之风对人的意识的影响是逐渐的。当一个社会普遍视嫉妒为人性劣点，祛妒之文化便蔚然成风。蔚然成风即无处不在，自然亦在人心。

劝一个人放弃嫉妒，这也是一种文化现象。劝一个人放弃嫉妒非是那么简单容易的事，没有点儿正面文化的储备难以成功。起码，得比嫉妒的人有些足以祛妒的文化。莫扎特常遭到一位宫廷乐师的强烈嫉妒，劝那么有文化的嫉妒者须具有比其更高的文化修养，而那位宫廷乐师无幸遇到那样一位善劝者，所以其心遭受嫉妒这只“耗子”的啃咬半生之久，直至莫扎特死了，他才获得了解脱，但没过几天他也一命呜呼了。

文化确能祛除嫉妒。但文化不能祛除一切人的嫉妒。正如风和阳光，不能吹散天空的每一堆积雨云。

美国南北战争时期，一名北军将领由于嫉妒另一位将领的军中威望，三天两头向林肯告对方的刁状。无奈的林肯终于想出了一个主意，某日对那名因妒而怒火中烧的将军说："请你将那个使你如此愤怒的家伙的一切劣行都写给我看，丝毫也别放过，让我们来共同诅咒他。"

那家伙以为林肯成了自己同一战壕的战友，于是其后连续向总统呈交信件式檄文，每封信都满是攻讦和辱骂，而林肯看后，每请他到办公室，与他同骂。十几封信后，那名将军省悟了，不再写那样的信，他羞愧地向总统认错，并很快就动身到前线去了，还与自己的嫉妒对象配合得亲密无间了。

省悟也罢，羞愧也罢，说到底还是人心里的文化现象。那名将军能省悟，且羞愧，证明他的心不是一块石，所以才有文化之风和阳光。否则，林肯的高招将完全等同于对牛弹琴，甚至以怀化铁。但毕竟，林肯的做法，起到了一种智慧的文化方式的作用。

苏联音乐家协会某副主席，因嫉妒一位音乐家，也曾不断向勃列日涅夫告刁状。勃氏了解那无非是些鸡毛蒜皮的积怨，反感其滋扰，于是召见他，不动声色地说："你的痛苦理应得到同情，我决定将你调到作家协会去！"——那人听罢，立即跪了下去，着急地说自己的痛苦还不算太大，完全能够克服痛苦继续留在音协工作……因为，作家协会人际关系极为紧张复杂。

勃氏的方法，没什么文化成分，主要体现为权力解决法。而且，由于心有嫌恶，还体现为阴招。但也很奏效，那音协副主席以后再也不滋扰他了。然效果却不甚理想，因为嫉妒仍存在于那位的心里，并没有获得一点点释放，更没有被"风"吹走，亦没被"阳光"蒸发掉。而嫉妒在此种情况之下，通常总是注定会变为恨的——那位音协副主席同志不久疯了，成了精神病院的长住患者，他的疯语之一是："我非杀了他不可！"

一个人的嫉妒一旦在心里形成了"积雨云"，那也还是有可能通过文化的"风"和"阳光"使之化为乌有的。只不过，善劝者定要对那人有足够的了解，制定显示大智慧的方法。而且，在嫉妒者心目中，善劝者须是被信任受尊敬的。

那么，嫉妒业已在一些人心里形成了"积雨云"将又如何呢？

文化之"风"和"阳光"仍能证明自己潜移默化的作用。但既曰潜移默化，当然便要假以时日了。

若嫉妒在许许多多成千上万的人心里形成了“积雨云”呢？

果而如此，文化即使再自觉，恐怕也力有不逮了。

成堆成堆的积雨云凝聚于天空，自然的风已无法将之吹散，只能将之吹走。但积雨云未散，电闪雷鸣注定要发生的，滂沱大雨和冰雹也总之是要下的。只不过不在此时此地，便在彼时彼地罢了。但也不是毫无办法了——最后的办法乃是向“积雨云”层发射驱云弹。而足够庞大的“积雨云”层即使被驱云弹炸散了，那也是一时的。往往上午炸开，下午又聚拢了，复遮天复蔽日了。

将以上自然界积雨云之现象比喻人类的社会，那么发射驱云弹便已不是什么文化的化解方法，而是非常手段了，如同是催泪弹、高压水龙或真枪实弹……

将嫉妒二字换成“郁闷”一词，以上每一行字之间的逻辑是成立的。

郁闷、愤懑、愤怒、怒火中烧——郁闷在人心中形成情绪“积雨云”的过程，无非尔尔。

郁闷是完全可以靠了文化的“风”和“阳光”来将之化解的，不论对于一个人的郁闷，还是成千上万人的郁闷。

但要看那造成人心郁闷的主因是什么。倘属自然灾难造成的，文化之“风”和“阳光”的作用一向是万应灵丹，并且一向无可取代。但若由于显然的社会不公、官吏腐败、政府无能造成的，则文化之“风”便须是劲吹的罡风，先对起因予以扫荡。而文化之“阳光”，也须是强烈的光，将一切阴暗角落一切丑恶行径暴露在光天化日之下。文化须有此种勇气，若无，以为仅靠了提供娱乐和营造暖意便足以化解民间成堆的郁闷，那是一种文化幻想。文化一旦开始这样自欺地进行幻想，便是异化的开始。异化了的文化，只能使事情变得更糟——因为它靠了粉饰太平而遮蔽真相，遮蔽真相便等于制造假象。也不能不制造假象。

那么，郁闷开始在假象中自然而然变向愤懑。

当愤懑成为愤怒时——情绪“积雨云”形成了。如果是千千万万人心里的愤怒，那么便是大堆大堆的“积雨云”在社会上空形成了。

此时，文化便只有望“怒”兴叹，徒唤奈何了。不论对于一个人一些人许许多多千千万万的人，由愤怒而怒不可遏而怒从心头起恶向胆边生，往往是迅变过程，使文化来不及发挥理性作为。那么，便只有政治来采取非常手段予以解决了——斯时已不能用“化解”一词，唯有用“解决”二字了。众所周知，那方式，无非是向社会上空的“积雨云”发射“驱云弹”……

相对于社会情绪，文化有时体现为体恤、同情及抚慰；有时体现为批评和谴责；有时体现为闪耀理性之光的疏导；有时甚至也体现为振聋发聩的当头棒喝……但就是不能起到威慑作用。

正派的文化，也是从不对人民大众凶相毕露的。因为它洞察并明了，民众之所以由郁闷而愤懑而终于怒不可遏，那一定是社会本身积弊不改所导致。

集体的怒不可遏是郁闷的转折点。

而愤怒爆发之时，亦正是愤怒开始衰减之刻。正如电闪雷鸣一旦显现，狂风暴雨冰雹洪灾一旦发作，便意味着积雨云的能量终于释放了。于是，一切都将过去，都必然过去，不过时间长短罢了。

在大众情绪转折之前，文化一向发挥其守望社会稳定的自觉性。这一种自觉性是有前提的，即文化感觉到社会本身是在尽量匡正着种种积弊和陋制的；政治是在注意地倾听文化之预警的。反之，文化的希望也会随大众的希望一起破灭为失望，于是会一起郁闷，一起愤怒，更于是体现为推波助澜的能量。

在大众情绪转折之后，文化也一向发挥其抚平社会伤口、呼唤社会稳定的自觉性。但也有前提，便是全社会首先是政治亦在自觉地或较自觉地反省错误。文化往往先行反省。但文化的反省，从来没有能够代替过政治本身的反省。

文化却从不曾在民众之郁闷变异为愤怒而且怒不可遏的转折之际发生过什么遏止作用。那是文化做不到的。正如炸药的闪光业已显现，再神勇的拆弹部队也无法遏止强大气浪的膨胀。

文化对社会伤痛的记忆远比一般人心要长久，这正是一般人心的缺点，也是文化的优点。文化靠了这种不一般的记忆向社会提供反思的思想力。阻止文化保留此种记忆，文化于是也郁闷。而郁闷的文化会渐陷于自我麻醉、自我游戏、自我阉割、了无生气而又自适，最终完全彻底地放弃自身应有的一概自觉性，甘于一味在极端商业化的泥淖打滚或在官场周边争风吃醋……

不能说当下的中国文化及文艺一团糟、一无是处。这不符合起码的事实。但我认为，似乎也不能说当下的中国文化是最好的时期。

与从前相比，方方面面都今非昔比。倘论到文化自觉，恐怕理应发挥的人文影响作用与已然发挥了的作用是存在大差异的。

与从前相比，政治对文化的开明程度也应说今非昔比了。但我认为，此种开明，往往主要体现在对文化人本人的包容方面。包容头脑中存在有“异质”文化思想的文化人固然是难能可贵的进步。但同样包容在某些人士看来有“异质”品相的文化本身更为重要。

我们当下某些文艺门类不要说人文元素少之又少，连当下人间的些微烟火也难以见到了。真烟火尤其难以见到。

倘最应该经常呈现人间烟火的艺术门类恰恰最稀有人间烟火，全然地不接地气，一味在社会天空的“积雨云”堆间放飞五彩缤纷的好看风筝，那么几乎就真的等于玩艺术了。

是以忧虑。

6. 论文化在政治之上

文化在政治之上，原本是无须论的。中国之改革开放，终将验证这样一种规律——成也文化，败也文化；若功亏一篑而不可持续，教训也肯定归于文化。文化当然也体现于政治之中，但绝不仅仅是附着在政治这张皮上的毛。

文化在政治之上，匪今斯今，亘古如兹。没有文化的人类，根本就不可能产生一切关于政治的思想。没有进步的文化，也根本不可能有什么进步的政治。

政治是文化这棵树上的果子。

如果良好的文化思想、文化气息能够在社会的方方面面发挥影响，并充分体现，那么这样的社会无疑会是良好的社会；文化学者将这样的社会定义为“良知社会”。如果反过来，政治意识形态无限膨胀，企图占领和统治社会的各个层面，每一处空间，而文化被逼退到了边缘，那么这种社会自然叫“政治社会”。

文化的社会是自然的。政治的社会是不自然的。文化倘若被变成由政治所长期左右的某种“东西”，是文化的悲哀。悲哀的文化不能提升民族精神和灵魂，不能使一个民族真正有力量。有多么自信的文化，才有多么自信的政治。文化禁锢是政治极其不自信的表现。只有与政治平等的文化，并在平等的前提下受政治尊重的文化，才能培植优秀的文化知识分子族群，才能形成有思想力的文化。当然，这里所言之文化，不仅是供人欣赏的所谓优雅文艺，或满足人娱乐的所谓通俗文艺。文化从来就和思想连在一起。丧失了思想力的文化，根本不能成为推动社会进步的先进文化力量。丧失了思想力的文化，是次品质的文化。

文化有其本能性、商业性和自觉性。

其本能性即满足人们娱乐快感的属性。谢天谢地，这一种属性，我们的当下文化不但有，而且还日渐地蔚然成风，发扬光大。但文化的本能性，只不过是文化的原始属性，是原始人都喜闻乐见的文化属性。

文化的商业性即逐利性，或曰为金钱而冲动的文化。诸位都已看到，这样的文化现象，几乎满目皆是。其大多数，或者无价值观可言，或者其价值观大成问题。比如欣赏阴谋手段，讴歌皇权的文化，价值观便大成问题。

文化的自觉性，即对一个国家一个民族的精神提升和灵魂塑造的责任感、使命感。此种文化，将客观地梳理一个国家一个民族的历史；尽量还原历史事件的真相；尽量公允地评价历史人物；尽量深刻地剖析自己国家的历史错误以警后人。也将正视社会现实，具有忧患意识地呈现社会问题，揭示社会矛盾，义无反顾地批判种种假、丑、恶之社会病态。当然，同时会用温暖来慰藉众多沮丧的、疲惫的、冷感的、迷惘的人心。

自觉的文化，是将以上功能全面发挥的文化，而不是明智地，甚至犬儒主义地逃避现实的文化。

不能说我们完全没有自觉的文化。

但是诸位，是不是太少太少太少了呢？

几乎稍有头脑的人都看得分明，我们的当代史近代史，被一段一段遮蔽甚或干脆抹去了，变得七零八碎面目模糊；我们的现实被不惜成本地粉饰了；我们这个焦虑不安的时代被几乎已经令人讨厌的歌舞升平所包装了；我们的下一代变得有点儿傻兮兮的了——怎么全民族仿佛对这么一种几乎没有自觉性可言的文化，竟没了半点儿不适感呢？

仅仅抱怨文化知识分子是不公平的。

如果将蚂蚁放在烟灰缸里，当它们向外爬时便用烟头烫它们的话，几次之后，便都不往外爬了，甘于只在烟灰缸里活动了。并且，会通过化学分泌物互相传播信息，达成不往外爬的潜规则——烟灰缸规则。

我认为，我们的文化，正受着这么一种不良的规则所限制。如此一种文化，几乎只能提供娱乐，几乎只能以商业目的为目的。自身品质萎缩，又怎么能够化一个民族的精神和灵魂呢？

看我们现在说假话的现象多么普遍！人们多么习以为常。以至于我们经常感到，能说真话的空间越来越小了。以至于人们听到哪一位官员说了一句比较性情的，比较发乎真心的话，我们常会对其好感倍增。

我们怎么会变成了这样呢？

内战首先是一个民族的伤痛。

中国历史上那一场国共内战，双方都牺牲了许许多多杰出儿女，代价是几千万农民的儿子的生命；这是需要后人反思的。可是，在今天，还要一点儿反思都没有的，津津乐道地看双方的狡诈谍战，并以为是“红色”的，这是多么的令人喟叹啊！一想到那时代背景正是抗日战争前后，于是不由人不思考——难怪中国军队当年每每败得那么惨。中国人看这类东西而开心，是总体变傻了的证明。

现在的世界看中国人，有一种印象是——主张和为贵的只不过是中国的古人。中国的当下文化中仍充满人与人斗，其乐无穷的内容，似乎中国人不窝里斗就不是中国人了。

现在的世界看中国人，还有一种印象是——中国“不差钱”，仿佛许多中国人在外国人眼里都是山西煤老板了。

许多原因给他们那种印象。

文化原因是原因之一。

这么一种文化，怎么与世界接轨？怎么向世界展现魅力和亲和力？

我们不能总指望杂技、京剧和所谓原生态少数民族歌舞充当文化使者。加上“孔子学院”也不行。

世界了解一个国家，主要还是看这个国家的当下文化是怎么反映当下现实的？是诚实的反映还是不诚实的反映？总体上不能自由地同时诚实地表现思想力的文化知识分子，是很难被外国同行瞧得起的。如果外国人不能由衷地瞧得起某一国家的知识分子，那么也就决然不能瞧得起某一国家的当代文化。那么，即使这个国家财大气粗，也还是难以真的获得尊重。这是某一国家的文化悲哀。而同样悲哀的，也是某一国家的政治。

我们不应该让那种包袱一代一代地压在我们身上。

我们如果爱护我们的领导人，我们就应使他们明白——禁锢手段是消极的文化理念。

在漫长的六十余年中，文化与政治的真正关系一直没处理好；政治一直被理所当然地供奉于文化之上，文化一直只不过被视为政治的“附属品”，更有时仅仅被当成足可为政治“服务”一下的工具。并且，可悲的是，为数不少的文化知识分子自己，也早已渐渐习惯了“文化在政治之下”的文化观。

“文化”概念，从来大也。

“人文伊始，文化天下。”“化天下”之“文”，既可理解为文明，亦可理解为文化。文化的终极概念，其实便是文明。文明的核心概念，其实便是文化。

统治当然也是政治。

但再高级的统治，本质上也还是初级的或曰低级的政治。封建统治漫长的国家之所以会背上历史的包袱，乃因它在初级的或曰低级的国家形态中被浸淫得太久太久，结果国民的心智被一代一代地弱化了进而愚化了。

政治是一个近代的概念。

封建统治是不配被言作政治的，高级的也不配。

从统治到政治，是一个经文化所化的过程。革命是文化化不了之时的暴烈的社会现象。说到底，革命亦是文化影响下的行动。革命理论是特殊而极端的文化。

统治一向只利用文化。即使好的文化，久被利用，也便不可避免地滑向自己的反面。

政治也分好坏的。好的政治并不一味利用文化，而是能够与好的文化相结合，变自身为文化了的政治。

文化了的政治，是自觉并善于将人类之好的文化主张落实为社会原则的一种政治。故这一种政治的宗旨，是不需要靠一大套一大套的所谓理论来诠释的。

迄今为止，世界上的政治之所以显出仍极复杂的现状，盖因这些人与那些人，这些民族与那些民族，这些国家与那些国家的利益之争。在这些问题上，文化化一个国家已经很难，化整个世界自然力不从心，最终还是要靠政治来化。但这并不意味着文化只不过是空谈，而唯有政治才是实际的。因为一个事实乃是，化利益之争化得好的政治，所遵循的恰恰是文化早在人类的古代就指出过的方向。而凡化得不好的政治，皆是违背那一方向的。或虽然也作出遵循的样子，但实际上却以利益集团之利益为最重要，不愿真的使社会朝那一方向进步。这种时候，政治对文化采取的往往是“叶公好龙”的态度，它会使文化尽其所能地工具化和娱乐化，却想方设法对文化之思想力实行遮蔽、剔除的策略。但这分明是不可持续之事。因为丧失了思想元素的文化是次品质的文化；而文化有一种自觉性，那就是绝不会长久甘于在次品质的层面存在……

古人云：“治天下者，当用天下之心为心。”苏轼由是进一步说：“力可以得天下，不可以得匹夫匹妇之心。”还说：“天下者非君有也，天下使君主耳。”朱熹说：“国以民为本，社稷亦为民而立。”欧阳修说：“不苟一时之誉，思为利于无穷。”杜甫说：“莫取金汤固，长令宇宙新。”《三国志·魏书》有言：“民者，国之根也。诚宜重其食，爱其命。”以上皆“政”、“治”语也，但首先是人文思想。若从政治的思想中抽去人文思想，政治就只剩下了权谋和治术；这样的政治是肮脏的。而从文化的思想中抽去政治的内容，它还是那么丰富，那么足以使人类温暖，那么源远流长。

从《乌尔纳姆法典》到《汉谟拉比法典》到《人权宣言》、《独立宣言》，文化思想力的火炬始终照耀着人类的发展进程。而好的政治思想，同时丰富了文化思想。

在从前，在中国，在许多政治人士那儿，许多事都被强调为“政治仗”。政治泛化再泛化，膨化再膨化，企图占领每一个人的每一寸生存空间包括脑空间。

政治一经泛化，必庸俗化。

庸俗化的政治无异于伪宗教。

在这种情况下，文化本应与人类具有的亲近关系遂被离间。而在这样的国里，是既不可能有什么先进文化，也不可能有什么先进的国民的。从梁启超到鲁迅，都曾对于被愚化的国民表达过悲愤的忧患。

“改革开放”三十年来，一切成果皆归功于三十年前的一次思想解放；一切教训也归咎于那思想解放的不能深入戛然而止。

一个事实越来越分明——三十年前那一次被解放的思想力成果，显然接近耗尽。并且某些在当时看来不无可取之处的思想，由于被奉成万应灵丹，现在却已结出了劣果……

文化尚未成功，政治仍需努力。

7. 皇帝文化“化”了什么

在二十世纪末二十一世纪初的二三年里，纵观全世界的文化现象，有一种发生在中国的文化现象特别地泛滥。将这一种特别地泛滥的文化现象摊放于全世界的文化现象之中来看待，进而来思考，于是便有了异乎寻常的意味。其文化的品格性质，同时便不免地令人疑惑。

那就是——风起云涌般地发生在中国的皇帝文化。或曰皇权文化。这一种文化，既是关于古代历史事件的一种文化，又是关于古代政治权谋的一种文化；既是文艺的，又是娱乐的；既表现为庄重的，又表现为嬉闹的。从出版业，到影视业到广告业到报刊业，所有这一切类型的皇帝文化现象，形成芜杂而多产的“滚滚皇尘”。

众所周知，它首先是从台湾刮来的，来势类乎沙尘暴，代号《还珠格格》。

事实上，在《还珠格格》以前，大陆的皇帝影视剧已拍过几部，如《努尔哈赤》、如《唐明皇》、如《武则天》。严格地说，《努尔哈赤》是一部王者传，是准皇帝电视连续剧。在《还珠格格》之前，它们的收视率虽也曾创下很高的纪录，但并没有“拉动”起泛滥的文化现象，更没有形成泛滥的文化局面。

《还珠格格》在商业上大获成功之后，文化局面不同了，几乎是一时间，皇帝影视泛滥了，泡沫般在中国的文化之鼎中沸腾。以至于有的时候，电视里七八个台同时滚动播出一部或交叉播出几部。长辫子短马褂的我们的形形色色身份的前人，似乎在与我们今人同度心照不宣的文化狂欢节。

于是，在电视中，皇帝们首先成了这样一些人：他们器宇轩昂，举止潇洒，风流倜傥而又知书达理。并且，与臣子们相比，简直更富有人情味，更善于理解人。一旦与百姓接触了一下，那一种皇帝对百姓的爱心，便油然地流露出来了。他们又是些多么饱学幽默之人啊！因为他们自幼由国师授教，早已是满腹经纶，整个儿被文化浸泡得透透的了啊！他们使我们这个国家的下一代或许边看边想：唉，那些个皇帝都是些多么好多么可亲可爱的人啊，尽管有时未免太过威严了点儿，但可别忘了人家是真龙天子是皇帝啊！若做了我的父兄，我将多么的幸福啊！若我们的少男少女们的父兄，又恰巧是下岗者失业者，则我们尤其不敢对我们的少男少女们看时的内心深处的想法往细处寻思了！

于是，在电视中，皇帝们接着又成了这样一些人：他们雄才大略，他们坚定果敢，他们运筹帷幄决胜千里，他们治大国如烹小鲜。最主要的，原来他们是多么的为了国泰民安废寝忘食日夜操劳啊！真是不看不知道，一看才明白！原来国家有时被弄得糟透了，征战不息，哀鸿遍野，民不聊生，都是没法子的呀！不那样疆土能统一吗？不统一能有今天的偌大中国吗？做老百姓的，应该进一步明白这样一种历史常识啊——那就是，从前的皇帝，头脑里装着的，全是中国老百姓的长远利益啊！没有他们当初的英明，哪有中国老百姓今天的幸福啊！于是与自己从前的皇帝们，在今天达成了跨历史的理解。岂止是理解，简直恨不得唤他们的魂使他们回到今天的现实中来，或自己们干脆想法子穿越时间隧道，去往他们的朝代，每日三敬三祝，做他们的忠顺子民。

于是，在电视中，历史成了这样的：中国的皇帝们倒是都堪称伟大的，起码接近着伟大。历史上记载的统治罪恶么，那大抵是奸臣们所为。皇帝们也有凡人的弱点啊，他们最大的弱点左不过是轻信了奸臣的谗言。

而这些皇帝们，尤其是被以正剧面目推出的皇帝们，又差不多都是按照一种接近着“三突出”的文艺创作原则弄出来的。即——在矛盾斗争中，突出正面力量（以英明的皇帝为首的忠诚于他的政治力量）；在正面力量中突出主要英雄人物，皇帝们的忠臣良将是也；在主要英雄人物中，突出皇帝本人的正面形象。他们或者也有些小小不然的缺点、过失，但他们最终的形象，必须是比较的高大的。

连雍正都几乎是这样的一位皇帝了，对别的皇帝们我们还有什么话说？而且，这些皇帝们的寿终正寝，又仿佛全都是心系百姓操心种种累死的。天下者，人民的天下。人民的天下，皇帝家承包了，为人民服务，鞠躬尽瘁。就差不打出一行字幕来——中国人呀，怀念自己的皇帝们吧！

仅仅怀念就够了么？

当然不够。

还要向历史学习。

皇帝们的周围，上演着一幕幕多么惊心动魄的权谋之争，展现了多少权术经验啊！简直丰富多彩，简直百科大全。君臣斗，臣臣斗，忠奸斗，奸奸互斗。即使皇帝与忠臣，忠臣与忠臣，也得尔虞我诈些个啊，人心隔肚皮啊！

中国的球迷和世界上任何一个国家的球迷，我以为是没什么两样子的。

但是中国某些男人们对于权谋和权术的兴趣，我以为至今仍是世界上最浓厚的一种兴趣表现。岂止是兴趣，简直还是本能。简直还善于化腐朽为神奇，善于古为今用，善于推陈出新。且能用得很活，立竿见影，游刃有余。而这一切，往往体现在作为一个二十一世纪的人却一无所长，除了在仕途这一条路上一条道跑到黑，一旦失意就似乎人生彻底毁败，因而惶惶不可终日的人身上。正是——“学而时习之，不亦说乎？”

在二十一世纪的初年，放眼世界，没有哪一个国家的文化，抽了疯似的向本国民众如此泛滥成灾地兜售封建政治权谋和封建官场权术，乐此不疲。也没有哪一个国家的男人们，像太多的中国男人们似的，那么的被吸引，那么的津津乐道，那么的心领神会，那么的不反感不知餍足。

相对而言，我倒宁愿我们中国的男人，兴趣转向美国大片方面去，比如《侏罗纪公园》、《异形》、《蝙蝠侠》、《星球大战》，甚至《吸血鬼僵尸》什么的。

那样一些美国大片最多也不过使我们在看时变得有点儿傻兮兮的。

而封建权谋思想和封建官场权术，在令我们中国的男人们看了叹服的当儿，无疑污染着我们当代人的心智，使我们某些官场上的男人，变得越发的没了真话，真立场，真态度，进而连真观点也没了，变得特阴，或不阴不阳的。

观察一下我们的周围，已变得这样了的男人，为数还少么？

十年“文革”之正反两方面的经验教训还不够参考不够学的么？

前延后续五十余年中几代人的林林总总的体会，还不够回味的吗？

当然，沙尘暴般造势而来的“滚滚皇尘”中，情形是很不一样的，一概而论则以偏概全。何况，皇帝文化或曰王朝文化，毕竟也是中国古代文化的一部分。不仅中国，外国也曾多次将他们的这一种历史人物郑重其事地再现过。比如《彼得大帝》、比如《斯特凡大公》；比如俄国女皇叶卡捷琳娜和英国女王伊丽莎白。但却绝对地没有在别国也形成过“滚滚皇尘”。他们的男人也绝对地没有过大开眼界津津乐道的异乎寻常的表现。

在二十一世纪的初年，在中国正跃跃欲试准备与世界全面接轨的这一个非同一般的时代，中国文化中的“滚滚皇尘”之现象，很值得沉思。也许说明着这样一点——在我们这个民族的根子上，由于长期的封建文化的浸泡，一再地容易生出一种很贱的芽。如果我们这个民族不能极其自觉地一再地削除它，则我们这个民族似乎仍只配是皇权之当代阴影下的子民……

千万别让皇帝文化“化”掉了那一种自觉！

8. 论文痞的起源

我最初见诸“文痞”一词在“四人帮”粉碎以后，对张春桥、姚文元及其爪牙的批判运动中。此后，曾有意识溯文学史而寻觅“文痞”一词的出处，未得其果。故，我一向以为，“文痞”一词，乃当代中国话语中的一个发明。我学识浅薄，孤陋闻寡，姑且仍这么以为，并愿就教于博学者。

“文痞”一词，可理解为文人与痞子“交媾”的“杂种”。“杂种”非指物种学方面的后代，乃指文人与痞子二者人格特征的合成。凡“文痞”，身上既有投机文人的见风使舵，火中取栗，又有痞子那一种天生的刁滑性和无赖性。只不过其“痞”由“文”包装了，后天“合成”为一种邪劣的假正经而已。

考察中国正野文史及历史，文人中少有很痞的典型。文人的劣点林林总总，但大多数文人，拒绝痞气的沾染。痞主要的心理成分非仅仅是玩世不恭。因大部分玩世不恭者，不过将玩世做心理的盾，将不恭做写在盾上的图腾式宣言，借以自卫。但痞不是这样。痞主要的心理成分是自己层层捆扎的阴暗的恶毒。痞较普遍的心理私语是这样一句话——“统统×他妈的！”这是典型的痞看社会的心理，也是典型的文痞看文坛的心理。区别在于，痞并不需要借了文的包装掩盖此种心理，而文痞一定要最充分地利用文的包装。

张春桥、姚文元之流及其爪牙，获“文痞”丑名，乃因阴暗而恶毒的政治心理。“统统打倒”和“统统×他妈的”是同一种心理。但他们并不是用痞的技巧掩盖此种心理，而是靠政治的权术和专制。故我一向认为，他们非是典型的“文痞”，而是文人与反动政客交媾的“杂种”。他们的人格特征，是文人的劣点和反动政客的劣点的集大成。

据我看来，较典型的“文痞”的滋生，继“文革”之后，近年又有繁殖现象，呈现为一种纯粹的文人的劣点，和纯粹的痞子的劣点“交媾”后的“合成”。而且，可能比世界上任何国家都多。而且，迅速地年轻化。这乃因，在国外，痞子不必假文人之名而活着，文人也不必非靠痞的技巧而存在。也许只有在中国，“文痞”才活得比文人和痞子两者都潇洒，都滋润，都如鱼得水。“文人相轻”之不争事实，使“文痞”们早已深知，无论自己怎么干，总可以获得一部分文人暗地里的喝彩和幸灾乐祸。大文化话语版块的疲软和寂寞，使“文痞”们早已明白，它是非常需要他们所提供的热闹的。文人们必将陷入的两难之境（倘认真对待，则他们以痞应付；倘哂笑置之，则他们的策划顺利实现，目的全面达到；倘与他们理论，则正中他们下怀，可借题营造更大的热闹，于热闹中进一步大大提高自己的知名度，名利双丰收），是文痞们预料之中的。故他们不但每每有恃无恐，而且每每非常得意。

文痞行径是文痞们假文学之名而公开手淫的现象，目的是要引起公众的注意。文痞们也都是有点儿文学的细胞的，也都是懂点儿舞文弄墨的技法的，而且每喜欢刻意炫耀其技法的时髦。因为文学毕竟非是仅靠技法和赶时髦的事，所以被忽视是他们“心口永远的痛”。他们的“文学性”善于迎合单纯的少女情怀之所好。她们一般热衷于什么格调，他们是很有研究的。在这方面他们是内行。他们的生活形态往往是颓废的，用种种人生新观念包装了的颓废。在某些不言而喻的娱乐场所，经常可见他们故作斯文的身影。如果哪些女孩子被他们口中的“文学性”话语所迷幻，不久就会被他们弄到某张床上去。对于中国的任何方面的话题他们都不感兴趣，谁要当着他们的面谈，他们会不拿好眼色瞪你。但你若对中国性“开放”的程度不满，那么你算是寻找到了最亲爱的同志了。这一点几乎一向是他们对中国现实所持的惟一的而且尖锐的批判。他们不厌其烦地通过他们那一种“文学性”打扮自己是中国当代最懂得温爱女性尤其是单纯少女的“罗伯特”。他们往往通过他们的“文学性”劝导少女们有机会千万别错过做一把“弗朗西斯卡”。你很难从他们的“文学性”中发现什么现实性，但性荷尔蒙过剩。他们很认识一些公的或私的经理、老板、富豪什么的，很善于从他们衣袋里“轧”出钱来。其实往往也没什么诀窍，只不过是往后者们的玩乐中加进点儿他们那一种“文学性”和“文学女性”罢了。这是我早已司空见惯的社会现象。此现象中，他们所充当的角色，每每类乎后者们和“文学女性”之间的“皮条客”，很丑陋。而某些“文学女性”们身在误区，往往不能意识到自己的被利用，还以为受着文学与商企大亨们的双重宠爱呢。

钱一到手，领导们便对他们刮目相视，发现他们原来是能人。同事感激他们，因为他们为集体创了收。一旦有“承包”之机，他们首当其冲，大显身手。但仅有以上特征，断不可便视为文痞，也许只不过是某些“青春派”作家的“派”，也许还果然是不失可爱的“新生代”的能人。文痞毕竟是以文痞行径为前提的。前提摆在那儿了，反观其身，以上特征才成为一种参考。

文痞是文学和“市场经济”关系中的派生物。文学与“市场经济”的关系，有时携手合作，各得其所；有时相鄙皆见，分道扬镳。这乃因为，文学毕竟是有个性的，而市场只有经济规律的共性。个性不被共性所左右，个性就要作出牺牲。

但文痞是没有个性的。

文痞存在的信条是——“有奶便是娘。”

这决定了文痞的行径都是一样的——如果市场需要它吹捧什么，它便不遗余力地吹捧；如果市场需要它贩卖和兜售什么，它便全心全意地服务——如果朋友的隐私投放到市场可获大把的钞票，文痞们是绝不会犹豫的。如果有人出价雇了文痞攻击谁，文痞们也是攻击没商量的。

在劳务过剩的今天，文痞是一种“劳务市场”。这个“市场”没有公开的竞争，但有背地里的自荐。

攻击不需要多么高的水平，所以文痞们的“专业能力”其实很差。花钱雇他们的人内心里是很轻蔑他们的，给他们钱像抛给野狗骨头，而且开价很低。一篇二三千字的攻击性的文章，据我所知，一般也就千八百元。

为了千八百元，怎么能干那种事?！——这是文人的观点。

平均每个字几角钱了！不就两小时内可以写完的文章么？干了！——这就是文痞的观点。

我的《中国社会各阶层的分析》出版以后，一个时期内，家中常被身份可疑的“记者”所滋扰。

一次，有医生在家中为我按摩，还有两位外地来客——他们在这样的情况之下都不达目的誓不罢休。在遭我拒绝之后，连我和医生和朋友之间的交谈，都要偷偷录音，行径几近于密探和特务。

但我还是出于主人的礼貌送他们出门——在楼梯上，他们的话从下方传来，令我听了暗暗庆幸：“唉，白来一次……”“我有什么办法？你没见我无论怎么用话激他，他就是一句可作把柄的言语都不说么？”听听——不是被别人用钱雇了，会怀此鬼胎？我的朋友提醒我：“你别什么人都往家门里让啊！”我说：“那叫我怎么办呢？我也不习惯站在自家门里和人说话啊！”

又有一天，医生又在家为我按摩，家中仍有客人，电话响了：“喂，是梁晓声么？”我说：“是。”“真是？”我说：“真是，这是我家电话。”“我们想请您写一篇文章，不太长，刊物已经联系妥了，素材也是现成的，真人真事儿。当然，不要写成报告文学，写成像小说非小说的那一种……”女郎娇滴滴的话语很急促。我打断她问：“你们是谁们？”“我们是一家公司……”“文化公司？”“不是……我替我们老板联系你。你先说你干不干吧？我们老板肯出高价……”“干什么？”“直说吧，我们老板只不过为出口恶气。放心，绝不至于让你惹上什么官司的。一万。一万元怎么样，或者你出个价？”我说：“小姐，滚你妈的蛋！也滚你们老板他妈的蛋！”无绳电话，医生在按摩，客人坐得离我那么近，女郎的声音那么尖——我听到的，医生和客人都听到了。我因居然有这种电话打到家里而无地自容。我们可对它们的存在说些什么好呢？

9. 论“苦行文化”之流弊

理念好比粘在树叶上的蝶的蛹——要么生出美丽，要么变出毛虫。

不知从什么时候开始，从报刊上繁衍着一种荒唐又荒谬的文化意识，我把它叫作“苦行文化”的意识。

其特征是——宣扬文化人及一切文艺家人生苦难的价值，并装出很虔诚很动情的样子，推行对那一种苦难的崇拜与顶礼。

曹雪芹一生只写了一部《红楼梦》，而且后来几乎是在贫病交加，终日以冻高粱米饭团充饥的情况之下完成传世名作的。

在我看来，这是很值得同情的。我一向确信，倘曹雪芹的命运好一些，比如有条件讲究一点饮食营养的话，那么他也许会多活十年。那么也许除了《红楼梦》，他还将为后世再多留下些文化遗产……

有些人可不是这么看问题。他们似乎认为——贫病交加和冻高粱米饭团构成的人生，肯定与世界名著之间有着某种意义重大的、必然的联系。似乎，非此等人生，便断难有经典之作……

仿佛，曹雪芹的命，既祭了文学，那苦难就不但不必同情，简直还神圣得很了。

对于梵高，他们也是这么看的。

还有八大山人……

还有瞎子阿炳……

还有古今中外许许多多命运悲惨凄苦的文化人和文艺家……

仿佛，中国文化和文艺的遗憾，甚至惟一的遗憾仅仅在于——中国再也不产生以自己的命祭文化和艺术，并且虽苦难犹觉荣幸之至犹觉神圣之至的人物了！

这真是一种冷酷得近乎可怕的理念，也无疑是一种病态的逻辑意识。好比这样的情形——风雪之日一名工匠缩在别人的洞里一边咳血一边创作，足旁行乞的破碗且是空的，而他们看见了却眉飞色舞地赞曰："好动人哟！好伟大哟！伟大的艺术从来都是这么产生的！"要是有谁生了恻隐之心欲开门纳之，暖以衣袍，待以茶饭，我想象，他们可能还会赶紧地大加阻止，斥曰："嘟！这是干什么？尔等打算破坏真艺术的产生么?!"

如果谁周围有这样的人士，那么请观察他们吧！于是将会发现，其实他们的言论和他们自己的人生哲学是根本相反的——他们不但绝不肯为了什么文化和文艺去蹈任何的小苦难，而且，连一丁点儿小委屈小丧失都是不肯承受的。

但他们却总是企图不遗余力地向世人证明他们的文化理念的纯洁和至高无上。证明的方式几乎永远是礼赞别的文化人和艺术家的苦难。似乎通过这一种礼赞，宣言了他们自己正实践着的一种文化和艺术的境界。而我们当然已经看透，这是他们赖以存在，并且力争存在得很滋润很优越的招数。我想，文化人和艺术家自身命运的苦难，与成就伟大的文化和伟大的艺术之间的关系，虽然有时是直接的，但并非逻辑上必然的。鲁迅先生曾说过——“文章憎命达”。当然这话也未必始于鲁迅之口，而是引用了前人的话。

这是有一定道理的。如果一个人生来有福过着王公般的生活，那么创作的冲动和刻苦，就将被富贵的日子溶解了。例外是有的，但是大抵如此。

鲁迅先生在一篇小品文中也传达过这样的观点——倘人生过于不济，天才便会被苦难毁灭。不要说什么大苦大难了，就是要写好一篇短文，一般人毕竟尚需一二小时的安静。倘谁一边在写着，一边耳闻床上的孩子饥啼，老婆一边不停地让他抬脚，并一棵接一棵往他的写字桌下码白菜，那么他的短文是什么货色可想而知……

全世界一切与苦难有关的优秀的文学和艺术，优秀之点首先不在产生于苦难，而在忠实地记录了时代的苦难。纳粹集中营里根本不会产生任何文学和艺术，尽管那苦难是登峰造极的。记录只能是后来的事。“文革”十年，中国之文学和艺术几乎一片空白，不是由于当年的文学家和艺术家都幸福得不愿创作了，而是恰恰相反。

这么一想，真是心疼曹雪芹，心痛梵高，心痛八大山人和瞎子阿炳们啊……

在他们所处的时代，倘有文化人和艺术家的人生救济基金会存在着的话，那多好啊！

还有伟大的贝多芬，我们人类真是对不起这位千古不朽的大师啊！他晚年的命运竟那么的凄惨，我们今人在富丽堂皇的场所无偿地演奏大师的乐章，无偿地将他的命运搬上银幕，无偿地将他的乐章制成音带和音碟，并且大赚其钱时，如果我们居然还连他的苦难也一并欣赏，我们当代人多么的不是玩意儿呢?!

“苦行文化”的意识，是企图将文化和艺术用某种崇敬意识加以异化的意识。而这其实是比文化和艺术的商业化更有害的意识。

因为，后者只不过使文化和艺术泡沫化。成堆成堆的泡沫热热闹闹地涌现又破灭之后，总会多少留下些“实在之物”；而前者，却企图规定文化人和艺术家的人生应该是怎样的，不应该是怎样的，并且误导世人，文化人和艺术家的苦难，似乎比他们留给世人的文化遗产和艺术经典更美！起码，同样的美……

不，不是这样的。文化人和艺术家的苦难，从来不是文化和艺术必须要求他们的，也和一切世人的苦难一样，首先是人类不幸的一部分。

我这么认为……

10. 中国“尼采综合征”批判

二十世纪八十年代之初，一个幽灵悄悄潜入中国。最先是学理的现象，后来是出版的现象，再后来是校园的现象，再再后来是食洋不化的盲目的思想追随乃至思想崇拜现象——并且，终于的，相互浸润混淆，推波助澜，呈现为实难分清归类的文化状态。

因而，从当时的中国学界，到大学校园，甚至，到某些高中生初中生们，言必谈尼采者众，似乎皆以不读尼采为耻。

是的，那一个幽灵，便是尼采的幽灵。“思想巨人”、“上一个世纪最伟大的哲学家”、“大师”、“悲剧哲学家”、“站在人类思想山峰上的思想家”、“存在主义之父”、“诗性哲学之父”……

中国人曾将一切能想得到的精神桂冠戴在尼采幽灵的头上。刚刚与“造神”历史告别的中国人，几乎是那么习以为常地又恭迎着一位“洋神”了。

时至今日我也分不大清，哪些赞誉是源于真诚，而哪些推崇只不过是出版业的炒作惯伎。

然而我对中国学界在八十年代之初“引进”尼采是持肯定态度的。因为在渴望思想解放的激情还没有彻底溶化“个人迷信”的坚冰的情况下，尼采是一剂猛药。

尼采“哲学”的最锐利的部分，乃在于对几乎一切崇拜一切神圣的凶猛而痛快的颠覆。所以尼采的中国“思想之旅”又几乎可说是适逢其时的。

十几年过去了，我的眼看到了一个真相，那就是——当年的“尼采疟疾”，在中国留下了几种思想方面的后遗症。如结核病在肺叶上形成黑斑，如肝炎使肝脏出现疤癞。

这是我忽然想说说尼采的动机。

在哲学方面，我连小学三年级的水平都达不到。但是我想，也许这并不妨碍我指出几点被中国的“尼采迷”们“疏忽”了的事实：

尼采在西方从来不曾像在中国一样被推崇到“热发昏”的程度。

“存在主义的演讲过程中，尼采占着中心席位：如果没有尼采，那么雅斯培、海德格尔和隆特是不可思议的，并且，加缪的《西西弗斯的神话》的结论，听来也像是尼采的遥远的回音。”

这几乎是一切盛赞尼采的中国人写的书中，一而再，再而三地引用过的话——普林斯顿大学考夫曼教授的话。

然而有一点我们的知识者同胞们似乎成心地知而不谈——存在主义也不过就是哲学诸多主义中的一种主义而已，并非什么哲学的最伟大的思想成果。占着它的“中心席位”，并不能顺理成章地遂成“思想天才”或“巨人”。

又，尼采两次爱情均告失败，心灵受伤，终生未娶；英年早逝，逝前贫病交加，完全不被他所处的时代理解，尤其不被德国知识界理解。这种命运，使他如同思想者中的梵高。此点最能引起中国学界和知识者的同情。其同情有同病相怜的成分。每导致中国学界人士及知识分子群体，在学理讨论和对知识者思想者的评述方面，过分热忱地以太浓的情感色彩包装客观的评价。

这在目前仍是一种流行的通病。

“上帝”不是被尼采的思想子弹“击毙”的。在尼采所处的时代，“上帝”已然在普遍之人们的心里渐渐地寿终正寝了。

尼采只不过指出了这一事实。

在西方，没有任何一位可敬的哲学家认为是尼采“杀死”了人类的“上帝”。只不过尼采自已那样认为那样觉得罢了。

而指出上帝“死”了这一事实，与在上帝无比强大的时候宣告上帝并不存在，甚或以思想武器“行刺”上帝，是意义决然不同的。尼采并没有遭到宗教法庭的任何敌视或判决，再清楚不过地说明了二者的截然不同。

上帝是在人类文明的进程中自然“老”死的。

关于尼采的断想

好在尼采的著述并非多么的浩瀚。任何人只要想读，几天就可以读完。十天内细读两遍也不成问题。他的理论也不是多么晦涩玄奥的那一种。与他以前的一般哲学家们的哲学著述相比，理解起来绝不吃力。对于他深恶痛绝些什么，主张什么，一读之下，便不难明了七八分的。

我还是比较地能接受尼采是近代世界哲学史上的一位哲学家这一说法的。但——他对“哲学”二字并无什么切实的贡献。这样的哲学家全世界很多。名字聒耳的不是最好的。

尼采自诩是一位“悲剧哲学家”。

他在他的自传《看，这个人》中，声称“我是第一个悲剧哲学家”，大有前无古人的意思。

这我也一并接受。尽管我对“悲剧哲学家”百思不得其解。好比已承认一个人是演员，至于他声称自己是本色演员还是性格演员，对我则不怎么重要了。

在中国知识界第一次提到尼采之名的是梁启超，而且是与马克思之名同时第一次提到的。这是一九〇二年，尼采死后第二年的事。

梁氏认为，马克思的社会主义和尼采的个人主义，是当时德国“最占势力的两大思想”。

再二年后，王国维在《叔本华和尼采》一文中，亦对尼采倍加推崇，所予颂词，令人肃然。如：“以强烈之意见而辅之以极伟大之智力，高瞻远瞩于精神界”，并讴歌尼采的“工作”在于“破坏旧文化而创造新文化”。

又三年后鲁迅也撰文推崇尼采。

“向旧有之文明，而加之抨击扫荡焉”；“然其为将来新思想之朕兆，亦新生活之先驱”。一向以文化批判社会批判为己任的鲁迅，对尼采所予的推崇，在其一生的文字中几乎是独一无二的。可谓“英雄所见略同”，一东一西，各自为战却不谋而合。

到一九一五年，陈独秀在《新青年》创刊号上发表文章，再次向中国青年知识分子“引荐”尼采，那正是中国新文化运动兴起之时，需要从西方借来一面思想解放的旗帜。比之于马克思的社会主义，尼采的个人主义更合那时中国青年知识分子的胃口，也更见容于当局。倘若中国的知识分子特别喜欢鼓吹文化的运动，而又能自觉谨慎地将文化运动限定在文化的半径内进行，中国的一概当局，向来是颇愿表现出宽谅的开明的。因为文化的运动，不过是新旧文化势力，这种那种文化帮派之间的混战和厮杀。即使“人仰马翻”，对于统治却是安全的。对于文化人，也不至于有真的凶险。

而一个事实是，无论尼采在世的时候，还是从他死后的一九〇〇年到一九一五年中国新文化运动兴起之时，其在德国、法国，扩而论之在整个欧洲所获的评价，远不及在中国所获的评价那么神圣和光荣。事实上从他的《查拉图斯特拉如是说》问世到他病逝，其在西方哲学史上一直是一个争议不休的人物。只有在中国，才由最优秀的大知识分子们一次次交口称赞并隆重推出。这是为什么呢？

关于中国知识分子的角色想象

中国之封建统治的历史，比大日耳曼帝国之形成并延续其统治的历史要悠久得多。在“五四”前，中国是没有“知识分子”一词的。有的只不过是类似的译词，“智识分子”便是。正如马克思曾被译为“麦喀士”、尼采曾被译为“尼全埃”。

早期中国文人即早期中国知识分子。

早期中国文人对自身作为的最高愿望是“服官政”。而“服官政”的顶尖级别是“相”，位如一国之总理。倘官运不通，于是沦为“布衣”。倘虽已沦为“布衣”，而仍偏要追求作为，那么只有充当“士”这一社会角色了。反之，曰“隐士”。“士”与“隐士”，在中国，一向是相互大不以为然的两类文人。至近代，亦然。至当代，亦亦然。“士”们批评“隐士”们的全无时代使命感，以

"隐"作消极逃遁的体面的盾。或"假隐"，其实巴望着张显的时机到来。"隐士"们嘲讽"士"们的担当责任是堂·吉诃德式的自我表演。用时下流行的说法是"作秀"。或那句适用于任何人的话——"你以为你是谁?"无论"士"或"隐士"中，都曾涌现过最优秀的中国文人，也都有伪隐者和冒牌的"士"。

在当今，中国的文人型知识分子，依然喜欢两件事——或在客厅里悬挂一幅古代的"士"们的词联；或给自己的书房起一个"隐"的意味十足的名。但是当今之中国，其实已没有像那么回子事的"隐士"，正如已缺少真正意义上的"士"。

然而，毕竟的，我认为，新文化运动，是中国近代的"士"们的时代，不是"隐士"们获尊的时代。

中国的知识分子们，准切地说，中国的文人知识分子们，确乎地被封建王权、被封建王权所支持的封建文化压抑得太久也太苦闷了。他们深感靠一己们的思想的"锐"和"力"，实难一举划开几千年封建文化形成的质地绵紧的厚度。正如小鸡封在恐龙的坚硬蛋壳里，只从内部啄，是难以出生的。何况，那是一次中国的门户开放时代，普遍的中国知识分子，尤其中青年知识分子，急切希望思想的借鉴和精神的依傍。马克思的社会主义学说有煽动造反的嫌疑，何况当时以暴力推翻旧世界为己任的中国共产党还没成立。于是尼采著述中否定一切的文化批判主张，成为当时中国社会思想者们借来的一把利刃。由于他们是文化人，他们首先要推翻的，必然只能是文化压迫的"大山"。马克思与尼采的不同在于，马克思主义认为，更新了一种政权的性质，人类的新文化才有前提。马克思主义否定其以前的一切政权模式，但对文化却持尊重历史遗产的态度；尼采则认为，创造了一种新文化，则解决了人类的一切问题。

尼采的哲学，其成分一言以蔽之，不过是"文化至上"的哲学，或曰"唯文化论"的哲学。再进一步说，是"唯哲学论"的哲学，也是"唯尼采的哲学论"的哲学。

"借着这一本书（指他的《查拉图斯特拉如是说》)，我给予我的同类人一种为他们所获得的最大赠予。"

"这本书不但是世界上最傲慢的书，是真正属于高山空气的书—— 一切现象，人类都是躺在他足下一个难以估计的遥远地方——而且也是最深刻的书，是从真理的最深处诞生出来的；像一个取之不尽的源泉，任何盛器放下去无不满载而归的。”

语句的不连贯难道不像一名妄想症患者的嘟哝么？“我用十句话说出别人用一本书说出的东西，说出别人用一本书没说出的东西。”“这种东西（指他的书）只是给那些经过严格挑选的人的。能在这里做一个听者乃是无上的特权……”“我觉得，接受我著作中的一本书，那是一个人所能给予他自己的最高荣誉。”“能够了解那本书中的六句话（指《查拉图斯特拉如是说》）——也就是说，在生命中体验了它们，会把一个人提升到比‘现代’人类中的优智者所到达的更高的境界。”

以上是尼采对他的哲学的自我评价。在他一生的文字中，类似的，或比以上话语还令人瞠目结舌的强烈自恋式的自我评价比比皆是。而对于他自己，尼采是这么宣言的：“我允诺去完成的最后一件事是‘改良’人类。”“这个事实将我事业的伟大性和我同时代人的渺小性之间的悬殊，明显地表现出来了。”当我得以完整地阅读尼采，我不禁为那些我非常敬仰的，中国现代史中极为优秀的知识分子感到难堪。因为，我无论如何不能得出这样的结论——他们之所以优秀和值得后人敬仰，乃由于读懂了尼采的一本散文诗体的小册子中的六句话。我只能这么理解——中国历史上那一场新文化运动，需要一位外国的“战友”；正如中国后来的革命，需要一位外国的导师。于是自恋到极点的尼采，名字一次次出现在中国新文化运动的文论中。这其实是尼采的殊荣。尼采死前绝想不到这一点。如果他生前便获知了这一点，那么他也许不会是四十五岁才住进耶拿大学的精神病院，而一定会因为与中国“战友”们的精神的“交近”更早地住进去……

在中国，我以为，一位当代知识分子，无论其学问渊博到什么程度，无论其思想高深到什么境界，无论其精神的世界自以为纯洁超俗到多高的高处，一旦自恋起来，紧接着便会矮小。

关于鲁迅与尼采

排除别人不提，鲁迅确乎是将尼采视为果敢无畏地向旧文化冲锋陷阵的战士

（或用鲁迅习惯的说法，称为“斗士”、“猛士”）才推崇他的。

对比鲁迅的文字和尼采的文字中相似的某些话语，给人以很有意思的印象。尼采：“我根本上就是一个战士，攻击是我的本能。”“我的事业不是压服一般的对抗者，而是压服那些必须集中量、才智和豪气以对抗的人——也就是可以成为敌手的那些对抗者……成为敌人的对手，这是一个光荣决斗的第一条件。”“我只攻击那些胜利的东西——如果必要的话，我会等它们变成这样时才攻击它们。”“我只攻击那些我在攻击时找不到盟友的东西。”“我不是一个普通的人，我是炸药。”总而言之，尼采认为自己的“攻击”，是这个世界上惟一一种“超人”式的“攻击”。因而是他的“敌人”的自豪。鲁迅：“要有这样的一种战士——已不是蒙昧如非洲人而背着雪亮的毛瑟枪的；也并不疲惫如中国绿营兵而佩着盒子炮。他毫不乞灵于牛皮和铁的甲胄；他只有自己，拿着蛮人所用的，脱手一掷的投枪。”这样的战士将谁们视为“敌人”呢？“那些头上有各种旗帜，绣出各样好名称：慈善家，学者，文士，长者，青年，雅人，君子……头下有各样外套，绣出各式好花样：学问，道德，国粹，民意，逻辑，公义，东方文明……”“但他举起了投枪。”即使“敌人”们发誓其实自己有益无害或并无大害也不行。“他微笑着，偏侧一掷，却正中了他们的心窝。”纵使“敌人”们友好点头也不行。因为那战士“知道这点头就是敌人的武器，是杀人不见血的武器，许多战士都在此灭亡，正如炮弹一般，使猛士无所用其力”。于是战士一次次举起投枪。战士是一定要挑战那虚假的“太平”的。“但他举起了投枪！”那样的战士，他是“真的猛士，敢于直面惨淡的人生，敢于正视淋漓的鲜血”。鲁迅一生都在呼唤“这样的一种战士”，然而于他似乎终不可得。事实上“这样的一种战士”是要求太过苛刻的战士，因为几乎等于要求他视其以前的所有文化如粪土。因而鲁迅只有孤独而悲怆地，自己始终充当着这样的战士。他“于浩歌狂热之际中寒；于天上看见深渊。于一切眼中看见无所有；于无所希望中得救”。他想到自己的死并确信：“待我成尘时，你将见我的微笑。”这都由于鲁迅对他所处的时代深恶痛绝。而那一个时代，也确乎地腐朽到了如是田地。然而尼采真的是鲁迅所期望诞生的那一种战士么？今天倘我们细细研读尼采，便会发现，写过一篇杂文提醒世人不要“看错了人”的鲁迅，自己也难免有看错了人的时候。鲁迅认为他以前的中国文化只不过是“瞒和骗”的文化，认为他所处的那个时代的文化，只不过是“瞒和骗”的继续，认为中国五千年文化的真相，只不过是“吃人”二字。鲁迅要从精神上唤醒的是自己的同胞。尼采要从人性上“改良”的是全人类。尼采认为在他以前，地球上的人类除少数智者，其余一概虚伪而又卑鄙，根本无可救药地活着。因而慈悲者、说教者、道德家、知名的智者、学者、诗人，乃至贱氓（即穷愁而麻木的芸芸众生），一概都是不获他的“改良”，便该从地球上彻底消灭干净的东西。纵然少数他认为还算配活在地球上的人，也应接受一番他的思想（或曰哲学）的洗礼。

他惟一抱好感的是士兵。真正参与战争的士兵。他鼓励一切士兵都要成为他理想之中的战士：“你们当得这样，你们的眼睛永远追求一个仇敌——你们的仇敌。你们中有许多人且要一见面就起憎恨。”“你们要寻找你们的仇敌，你们要挑动你们的战争。”“你们当爱和平，以和平为对于新的战争的手段——并爱短期的和平甚于爱长期的和平。”这句话的另一种说法是——为了发动更大的战争你们需有短暂的和平时期储备你们再战的锐气。“战争和勇敢比博爱做着更伟大的事情。”“你们问：‘什么是善？’——能勇敢便是善。”“你们必须骄傲你们能有仇敌。”“所以你们这样过着你们的服从和战斗的生活吧！长生算什么呢？战士谁愿受人怜惜？”所以，希特勒向墨索里尼祝寿时，以尼采文集之精装本作为礼物相赠也就毫不奇怪。

所以，第二次世界大战中，德军向士兵分发尼采那《查拉图斯特拉如是说》的小册子，命他们的士兵满怀着“比博爱做着更伟大的事情”的冷酷意志去征服别的国家和人民，也就毫不奇怪。

所以，当德国士兵那么灭绝人性地屠杀别国人尤其犹太人时，可以像进行日常工作一样不受良知的谴责。因为“查拉图斯特拉”说：“仇恨就是你们的工作。你们永远不要停止工作。”当然，法西斯主义的罪恶不能归于尼采。但，一种自称旨在“改良”人类的思想，或一种所谓哲学，竟被世界上最反动最恐怖的行为所利用，其本身的价值显然便是大打折扣了。鲁迅却又终究是与尼采不同的。鲁迅并不自视为中国人，更不自视为全人类的思想的上帝。鲁迅固然无怨无悔地做着与中国旧文化孤身奋战的战士，但他也不过就视自己是那样的一个战士而已。

并且，在很多时候，很多情况之下，他十分清醒地知道，自己却连那样的战士也不是的，只不过是这俗世间的一分子。鲁迅自己曾在一篇文字中这样形容自己："我有一种自害的脾气，是有时不免呐喊几声，想给人们去添点热闹。譬如一匹疲牛罢，明知不堪大用了，但废物何妨利用呢？所以张家要我耕一亩地，可以的；李家要我翻一弓田，可以的；赵家要我在他店前站一刻，在我背上贴出广告道：敝店备有肥牛，出售上等消毒牛乳。我虽深知自己是怎样瘦，又是公的，并没有乳；然而想到他们为张罗生意起见，情有可原。只要出售的不是毒药，也就不说什么了。但倘若用得我太苦，是不行的，我还要自己觅草吃，要喘气的工夫；要专指我为某家的牛，将我关在他的牛牢内，也是不行的，我有时也许还要给别家挨几转磨。如果连肉都要出卖，那自然更不行。理由自明，无须细说……"

鲁迅这一种自知之明，与尼采的病态的狂妄自大，截然相反。鲁迅有很自谦的一面。尼采则完全没有。非但没有，尼采甚而认为自谦是被异化了的道德，奴性的道德。他那一种狂妄自大才是人性真和美的体现。鲁迅是时常自省的。尼采则认为自省之于人也是虚伪丑陋的。仿佛，因为他拒绝自省，所以他才成为世界上独一无二的精神完人。并且一再地声明自己的身体也是健康强壮的。所以他，只有他，才有资格这样写书：《我为什么这样智慧》、《我为什么这样聪明》、《我为什么会写出如此优越的书》，我的书是——"一部给一切人看而无人能看懂的书"……

鲁迅是悲悯大众的。尼采不但蔑视大众，并简直可以说仇视大众。他叫他们为"贱氓"。他说："生命是一派快乐之源泉；但贱氓所饮的地方，一切泉水都中毒了。"他说："许多人逃避开某地即是要逃避了贱氓；他憎恨和他们分享泉水，火焰和果实。"

他说："许多人走到了沙漠而宁愿与猛兽一同感到干渴，只是因为不愿同污脏的赶骆驼的人坐在水槽的旁边。"他甚至无法容忍"贱氓"也有精神。"当我看出了贱氓也有精神，我即常常倦怠了精神。""我的弟兄们，我觅到它了！这里在最高迈的高处，快乐之泉为我而迸涌！这里生命之杯没有一个贱氓和我共饮！""真的，我们这里没有预备不净者的住处！我们的快乐当是他们的肉体与精神的冰窖！”即使今天，读着这样的文字，如果谁是“贱氓”中的一员，或仅仅是体恤他们的人，都不禁会内心战栗的吧？我感到这仿佛是以日耳曼民族的血统为世界上最高贵的血统的纳粹军官在大喊大叫。

尼采若是中国人，尼采若活在鲁迅的时代；或反过来说，鲁迅若能像我们今人一样得以全面地“拜读”尼采，那么，我想——尼采将是鲁迅的一个死敌吧？怎么可能不是?！鲁迅对尼采的推崇——一个由于不全面的了解而“看错了人”的历史误会。一位深刻的中国思想者对一个思想花里胡哨虚张声势的“德国病人”的过分的抬举。

鲁迅是一次中国严重的时代危机的报警者。而尼采则不过是一种德国的精神危机爆发之后形成的新型病毒。

关于尼采的“超人”哲学

在尼采杂乱无章的、以热病般的亢奋状况所进行的思想或曰他的哲学妄语中，“超人”乃是他彻底否定一切前提之下创造出来的一种“东西”。用尼采自己的话说——他们是“高迈的人”，“最高的高人”。尼采自己则似乎是他们的“精神之父”。

“超人”究竟是怎样的人？

迄今为止，一切研究尼采的人，都不能得出结论。

因为尼采一切关于他的“超人”的文字，都未提供得出任何较为明晰的结论的根据。

他不无愤怒地反对人们将他的“超人”与迄今为止世界上存在过的这一种人或那一种人相提并论。哪怕那是些堪称伟大的人，尼采也还是感到倘与他的“超人”混为一谈，是对他可爱而高贵的“超人”孩子们的侮辱。

故我们只能认为那是迄今为止在地球上不曾出现过的人，是仅仅受精在尼采思想子宫里的人。既然业已受精成胎了，那么尼采自己是否能说明白他们的形态呢？尼采自己也从没说明白过。他只强调“超人”非是这种人，非是那种人；他似乎极清楚他的“超人”们究竟是什么样的一种人类，但就是不告诉世人。因为世人不是卑鄙虚伪的人，便是该被咒死光光的贱氓。“超人就是大地的意义。”尼采如是说。“他就是大海。”尼采如是说。“诚然，人类是条污秽的湍流。一个人必须成为一个大海，可以容纳污秽的湍流而不失其洁净。”这话也说得极好。“人是要超越自身的某种东西……一切生存者都能从他们自身的种类中创造出较优越的来。”这个道理也是极对的道理，但并非尼采发现的道理，几千年以前的稍有思想的人便懂得这个道理了。“上帝死了！——现在，是该由高人来支配世界的时候了！”然而这一句话却是令人惊悸的了。原来否定了一个上帝只为制造另一个上帝。这“上帝”如是呐喊：“你们更渺小了，你们渺小了的人民哟！你们破碎吧，你们舒服的人们！时候到了，你们将毁灭了！”“毁灭于你们的渺小的道德，毁灭于你们的渺小的怠慢（对尼采的哲学及尼采的‘超人’孩子们的怠慢），毁灭于你们的乐天安命！”

这个上帝比“死了”的上帝更加严厉，“他”连渺小的人民乐天安命的渺小的权利都将予以毁灭予以剥夺。“不久他们将变成干草和枯枝！”“那一时刻就要到了，它已逼近了，那伟大的日午！”读来不禁使人毛骨悚然。尼采赋予他的“超人”们两种“性格”——优种的傲慢和征服者的勇猛。这两种性格也是尼采极其自我欣赏的“性格”。后来它们成为从将军到士兵的一切纳粹军人的集体精神，体现于纳粹军队的军旗、军服、军礼、军规、军犬乃至作战方式……

尼采生前，所谓尼采哲学在德国并不曾被认真对待；尼采死后的三十年间，他的思想渐在德国弥漫；又十年后，希特勒发动第二次世界大战，人们从纳粹军国主义分子们不可一世的“精神气质”中，能很容易地发现尼采“超人”哲学的附魂。

细分析之，“超人”哲学是反众生反人类的哲学，是比任何一种反动宗教还反动的哲学。因为宗教只不过从德行上驯化世人，而“超人”哲学咒一切非是“超人”的众生该下地狱。它直接所咒的是众生普遍又普通的生存权。

太将尼采当成一回事儿的中国人（而且在这个世界上几乎只有中国人才这样），定会以尼采所谓“超人”哲学中那些用特别亢奋的散文诗句所表述的“精神”上“纯洁”自身的炽愿，当成某种正面的思想境界来肯定和颂扬。但是此种代之辩解的立场是极不牢靠的。

因为一个问题是——如果某人不能成为那种精神上“高迈”的“最高的高人”将如何？那么他还配是一个人么？答案是肯定的——不配！那么他便是虚伪卑鄙之徒，是贱氓，或有知识的行为文明的贱氓。甚而，简直是禽兽不如的虫豸！倘他们竟敢与“最高的高人”们共享某一食物，那么那食物“便会烧焦了他们的嘴”，仿佛“他们吞食了火了”。更甚而，“最高的高人”于是便有权“将自己的脚踏入他们的嘴里”。

但“最高的高人”们的“精神”所达到的“纯洁”的高度又是怎样的一种高度呢？

“在最高迈的高峰的夏天，在清冷的流泉和可祝福的宁静之中——这是我们的高处，是我们的家——在将来的树枝之上，我们建筑我们的巢；鹰们的利喙当为我们孤独的人们带来食物！”“如同罡风一样，我们生活在他们上面！”“并以我们的精神夺去了他们精神的呼吸！”总之是坚决地不食人间烟火，亦不近人间烟火。而且，坚决地仇视人间烟火。“最高的高人”们的居处已是如此的“高迈”，食物又是那样的稀异，他们的“精神”上的“纯洁”程度高到何种境界，也就难以想象了。自从有人类以来，有几个人能修成为那样的人？替尼采辩解的人们难道是么？若并不是，便先已是虫豸了！便先已该被“最高的高人”们“将脚踏入他们嘴里”了！尼采自己难道就是么？其实也断断不是。因为他活着的时候，几乎没有停止过的一种怨恨就是——世人首先是他的国人对他的哲学的不重视。足见他又是多么地在乎凡人和贱氓们对他的感觉了。尼采在这个世界上一生只找到了一个知音，便是丹麦人莱德斯博士——因为后者在自己国家的大学里开讲“尼采哲学”……“超人”哲学——一种源于主宰人类精神的野心，通常每在知识者中形成瘟疫的思想疾病。疗药——对症大力倡导“普通人”的哲学。

关于尼采与红卫兵

将尼采与中国“文革”中的红卫兵联系起来，表面看似乎太牵强附会。然而这一种联系起来的思考，对中国是有意义也是有必要的。

事实上，抗日战争爆发以后，亦即一九三七年到一九四五年间，中国文化界便无人再鼓吹尼采。

国家将亡，民族将沦为奴族，谁还来谈怎样成为“最高的高人”呢？当“华人与狗不准入内”的牌子竖在自己国家的城市里，华人集体的人格尊严和个性解放，又能张显到哪里去呢？

事实上，一九四九年以后，在中国几乎听不到尼采的名字了。“文革”中的红卫兵，无论是中学的，高中的，还是大学的红卫兵，大约百分之九十九以上不知尼采其人。但是，红卫兵的理念、意志、表述思想的语言以及口号，与尼采是多么的相似啊！首先在彻底否定一切这一点上，两者是空前一致的。尼采认为——他以前的世界已经彻底地朽烂了，而且“散发着难闻的恶臭”——这又很容易使人联想到列宁评说资产阶级“僵尸”的话，但列宁显然是不屑于“利用”尼采的吧？红卫兵认为——在自己们以前的中国，刚刚变成了“红色”的，却又由“红色”完全变成了“黑色”的。尼采要从文化上对他以前的世界进行彻底的清算。红卫兵也要对中国那样。尼采蔑视他以前的一概道德标准——文化遗产和价值判断的原则。红卫兵亦如此。尼采要由自己“改良”人类。红卫兵也同样“允诺”进行如此“伟大的事业”，虽然不曾有人拜托。尼采认为自己是精神上的“最洁”者。红卫兵认为自己们是政治上的“最纯”者。尼采在精神上“惟我独尊”。红卫兵在阶级立场上也“惟我独革”。尼采极为骄傲于他血液里的一种元素——勇猛！“勇猛就是击杀！每一次击杀伴随着一次凯旋！”红卫兵也是勇猛的。每一次勇猛的行动都伴随着破坏和鲜血。“我总是想要将一只脚踏进他们（指贱氓）的嘴里！”尼采这么说，红卫兵几乎这么做。倘谁真的能将脚踏入别人们的嘴里的话。

“我的热烈的意志，重新迫使我走向人类；如铁锤之于石块。”“同胞们，石块中卧着一个影像，我意象中的影像！呀！它卧在最坚固，最丑陋的石块中！“于是我的铁锤猛烈地敲击他的囚牢，石块中飞起碎片。”“我要完成它，因为一个影像向我移来了！“美丽的超人向我移来了，呀！同胞们……”尼采如是说。“红卫兵战友们，让我们高举起红色的铁锤，将旧世界砸它个落花流水！让我们砸出的火星汇成一片片新世界的曙光！让我们彻底砸烂旧世界，砸出一个红彤彤的新世界！……”红卫兵在“文革”中每振臂作如此大呼。尼采强烈反对说教，但是他一再说教世人要不断地“超越自我”。他所授的方法是“自我刷洗”。红卫兵“超越自我”之方法是“灵魂深处爆发革命”、“狠斗私字一闪念”。……两者之间惊人的相似那么多，那么多。而最相似的一点是，尼采说：“现在，这个世界当由我们来支配的时候到了!”红卫兵们说：“我们来掌握中国命运的时候开始了!”尼采的话印在尼采的书中。红卫兵们的话，记载在当年的红卫兵小报中。尼采有精神“红卫兵”情结。红卫兵有“后尼采意志”。这一种相似证明了一种真相，即——在某些人类的本性中，潜伏着强烈的欲念，总是企图居于主宰、统治或用尼采的较温和的话来说是“支配”的欲念，它有时体现为反抗压迫的行动；有时驱使着的仅仅是取而代之的野心。

尼采以他著书立说的方式，淋漓尽致地调动和彰显了他本性中的这一欲念。“文革”以它号召“造反有理”的方式，轰轰烈烈地调动和彰显了红卫兵们本性中的这一欲念。

用尼采一篇文章的标题来说，即《人性的，太人性的》——之真相。

尼采哲学的一种真相。

关于尼采和中国知识精英

凡尼采思想的熔岩在中国流淌到的地方，无不形成一股股混杂着精神硫黄气味的尼采热。

“生长”于中国本土的几乎一切古典思想，以及后来支撑中国人国家信仰的社会主义思想，对于二十世纪八十年代初的中国大小知识分子们而言，已不再能真实地成为他们头脑所需的食粮。

中国人提出了一个渴望提高物质生存水平的口号——“将面包摆在中国人的餐桌上!”

面包者，洋主食也。在中国人看来，当时乃高级主食。

但中国知识分子们，在头脑所需之方面，表露同样的渴望，提出同样的口号。故一边按照从前所配给的精神食谱进行心有不甘的咀嚼，并佯装品咂出了全新滋味的样子；一边将目光向西方大小知识分子丰富的思想菜单上羡慕地瞥将过去。

如鲁迅当年因不闻文坛之“战叫”而倍感岑寂；中国那时的大小知识分子，无不因头脑的营养不良而“低血糖”。

正是在此种背景下，尼采“面包”来了，弗洛伊德“面包”来了。在大小中国知识分子眼里，它们是“精白粉面包”，似乎，还是夹了“奶油”的。

与水往低处流相反，“弗尼熔岩”是往中国知识结构高处流去的。

撇开弗氏不论，单说尼采——倘一名当时的大学生，居然不知尼采，那么他或她便枉为大学生了；倘一名硕士生或博士生在别人热烈地谈论尼采时自己不能发表一两点见解以证明自己是读过一些尼采的，那么简直等于承认自己落伍了。如果一位大学里的讲师、副教授、教授乃至导师，关于尼采和学生之间毫无交流，哪怕是非共同语言的交流，那么仿佛他的知识结构在学生和弟子心目中肯定大成问题了。

这乃是一种中国特色的，知识分子们的知识“追星”现象，或曰“赶时髦”现象。虽不见得是怎么普遍的现象，却委实是相当特别的现象。此现象在文科类大学里，在文化型大小知识分子之间，遂成景观。在哲学、文学、文化艺术、社会学乃至人的价值取向和道德观诸方面，尼采的思想水银珠子，闪烁着迷人的光而无孔不入。

但是尼采的思想或曰尼采的哲学，真的那么包罗万象吗？

台湾有位诗人叫羊令野。他写过一首很凄美的咏落叶的诗，首句是：

> 我是裸着脉络来的，
> 唱着最后一首秋歌的，
> 捧着一掌血的落叶啊，
> 我将归向我最初萌芽的土地……

普遍的中国大小知识分子，其思想貌状，如诗所咏之落叶。好比剥去了皮肤，裸露着全部的神经，或裸露着全部的神经出国去感受世界，或裸露着全部的神经在本土拥抱外来的“圣哲”。每一次感受，每一次拥抱，都引起剧烈的抽搐般的亢奋——“痛并快乐着”。

当时，对于中国大小知识分子影响之久，之广，之深，我以为无有在尼采之上者。而细分析起来，其影响又分为三个阶段。或反过来说，不少中国知识分子，藉尼采这张“西方皮”，进行了三次精神的或曰灵魂的蜕变。

第一阶段：能动性膨胀时期。主要从尼采那里，“拿来”一厢情愿的“改良”者的野心。区别只不过是，尼采要“改良”的是全世界的人类；而中国的知识分子们，尤其文人型知识分子们，恰恰由于文化方面的自卑心理，已惭愧于面对世界发言，而只企图“改良”同胞了。这其实不能不说乃是一种积极向上的愿望和姿态，但又注定了是力有不逮之事。因为连鲁迅想完成都未能完成的，连“新文化运动”和“五四”都未能达到之目的，当代知识分子们，也是难以接近那大志的。一国之民众是怎样的，首先取决于一国之国家性质是怎样的。所谓“道”不变，人亦不变。所以，在这一时期，“尼采”之“改良”的冲动体现于中国知识分子们身上，是比尼采那一堆堆散文诗体的呓语式的激情，更富浪漫色彩的。

尼采的浪漫式激情是“个人主义”的；而当时中国知识分子的浪漫式激情却有着“集体主义”的性质……

第二阶段：能动性退缩时期。由于“改良”民众力有不逮，“改良”国家又如纸上空谈，甚至进而变为清谈，最后仅仅变为一种连自己们也相互厌烦的习气。于是明智地退缩回对自己们具有“根据地”性质的领域，亦即“生长”于来自的领域。这当然只能退缩到文学、文化或所谓“学界”的领域。他们（某些知识分子）于是又恢复了如鱼得水的自信。

那时他们的口头禅是“话语权”。它并不是一种法律所要赋予人并保证于人的“话语”的正当权利。对于社会大众是否享有这样的权利他们其实是漠不关心的。他们所要争夺到的是以他们的话语为神圣话语的特权“制高点”。这使他们对于自己的同类某时缺少连当局亦有的宽容，经常显得粗暴，心理阴暗而又刁又痞。并且每每对同类使用“诛心战术”的伎俩，欲置于死地而后快。

尼采想象自己是一位新神，要用“锤”砸出一个由自己的意志“支配”的新世界。

红卫兵认为自己们是仅次于“最高统帅”的新权威，声称要“千钧霹雳开新宇”。

尼采想象自己是一股“罡风”，要将他以前的人类思想吹个一干二净。

红卫兵形容自己们是“东风”，要“万里东风扫残云”。

是的，他们既像尼采般自大，也像红卫兵般狂傲。甚而，有点儿像盖世太保。他们取代的野心退缩了一下，立刻又在如鱼得水的良好感觉之下膨胀起来。

他们的一个特征是，几乎从不进行原创文本的实践。因为以此方式争夺到他们的“话语权”未免太辛苦，而且缓慢。他们也根本不愿潜心于任何理论的钻研，因为他们所要的并非是什么理论的成果。他们看去似乎是批评家，但是他们的所谓批评一向充满攻击性的恶意。他们有时也为了需要“大树特树”他们眼里的“样板”。但是被他们所“树”者或已经死了，或已经沉寂。这时他们的姿态就如“最高的高人”指认出某些仅次于他们但高于众人的“高人”。对死者他们显出活着的沾沾自喜的优胜；对沉寂者他们显出“拯救”的意味。

他们的无论什么体裁的文本中，字里行间跳跃着尼采文本的自恋自赏式的主观妄想，有些文字，简直令人觉得就是从尼采文体中“偷”来的。“偷”来的自高自大，“偷”来的浮躁激情，“偷”来的浅薄“深刻”以及“偷”来的极为表演的“孤独”……

那是饱食了“尼采面包”而从他们精神的“胃”里嗝出的消化不良的思想嗳气。

其时他们的另一口头禅便是“精英”。这一词在报刊上的出现率，与后来的“浮躁”等量齐观。它在他们的文章和语感中，浸足了“我们精英”的意识汤汁。其方式每以圈点“精英”而自成“精英”。既然已是圈点“精英”之“精英”，其“话语特权”当然天经地义至高无上。于是文化思想界的“精英”，似乎与商企界的“经理”一样多起来了。如是“精英”们中的某些，一方面表演着思想的“独立”，一方面目瞟着官场。在他们那儿，其实“最高的高人”，便是最高的高官。一受青睐，其“独立”的思想，随即官化。他们有一种相当杰出的能力，哪怕仅仅揣摩透了官思想的只言片语，便如领悟了“真传”，于是附应，且仍能特别“精英”的模样……

然而后来有一种比他们所自我想象的那一种作用更巨大的作用，便是商业时代本身的能动性。后者以同样粗暴甚至以同样刁和痞的方式，在他们还没来得及取代什么的时候，取代没商量地取代了他们，连同他们所梦想的话语特权……

于是他们再也无处可以退缩，在最后的“根据地”萎缩了。

第三阶段——能动性萎缩时期。这一时期中国的“尼采弟子”们分化为两个极端相反的方面。他们中一部分人竟令人刮目相看地赶快去恭迎商业时代这一位“查拉图斯特拉”，并双膝齐跪捧吻“他”的袍裾，判若两人地做出他们曾一度所不齿的最最商业的勾当，从而证明了他们与尼采精神的本质的区别。因为尼采虽是狂妄自大的，但在精神上确乎是远离“商业游戏”的。

他们中的另一部分，却真的开始“回归”自我，在自己们的一隅精神世界里打坐修行。这一点足以证明他们原本就是具有某种精神追求标准的人。也足以证明他们先前的尼采式的社会角色，是发自内心的力图积极作为的一种知识分子的良好愿望，而非哗众取宠装腔作势的虚假姿态。他们和前一类人从来就没一样过。尽管都曾聚在尼采思想的麾下。对于前一类人，尼采是一张“洋老虎”皮，披上了可使他们的狂妄自大和野心“看上去很美”；而对于他们，尼采是当时从西方飘来的惟一一团新思想的积雨云，他们希望能与之摩擦，产生中国上空的雷电，下一场对中国有益的思想的大雨。只不过尼采这一团云，并不真的具有他们所以为的那么强大的电荷……

他们无奈的精神的自我架篱自我幽禁，分明的乃是中国当代某一类思想型知识分子心理的失落、失望和悲观。

尼采那种仿佛具有无边无际的自我扩张力的思想，在中国进行了一番贵宾式的巡礼之后，吸收了中国思想天空的潮度，湿嗒嗒地坠于中国当代某一类思想型知识分子的精神山头，在那儿凝成了与尼采思想恰恰相反的东西——一种中国特色的可称之为“后道家思想”的东西。一种“出世”选择与不甘心态相混杂的东西……

以上三个阶段，即从自我能动性的膨胀到退缩到自我幽禁的过程，也是许多根本不曾亲和过尼采的中国当代大小知识分子的精神录像。

尼采思想乃是在特定的历史时期，知识分子头脑中随时会自行“生长”出来的一种思想。有时它是相对于社会的一剂猛药；有时它是相对于知识分子自身的一种遗传病。

关于尼采其人

在一八四四年，在德国，尼采相当幸运地诞生于一个较为富裕的家庭。这个家庭远离欧洲大陆的一切灾难、愁苦和贫困。他的生日恰巧是德国的国庆日。这个家庭使他从幼年至青年一直过着无忧无虑的幸福生活。

用尼采的话说："那就是我根本无须特别打算，只要有耐心，便可以自然而然地进入一个拥有更高尚和更优美事物的世界。在这个世界里，我可以自由自在地活着……"

尼采五岁丧父。

尼采感激并崇拜他的父亲——其父曾是四位公主的教师：汉诺威皇后、康斯坦丁女大公爵、奥登堡女大公爵、泰莱莎公主。她们都是德国最显贵的女人，当然的，他的父亲是一个极其忠于王朝的人。

尼采的"哲学"几乎嘲讽了从"贱氓"到学者到诗人的世上的一切人们，包括上帝，而惟独对于世上的皇族和王权现象讳莫如深。

尼采的祖先是波兰贵族。

但他对此出身并不完全满意。

尼采如是说："当我想到在旅行中，甚至波兰人自己也会常把我当作波兰人时，当我想到很少有人把我看作德国人时，我就感到好像我是属于那些只有一点点德国人味道的人。"

但他强调："一方面，我毫不费力地做一个'优良的欧洲人'；在另一方面，也许我比现代德国人——即帝国时代的德国人，更为像德国人。"

但他强调："不过，我的母亲在任何一方面，都是一个典型的德国人。我的祖母也是一样，她曾与歌德周围的人有过亲密的接触，经常出现在青年歌德日记里的'爱莫琴'即是她。"

毫无疑问，尼采纵然不是一个血统论者，也是极其看重出身、门第和血统的人。

故尼采认为："我可以第一眼就看出那些隐秘在许多人性深处看不见的污秽，

这种看不见的污秽可能是卑劣血统的结果。”

故尼采的“哲学”，充满了对有着“卑劣血统”的人，即“贱氓”们的鄙视。“贱氓”在尼采的“哲学”里，正是按“成分论”划分的人群，而非从其他意义上划分的人群。

尼采的成长备受呵护与关爱——他身旁一直围绕着惟恐他受了委屈的女人：母亲、祖母、两个姑姑和妹妹，在那样一个家庭里，对于一个丧父的男孩，那些女人们的呵护和关爱是多么无微不至多么甜腻可想而知。

这是尼采成年后反感女性的第一个心理原因。

一种餍足后的反感。

尼采有过两次恋情，失败后终生未婚。

第二位女性“外表看起来可爱又有教养”。

没有结成婚姻的原因，从尼采这方面讲是“她企图将一位思想天才玩弄于股掌之上”。

后来婚姻对尼采遂成为不太可能之事——因为他已开始多少被人认为“精神有问题”。而这基本上是一个事实。

尼采的反宗教，确切地说反“上帝”心理，乃因他曾在大学修习过神学。不少与他同时代的青年知识分子，恰恰是在真正系统化地接受过神学教诲而后来成为宗教文化的批判者的，比如曾是神学院学生的俄国的别林斯基。过分赞扬尼采否定“上帝”的勇气是夸大其词的。因为“上帝”于此之前差不多已经在世人心中“死了”，因为人类的历史已演进到了“上帝”该寿终正寝的时候了。

尼采是有教养的。他几乎能与周围任何人彬彬有礼地相处。当然，他周围的任何一个人都不会是一个“贱氓”。尼采是有才华的，他在古典语言学和文学见解方面的水平堪称一流。尼采的爱好是绝对优雅的——音乐和诗，而且品位极高，而且几乎成为他的头脑进行思想之余的精神依赖的爱好。

尼采是一个天生的思想者，是一个迷恋思想活动的人，甚至，可以说是一个思想狂。没有人能够说得清楚，究竟是“思想强迫症”使尼采后来精神分裂，还是潜伏期的精神病使尼采无法摆脱“思想强迫症”。

他的思想中最有价值的方面在我看来有两点：一，一切道德应该尊重并建立在承认人首先是自私的这一前提之下，而不是建立在想象人应该是多么无私的基础之上。二，这个世界发展的真相与其说是由争取平等驱动着的，毋宁说更是因为竞争——确乎，尼采以前的人类历史证明了这一点。但即使关于以上两点，也绝非尼采思想的“专利”。在他之前，东西方的哲学家们几乎无不论及此两点。比如罗素关于道德曾一语中的：“道德不应使对人快乐之事成为不快乐。”——言简意赅，说出了尼采絮絮叨叨说不清的人性真相。尼采的生活方式，是纯洁的——远避声色犬马。类似康德的那一种禁欲的生活方式，只不过比康德在乎对美食的享受。“我甚至在音乐和诗歌方面也早已显示出伟大的天才。”“我对自己有一种严厉清洁的态度是我生存的第一个条件。”“恐怕他们（指他的国人）很少会评断过关于我的事情……”“然后事实上很多年以来，我差不多把每一封我所接到的信，都看作一种嘲弄。”“在一种善意待我的态度中，比任何怨恨的态度中有更多的嘲弄意味……”“周围一片伪装……”以上文字，比比皆是地出现在尼采的自传《瞧，这个人》中。“尼采迷”们却便认为正是他狂得可爱和敏感得恨不能将其搂抱于怀大加抚慰的“鲜明的个性”之自我写照，然而世界上任何一位有责任心的精神病医生，都不会不从精神病学经验方面加以重视。

自恋、妄想、猜疑、神经质般的敏感——在今天，这些其实已成为早期诊断精神病的一种经验。因而有才华的尼采首先是不幸的，其次是值得悲悯的，再其次才是怎样看待他的“哲学”的问题……尼采又是孤独的。执迷地爱好思想的人，内心里是超常地孤独着的。头脑被妄想型精神病所侵害着的人，内心也都是超常地孤独着的。尼采的心不幸承受此两种孤独。诗人的气质，思想的睿智，思辨的才华，令人扼腕叹息地被精神病的侵害降低了它们结合起来所应达到的高质量。

在他那优美散文诗体的思想絮片之下，在他那些亢奋的、激情灼人的、浪漫四溢的“哲学”礼花的绚丽后面，我们分明看到的是人类一颗最傲慢的心怎样被孤独所蚀损。

在这一点上尼采使我们联想到梵高。尼采在无忧无虑的体面生活中，被“思想强迫症”逼向精神分裂；梵高在朝不保夕的落魄的生活中，被“艺术强迫症”逼向同样的命运。他们反而在那过程中证明了各自毕竟具有的才华，此乃人类的一种奇迹。

尼采的孤独又体现着一部分人类之人性的典型性——即在人类那部分既“文化”了又执迷于思想的知识分子们的内心里，上苍先天地播下了孤独的种子。他们的理念路线，常诱导他们去思想这样一个亘古命题——人生的要义究竟在哪里？

11. 沉思鲁迅

在阴霾的天穹上，凝聚着一团大而湿重的积雨云——我常想，这是否可比作鲁迅和他所处的时代的关系呢？那是腐朽到了糜烂程度而又极其动荡不安的时代。鲁迅企盼着有什么力量能一举劈开那阴霾，带给他自己也带给世人，尤其中国底层民众，又尤其许许多多迷惘、彷徨，被人生的无助和民族的不振所困扰，连呐喊几声都将招致凶视的青年以光明和希望。然而他敏锐的，善于深刻洞察的眼所见，除了腐朽和动荡不安，还是腐朽和动荡不安。更不可救药的腐朽和更鸡飞狗跳的动荡不安。

他环顾天穹，深觉自己是一团积雨云而孤独。他是他所处的时代特别嫌恶然而又必然产生的一个人物。正如他嫌恶着它一样。

于是他惟有以他自身所蕴含的电荷，与那仿佛密不可破的阴霾，亦即那混沌污浊的时代摩擦、冲撞。中外历史上，较少有一位文化人物，自身凝聚过那么强大的能量。对于中国，那能量超过了卢梭之对于法国。然而相对于他所处的时代，那也只不过是一种凄厉的文化的声音而已。他在阴霾的天穹上奔突着，疾驰着，迫切地寻找着或能撕碎它的缝隙。他发出闪电和雷鸣，既使那时代的神经紧张，也义无反顾地消耗着自己。既不能撕碎那阴霾，他有时便恨不得撕碎自己，但求化作多团的积雨云，通过积雨云与积雨云，也就是自身与自身的摩擦、冲撞，击出更长的闪电和更响的雷鸣……

这，是否便是中国近代文化史上的鲁迅呢？

鲁迅当然是文学的。

文学的鲁迅所留下给我们的文本，不是多得足以“合并同类项”的文本中的一种，而是分明地区别于同时代任何文本的一种。鲁迅的文学文本，是迄今为止最具个性的文本之标本。它使我们明白，文学的“个性化”意味着什么。鲁迅更其是文化的。

文化包括文学。所以鲁迅是很“大”的。倘仅以文学的尺丈量鲁迅，在某些人看来，也许鲁迅是不伦不类的；而我想，也许所用之尺小了点儿。

仅仅鲁迅一个人，便几乎构成着中国近代文学和文化史上不容忽视的一页了——那便是文化的良知与一个腐朽到糜烂程度的时代之间难以调和、难以共存的大矛盾。

倘中国近代文学和文化史上无此页，那么我们今人对它的困惑将不是少了，而是多了。文学体现于个人，有时只需要一张写字桌。文化体现于个人，有时只需要黑板和讲台。文学家和文化，有时只需要阴霾薄处的似有似无的微光的出现；有时仅满足于动荡与动荡之间的假幻的平安无事。

文学和文化处在压迫它的时代，那是也可以像吊兰一样，吊着活的。这其实不必非看成文学和文化的不争，也是可以换一个角度看成文学和文化的韧性的。

然而鲁迅要的不是那个。满足的也不是那个。倘是，中国便不曾有鲁迅了。鲁迅曾对他那时代的青年说过这样的话：第一是要生存；第二是要温饱；第三是要发展。其实在某些时代的某些情况之下，一切别的人们，所起码需要的并不有别于青年们。

鲁迅的激戾，乃因他每每的太过沮丧于与他同时代的文化人士，不能一致地、迫切地、义无反顾地想他所想，要他所要。因而他常显得缺乏理解，常以他的“投枪和匕首”伤及原本不愿与他为敌，甚至原本对他怀有敬意的人。

于是使我们今人不得不面对这样一个事实——战斗的鲁迅有时候也是偏执的鲁迅……在四月的春寒料峭的日子里，在沙尘暴一次次袭扑北京的日子里，在停了暖气家中阴冷的日子里，我又沉思着鲁迅了。事实上，近几年，我一再地沉思过鲁迅。

这乃因为，鲁迅在近几年的大陆文坛，不知怎么，非但每成热点话题，而且每成焦点话题了。

不知怎么？

不对了。

细细想来，对于鲁迅重新进行评说的文化动向的兴起，分明是必然的。有哪一位中国作家，在半个世纪之久的中国，尤其是在二十世纪八十年代以前的三十年里，其地位被牢牢地神圣地巩固在文化领域乃至社会思想理论领域甚至政治意识形态领域呢？除了鲁迅，还是鲁迅。在中国，在八十年代以前的三十年里，在以上三大领域，鲁迅实在是一个仅次于毛泽东的名字。而鲁迅的书，则是仅次于《毛泽东选集》的书。而鲁迅的言论，则是仅次于《毛主席语录》的言论。在"文革"中，鲁迅的言论被正面引用的次数，仅次于《毛主席语录》被引用的次数。《论资本家的"乏"走狗》这一篇杂文，曾被同仇敌忾地当成声讨"走资派"的"乏走狗"们的战斗檄文；《论"费厄泼赖"应当缓行》这一篇杂文，曾被红卫兵们视为毛泽东《将革命进行到底》的姊妹篇。不消说，在当年，"将革命进行到底"便是将"文革"进行到底。而确乎的，那时，除了《毛主席语录》，还有另一种同样是红色的"语录"本儿广为存传，即《鲁迅语录》……

我确信，倘鲁迅当年活在世上，肯定是不情愿的。倘不情愿而又无可奈何，那么他内心里肯定是痛苦的吧？其痛苦肯定大于他感到被曲解、误解、攻击和围剿的痛苦吧？在人类的历史长河中，某些著名的人物，生前或死后被当成别人们的盾别人们的矛的事是常有的。鲁迅也被不幸地当成过，不是鲁迅的不好，是时代的浅薄。"文革"不仅是疯狂的时代，而且是理性空前浅薄的时代。那样的一个时代的特征就是特别地需要可披作"虎皮"的大旗，鲁迅在死后而不是生前被当成那样的大旗，又未尝不是他的幸运……

又，鲁迅生前论敌甚多，这乃是由鲁迅生前所贯操的杂文文体决定了的。或曰造成的。杂文是议论文体。既议人，则该当被人所议。既一一议之，则该当被众人所议。纵然论事，也是难免议及于人的。于是每陷于笔战之境。以一当十的时候，便形成被"围剿"的局面。鲁迅的文笔尖刻老辣，每使被议者们感到下笔的"狠"。于是招致以眼还眼，以牙还牙。鲁迅是不惧怕笔战的。甚至也不惧怕孤家寡人独自“作战”，而且具有以一当十百战不殆的“作战”能力，故在当时的中国文坛，形象就很无畏。“东方不败”的一种形象。又因他在当时所主张的是“普罗文化”亦即“大众文化”，而“大众”在当年又被简单地理解成“无产阶级”，并且他确乎地为他的主张每每剑拔弩张，奋不顾身，所以后来受到毛泽东的高度评价，称颂之为“伟大的无产阶级文化的战士和旗手”。

有人对鲁迅另有一番似乎中性的客观的评价。那就是林语堂。

他曾写道：与其说鲁迅是文人，还莫如说鲁迅是斗士。所谓斗士，善斗者也。闲来无事，以石投狗，既中，亦乐。

大致是这么个意思。

林语堂曾与鲁迅交好过的。后来因一件与鲁迅有关与自己一点儿关系都没有的稿费争端之事，夫妇二人欣然充当斡旋劝和的角色，结果却说出了几句使鲁迅大为反感的话。鲁迅怫然，林语堂亦怫然，悻悻而去。鲁迅在日记中记录当时的情形是“相鄙皆见”四个字。

从某些人士的回忆录中我们知道，鲁迅其后几日心事重重，闷闷不乐。

鲁迅未必不因而失悔。

而林语堂关于“斗士”的文字，发表于鲁迅逝后，他对鲁迅曾是尊敬的。那件事之后他似乎收回了他的尊敬。而且，二人再也不曾见过。

林语堂不是一位尖刻的文人。然其比喻鲁迅为“斗士”的文字，横看竖看，显然地流露着尖刻。但若仅仅以为是百分之百的尖刻，又未免太将林语堂看小了。我每品味林氏的文字，总觉也是有几分替鲁迅感到的“何必”的意思在内的。而有了这一层意思在内，“斗士”之喻与其说是尖刻，莫如说是叹息了。起码，我们后人可以从文字中看出，在林语堂眼里，当时某些中国文坛上的人，不过是形形色色的“狗”，并不值得鲁迅怎样认真地对待的。如某些专靠辱骂鲁迅而造势出名者。那样的某些人，在世界各国各个时期的文坛上，是都曾生生灭灭地出现过的，是一点儿也不足为怪的。

鲁迅讨伐式或被迫迎战式的杂文，在其杂文总量中为数不少。比如仅仅与梁实秋之间的八年论战（与抗日战争的年头一样长），鲁迅便写下了百余篇长短文。鲁迅与论敌之间论战，有的发端于在当时相当严肃相当重大的文学观的分歧和对立。论战双方，都基于某种立场的坚持。都显出着各所坚持的文学的，以及由文学而引起的社会学方面的文人的或曰知识分子的责任感。有的摆放在今天的中国文坛上，仍有促使我们后代文学和文化人士继续讨论的现实意义。有的由于时代的演进，自行化解，自行统一，自行达成了共识，已无继续讨论，更无继续论战的现实意义。而有的论战的发端，即使摆放在当时来看，也不过便是文化人和知识分子之间的一向文坛常事。孰胜孰败，是没什么非见分晓的大必要的……

近当代的中国文学史，曾几乎以鲁迅为一条“红线”，进行了相当细致的梳理和相当彻底的删除。其结果是，一些与鲁迅同时代的文化人士和文化学者，从近现代的中国文学史上销声匿迹了。他们的书籍只有在极少极少的图书馆里才存有着。寻找到它们，是比敬职的道具员寻找到隔世纪的道具还难之事。有的文学史书虽也记载了当时中国文坛的风云种种，但也只不过是一笔带过的，仿佛铁板钉钉的结论。而且是纯粹政治性的、异化了文学内容的结论。致使我这一代人曾面对的文学和文化的史，一度是以残缺不全而充完整的。甚至可以说，那是一种史的“半虚无”现象……

然而我确信，鲁迅若活到了一九四九年以后，他是绝不会主张对他的论敌、准论敌，以及被他蔑斥的“第三种文人”实行一律封杀的。我读鲁迅，觉得他的心还是特别的人文主义的。并且确信，鲁迅是断不至于也将他文坛上的论敌们，视为不共戴天的仇敌，时刻欲置于死地而后快的。他虽写过《论“费厄泼赖”应当缓行》，那也不过是论战白热化时文人惯常的激烈。正如梁实秋当年虽也讽鲁迅为“一匹丧家的‘乏’牛”，但倘自己得势，有人主张千刀万剐该“牛”，甚或怂恿他亲自灭掉，梁实秋也是会感到侮辱自己的。

我近日所读关于鲁迅的书，便是华龄出版社出版的《鲁迅梁实秋论战实录》。正是这一本书，使我再次沉思鲁迅，并决定写这一篇文字。书中梁实秋夫妇与鲁迅孙子周令飞夫妇的台北合影，皆其乐融融，令人看了大觉欣然。往事作史，尘埃落定，当年的激烈严峻，现今竟都变得轻若绕岭游云了。我想，倘鲁迅泉下有知，必亦大觉欣然吧？

鲁、梁当年那一场持久论战，在我读来既是必然发生的“战役”，也未尝不是“剪辑错了的故事”。

鲁迅的经历，决定了他是一位深深入世，抛尽了一切出世念头，并且坚定不移地确定了自己入世使命的文化知识分子。

鲁迅书中曾有这样的话：

> 说从前好的，自己回去；
> 说现在好的，留在现在；
> 说将来好的，随我前去！

那与其说是豪迈的鼓呼，毋宁说更是孤傲的而又略带悲怆意味的个人声明——他与他所处的“现在”，是没什么共同语言的。他对社会、国家和民族的寄托，全在将来！而他的眼从“现在”的大面积的深而阔的伤口里，已看到正悄悄长出的新肌腱的肉芽！

曾有他的“敌人”们这样地公开暗示他的“赤”化；“然而偏偏只遗下了一种主义和一种政党没嘲笑过一个字，不但没有嘲笑，分明地还在从旁支持着它”。梁实秋在与鲁迅的论战中引用了那很阴险的文字，并在文中最后质问：“这‘一种主义’大概不是三民主义吧？这‘一种政党’大概不是国民党吧？”

这不能不说是比“资本家的‘乏’走狗”更狠的论战一招。因为这等于将鲁迅推到了国民党特务的枪口前示众。文人之间的意气用事，由此可见一斑。这一种文化现象，也是非常“中国特色”的。而且在后来的“文革”中登峰造极。此点与西方是不尽相同的。在西方，文人或文化知识分子虽也每每势不两立，但政治的嘴脸一旦介入其间，那是会适得其反的。论战的双方，要么有一方开始缄默，要么双方同时表达对政治干涉的反感。比如第二次世界大战前后的美国，一批知识分子同样被列入了亲苏的政治“黑名单”，但他们的某些文化立场上的“敌人”，也有转而替他们向当局提出抗议的……

今天，我们当代中国之文化人和文化知识分子，与其非要从鲁迅身上看清他原来也不过怎样怎样，还莫如以历史为镜，为鉴，照出我们自己之文化心理上的不那么文化的疤瘌。

当然，鲁迅斥梁实秋为“资本家的‘乏’走狗”，也是只图一时骂得痛快，直往墙角逼人。研读梁实秋与鲁迅的论战文字，谁都不难得出一个公正的结论，即梁实秋谈的是纯粹的文学和文化之事，如其在大学讲台上授课。二十四岁从美国哈佛大学文学院获得了硕士学位归国任教的梁实秋，当年显然是属于这样一类知识分子——只要垫平一张讲课桌由其讲授文学的课程，课堂以外之事是既不愿关心更不愿分心而为的。当年此类文化知识分子为数是不少的。《青春之歌》中的余永泽，身上便有着他们的影子。当然在持革命人生观的当年的青年们看来，那是很不足取的。其实，倘我们今人平静地来思考，却更应该从中发现这样一种人类普遍的生存规律，那就是——只要天下还没有彻底的大乱，甚或，虽则天下业已大乱，但凡还有乱中取静的可能，人类的多数总是会一如既往地做他们想做和一向做的事情的：小贩摆摊、游民流浪、瘾君子吸毒、妓女卖淫、工人上班、农夫下田、歌女卖唱、叫花子行乞、私塾先生教三字经百家姓千字文、大学教授备课授课、学子们孜孜以学……哪怕在集中营里，男人和女人也要用目光传达爱情；哪怕在前线的战壕里，有浪漫情怀的士兵，也会在冲锋号吹响之前默诵他曾喜欢过的某一首诗歌……梁实秋的"悠悠万事，惟文学为大"，正符合着人性的较普遍之规律。深刻如鲁迅者，认为是苟活着并快乐着。但是若换一种宽厚的角度看待之，未尝不也是人性的普遍性的体现。对于梁实秋的"文学经"的种种理论，鲁迅未必能全盘驳倒批臭。因为分明的，仅就文学的理论而言，梁实秋也在不遗余力地传播着他自美国接受的一整套体系，并且认为是他的使命和责任。正如鲁迅认为自己做"普罗文学"的主将和旗手是义不容辞之事。

如果说鲁迅倡导"普罗文学"，即"大众文学"，无论当时或现在都有积极的意义；那么他根本否定"第三种文人"也就是根本否定第三种文学和文化，亦即超阶级意识的文学和文化的存在价值，则是大错特错了。在此点上鲁迅其实是自相矛盾的。因为他甚至连对古代艳情禁毁小说都曾笔下留情，表现包容的一面。在此点上，他使本来尊敬他的某些人，后来也对他敬而远之了。而此点对新中国成立以后的中国文学和文化的负面影响之深远，当然是鲁迅所始料不及的吧？令我们今人重审鲁、梁之间当年的"持久战"，不能不替我们这一代人特别崇敬的鲁迅感到遗憾，甚至感到几分尴尬。

如果说梁实秋传播经典文学之所以成为经典的某些确是真知灼见的理论，尤其试图引西方的文学理论指导中国的文学实践，此念虔诚，并且是有功之举；那么他当年同时以极为不屑的态度嘲讽“大众文学”的弱苗是在今天也有必要反对的。按他当年的标准，《阿Q正传》、《骆驼祥子》、《祥林嫂》、《为奴隶的母亲》、《八月的乡村》等等简直就登不了文学的大雅之堂了。

而可以肯定的是，梁实秋现在会放弃他当年的错误的文学立场的。他比鲁迅幸运。因为他毕竟有矫正错误的机会。永远沉默了的鲁迅，却只有沉默地任后人重新评说他当年的深刻所难免的偏激和片面而已。正应了“文章千古事，落笔细思量”一句话。想想令我替文人们悲从中来……一位在自身所处的时代鱼缸里的鱼似的，游弋在文学的，而且是所谓高雅的那一种文学的理论中；一位在自身所处的时代，倍感周遭伪朽现实的混浊，以及对自己造成的窒息；一位在当年专以文学论文学；一位在当年借杂文而隐论国家，隐论民族。——根本是表象上“杀作一团”，实质上狭路撞着各不礼让的一场论战，是文学和文化在那个时代空前浮躁的一种现象。正如今天的文学和文化也受时代的影响难免浮躁。

俱往矣！

社会之所以不管怎样的病入膏肓，却毕竟地总还“活”着，乃因有人在不懈地做着对我们和我们的下一代极为必要之事；而时代之所以变革，则乃因有勇猛的摧枯拉朽者。

两者中都有值得我们钦佩的。鲁迅——旧中国阴霾天穹上，一团直至将自己的电荷耗尽为止的积雨云。鲁迅又如同星团，而别人们，在我看来，即或很亮过，也不过是星。星团大过于星……

••••第三章　呼唤人文教育

人文在高层面关乎到国家的公平、正义，在最朴素的层面，我个人觉得，人文不体现在学者的论文里，也不要把人文说得那么高级，不要让我没感觉到，“你不说我还听得清楚，你一说我反而听不明白了”。其实人文就在我们的寻常生活中，就在我们人和人的关系中，就在我们人性的质地中，就在我们心灵的细胞中，这些都是文化教养的结果，这也是我们学文化的原动力，而且是我们传播文化的一种使命。

1. 中国人文文化的现状

我先朗诵一首台湾诗人羊令野的《红叶赋》：

> 我是裸着脉络来的，
> 唱着最后一首秋歌的，
> 捧出一掌血的落叶啊。
> 我将归向我第一次萌芽的土。
> 风为什么萧萧瑟瑟，
> 雨为什么淅淅沥沥，
> 如此深沉的漂泊的夜啊，
> 欧阳修你怎么还没有赋个完呢？
> 我还是喜欢那位宫女写的诗，
> 御沟的水啊缓缓地流，
> 小小的一叶载满爱情的船，
> 一路低吟到你跟前。

现在是一个多元化的时代，对文学的理解也以多元为好，一个人过分强调自己所理解的文学理念的话，有时可能会显得迂腐，有时会显得过于理想主义，甚至有时会显得偏激。而且最主要的是我并不能判断我的文学理念，或者说我对文学现象的认识是否接近正确。人不是越老越自信，而是越老越不自信了。这让我想起数学家华罗庚举的一个例子，他说人对社会、对事物的认识，好比伸手到袋中，当摸出一只红色玻璃球的时候，你判断这只袋子里装有红色玻璃球，这是对的，然后你第二次、第三次连续摸出的都是红色玻璃球，你会下意识地产生一个结论：这袋子里装满了红色玻璃球。但是也许正在你产生这个意识的时候，你第四次再摸，摸出一只白色玻璃球，那时你就会纠正自己："啊，袋子里其实还有白色的玻璃球。"当你第五次摸时，你可能摸出的是木球，"这袋子里究竟装着什么？"你已经不敢轻易下结论了。

我们到大学里来主要是学知识的，其实"知识"这两个字是可以，而且应当分开来理解的。它包含着对事物和以往知识的知性和识性。知性是什么意思呢？只不过是知道了而已，甚至还是只知其一，不知其二。同学们从小学到中学到高中，所必须练的其实不过是知性的能力，知性的能力体现为老师把一些得出结论的知识抄在黑板上，告诉你那是应该记住的，学生把它抄在笔记本上，对自己说那是必然要考的。但是理科和文科有区别，对理科来说，知道本身就是意义。比如说学医的，他知道人体是由多少骨骼，多少肌肉，多少神经束构成的，在临床上，知道肯定比不知道有用得多。

但是文科之所以复杂，是因为它不能仅仅停止在"知道"而已，尤其在今天这样一个资讯发达的时代。比如说我在讲电影、中外电影欣赏评论课时，就要捎带讲到中外电影史；但是在电影学院里，电影史本身已经构成一个专业，而且一部电影史可能要讲一学年。电影史就在网上，你按三个键，一部电影史就显现出来了，还需要老师拿着电影史画出重点，再抄在黑板上吗？

因此我讲了两章以后，就合上书了。我每星期只有两堂课，对同学来说，这两堂课是宝贵的，我恐怕更要强调识性。我们知道了一些，怎样认识它？又怎样通过我们的笔把我们的认识记录下来，而且这个记录的过程使别人在阅读的时候，传达了这种知识，并且产生阅读的快感？本学期开学以来，同学们都想让我讲创作，但是我用了三个星期六堂课的时间讲"人文"二字。大家非常惊讶，都举手说："人文我懂啊，典型的一句话就够了——以人为本。"你能说他不知道吗？如果我问你们，你们也会说"以人为本"；如果下面坐的是政府公务员，他们也知道以人为本；若是满堂的民工，只要其中一些是有文化的，他也会知道人文就是以人为本。那么我们大学学子是不是真的比他们知道得更多一点呢？除了以人为本，还能告诉别人什么呢？

如果我们看一下历史，三万五千年以前，人类还处在蒙昧时期，那时人类进化的成就无非就是认识了火，发明了最简单的工具武器；但是到五千年前的时候已经很不一样了，出现了城邦的雏形，农业的雏形，有一般的交换贸易，而这时只能叫文明史，不能叫文化史。

文化史，在西方至少可以追溯到公元前三千五百年，那时出现了楔形文字。有文字出现的时候才有文化史，然后就有了早期的文化现象。从公元前三千五百年再往前的一千年内，人类的文化都是神文化，在祭祀活动中，表达对神的崇拜；到下个一千年的时候，才有一点儿人文化的痕迹，也仅仅表现在人类处于童年想象时期的神和人类相结合生下的半人半神人物传说。那时的文化，整整用一千年时间才能得到一点点进步。

到公元前五百年时，出现了伊索寓言。我们在读《农夫和蛇》的时候，会感觉不就是这么一个寓言吗？不就是说对蛇一样的恶人不要有恻隐吗？甚至我们会觉得这个寓言的智慧性还不如我们的“杯弓蛇影”，不如我们的“掩耳盗铃”和“此地无银三百两”。我们之所以会有这种想法，是因为我们不能把寓言放在公元前五百年的人类文化坐标上来看待。公元前五百年出现了一个奴隶叫伊索，我个人认为这是人类第一次人文主义的体现。想一想，公元前五百年的时候，有一个奴隶通过自己的思想力争取到了自己的自由，这是人类史上第一个通过思想力争取到自由的记录。伊索的主人在世的时候曾经问过他：“伊索，你需要什么？”伊索说：“主人，我需要自由。”他的主人那时不想给伊索自由。伊索内心也不知道自己能不能获得，他经常扮演的角色也只不过是主人有客人来时，给客人讲一个故事。伊索通过自己的思想力来创造故事，他知道若做不好这件事情，他决然没有自由；做好了，可能有自由，也仅仅是可能。当伊索得到自由的时候，已经四十多岁了，他的主人也快死了，在临死前给了伊索自由。

当我们这样来看伊索、伊索寓言的时候，我们会对这件事，会对历史心生出一种温情和感动。这就是后来为什么人文主义要把自由放在第一位的原因。在伊索之后才出现的苏格拉底、柏拉图、亚里士多德，师生三位都强调过阅读伊索的重要性。我个人把它确立为人类文明史中相当重要的人文主义事件。还有耶稣出现之前，人类是受上帝控制的，上帝主宰我们的灵魂，主宰我们死后到另一个世界的生存。但是到耶稣时就不一样了，从前人类对神文化的崇拜（这种崇拜最主要体现在宗教文化中），到耶稣这里成为人文化，这是一种很大的进步。即使耶稣这人是虚构出来的，也表明人类在思想中有一种要摆脱上帝与自己关系的本能。耶稣是人之子，是由人类母亲所生的，是宗教中的第一个非神之“神”。我们要为自己创造另一个神，才发生了宗教上的讨伐。最后在没有征服成功的情况下，说：“好吧，我们也承认耶稣是耶和华的儿子。”因为流血已不能征讨人类，需要一个平凡的神的思想力。

那时是人文主义的世界。我们在分析宗教的时候，发现基督教义中谈到了战争，提到如果战争不可避免，获胜的一方要善待俘虏。关于善待俘虏的话一直到今天都存在，这是全世界的共识，我们没有改变这一点，我们继承了这一点，我们认为这是人类的文明。还有，获胜的一方有义务保护失败方的妇女和儿童俘虏，不得杀害他们。这是什么？是早期的人道主义。还提到富人要对穷人慷慨一些，要关心他们孩子上学的问题，关心到他们之中麻风病人的问题。后来，萧伯纳也曾谈到过这样的问题，及对整个社会的认识，认为当贫穷存在时，富人不可能像自己想象中一样过上真正幸福的日子，请想象一下，无论你富到什么程度，只要城市中存在贫民窟，在贫民窟里有传染病，当富人不能用栅栏把这些给隔离开的时候，当你随时能看到失学儿童的时候，如果那个富人不是麻木的，他肯定会感到他的幸福是不安全的。

我今天突然想到一个问题：英国、法国都有这么长时间的历史了，但我似乎从来没有接触过欧洲的文化人所写的对于当时王权的歌颂。但在孔老夫子润色过的《诗经》里，包括风雅颂。风指民间的，雅是文化人的，而颂就是记录中国古代的文化人士对当时拥有王权者们的称颂。这给了我特别奇怪的想法，文化人士的前身，和王权发生过那样的关系，为什么会那样？古罗马在那么早的时期已经形成了三权分立、元老院，元老院的形式还是圆形桌子，每个人都可以就关系到国家命运的事物来阐述自己的观点，并展开讨论。在那样的时候，也没有出现对渥大维称颂的诗句，而《诗经》却存在着，因为我们那个时候的封建社会没有文明到这种程度。

被王权利用的宗教就会变质，变质后就会成为统治人们精神生活的方式，因此在十四世纪时出现了贞洁锁、铁乳罩。当宗教走到这一步，从最初的人文愿望走入到了反人性，在这种情况下出现的《十日谈》就挑战了这一点，因此我们才能知道它的意义。再往后，出现了莎士比亚、达·芬奇，情况又不一样了，我们会困惑：今天讲西方古典文学的人都会知道，莎士比亚的戏剧中充满了人文主义的气息，按照我们现在的看法，莎士比亚的戏剧都是帝王和贵族，如果有普通人的话，只不过是仆人，而仆人在戏剧中又常常是可笑的配角，我们怎么说充满人文主义呢？要知道在莎士比亚之前，戏剧中演的是神，或是神之儿女的故事，而到这里，毕竟人站在了舞台上，正因为这一点，它是人文的，就这么简单，针对神文化。

因此我们看到一个现象，在舞台上真正占据主角的必然是人上人，而最普通的人要进入文艺，需经过很漫长的争取，不经过这个争取，只能是配角。在同时代的一幅油画《罗马盛典》中，中间是苏格拉底，旁边是亚里士多德、阿基米德等，把所有罗马时期人类文化的精英都放在一个大的盛典里，而且是用最古典主义的画风把它画出来。在此之前人类画的都是神，神能那样地自信、那样地顶天立地，而现在人把自己的同类绘画在盛典中，这很重要，然后才能发展到十六、十七世纪的复兴和启蒙。我们今天看雨果作品的时候，看《巴黎圣母院》，感觉也不过是一部古典爱情小说而已，但有这样一个场面：卡西莫多被执行鞭笞的时候，巴黎的广场上围满了市民，以致警察要用他们的刀背和马臀去冲撞开人们。而雨果写到这一场面的时候是怀着嫌恶的，他很奇怪，为什么一个我们的同类在受鞭笞的时候，有那么多同类围观，从中得到娱乐？这在动物界是没有的，在动物界不会发生这样的情景：一种动物在受虐待的时候，其他动物会感到欢快。动物不是这样的，但人类居然是这样的。人文主义就是嘲弄这一点。

新中国成立以后的十几年间，由外国翻译过来的文学作品不像现在这样多，是有限的一些。一个爱读书的人无论借或怎么样，总是会把这些书都读遍的。屠格涅夫的《木木》和托尔斯泰的《午夜舞会》给我以非常深的印象。

《木木》讲的是屠格涅夫出生于贵族家庭，他的祖母是女地主。有一次他跟着祖母到庄园，看到一个高大的又聋又哑又丑的看门人。看门人已经成为仆人中地位最低的一个，没有人跟他交往。他有一只小狗叫木木，当女地主出现的时候，小狗由于第一次看到她，冲着女地主吠了两声，并且咬破了她的裙边。屠格涅夫的祖母命令把小狗处死。可想而知，那个人没有亲情，没有感情，没有友情，只有与那只小狗的感情，但他并没有觉悟到也不可能觉悟到我要反抗我要争取等，他最后只能是含着眼泪在小狗的颈上拴了一块石头并抚摸着小狗，然后把小狗抱到河里，看着小狗沉下去。

还有托尔斯泰的《午夜舞会》，讲的是托尔斯泰那时是名军官，在要塞做中尉。他爱上了要塞司令美丽的女儿，两人已经谈婚论嫁。午夜要塞举行舞会，他和小姐在要塞的花园里散步，突然听到令人恐怖的喊叫声，原来在花园另一端，司令官在监督对一个士兵施行鞭笞。托尔斯泰对小姐说："你能对你的父亲说停止吗？惩罚有时体现一下就够了。"但是小姐不以为然地说："不，我为什么要那样做，我的父亲在工作，他在履行他的责任。"年轻的托尔斯泰请求了三次。小姐说："如果你将来成为我的丈夫，对于这一切你应该习惯。你应该习惯听到这样的喊叫声，就跟没有听到一样。周围的人们不都是这样吗？"确实周围的人们就像没有听到一样，依旧在散步，男士挽着女士的手臂是那样的彬彬有礼。托尔斯泰吻了小姐的手说："那我只有告辞了，祝你晚安！"背过身走的时候，他说："上帝啊，怎么会做这样一个女人的丈夫，不管她有多么漂亮。"这影响了我的爱情观，我想以后无论我遇到多么漂亮的女人，如果她的心地像那位要塞司令官的女儿，或者她像包法利夫人那样虚荣，她都蛊惑不了我，那就是文学对我们的影响。

我从北京大串联回来的时候，走廊里挂满了大字报。我看到我的语文老师庞盈，从厕所出来，被剃了鬼头，脸已经浮肿，一手拿着水勺，一手拿着小桶。我不是她最喜欢的学生，但我那时的反应就是退后几步，深深地鞠个躬说："庞盈老师，你好！"她愣了一下，我听到小桶掉在地上，她退到厕所里面哭了。多少年以后她在给我的信中说："梁晓声，你还记得当年那件事吗？我可一直记在心里。"这也只能是我们在那个年代的情感表达而已。那时我中学的教导主任宋慧颖大冬天在操场里扫雪，没有戴手套，并且也被剃了鬼头。我跟她打招呼，"宋老师，我大串联回来了，也不能再上学了，谢谢你教过我们政治，我给你鞠个躬。"这是我们只能做到的吧，但在那个年代这对人很重要。可能有一点点是我母亲教过我的，但是书本给我的更多一些。

正因为这样，再来看那些我从前读过的名著时，我内心会有一种亲切感。大家读《悲惨世界》的时候，如果不能把它放在那个时代的文化背景里来思考，那么我们还为什么要纪念雨果？他通过《悲惨世界》那样一些书，使人类文化中举起人文主义的旗帜。他的这些书是在流亡的时候写的，连巴黎的洗衣女工都舍得掏钱来买。书里面最重要的话语就是当米里艾主教早晨醒来的时候，一切都不见了，唯一的财产也被偷走了。而米里艾主教说："不是那样的，这些东西原本就是属于他们的。穷人只不过把原本属于他们的东西从我们这里拿走了。没有他们根本就没有这些。银盘子是经过矿工、银匠的手才产生的。"这思想就是讲给我们众多的公仆听的。正因为雨果把他的思想放在作品里面，一定会对法国的国家公仆产生影响，我们为此而纪念他。人道精神能使人变得高尚，这让我们今天读它的时候知道它的价值。

我们在看当下的写作的时候，会做出一种判断，那就是我们的作品中缺什么？也就是以我的眼来看中国的文化中缺什么？我们经常说，我们在经济方面落后于西方多少年，我们要补上这个课，要补上科技的一课，要补上法律意识的一课，也要补上全民文明素质的一课。但是你们听说过我们也要补上文化的一课吗？好像就文化不需要补课。这是多么奇怪，难道我们的文化真的不需要补课吗？

五四时期我们进行人文主义启蒙的时候，西方的人文主义已经完成了它的任务。也就是说我们的国家进行初期人文启蒙的时候，西方的文化正处于现代主义思潮的时期。他们现在可以为文学而文学，为艺术而艺术，为形式而形式，甚至可以说他们可以玩一下文学，玩一下文艺，因为文学已经达到了它的最高值。我们不会理解现代主义，因为我们从来没有完成过。尽管五千年中我们的古人也说过很多话，其中比较有名的如"民为贵，君为轻，社稷次之"。这时人文到了一种很高的境界，可它没有在现实中被实践过。当我们国家陷入深重灾难的时候，西方已经在思考后人文了，关于和平主义，关于进一步民主，关于环保主义，关于社会福利保障。

我和两位老作家去法国访问，当时下着雨，一辆法国车挡在我们的前面，我们怎么也超不过去。后来前面那辆车停下了，把车开到路边。他说一路上他们的车一直在我们前面，这不公平，车上有他的两个女儿，他不能让她们觉得这是理所当然的。我突然觉得修养在普通人的意识里能培养到什么程度。

前几年我认识了一个德国博士生古思亭，中文名字非常美。外国人能把汉语学成这样的程度是相当不易的。那天一位中国同学请她吃饭，当时在一个小餐馆里，那位同学说这个地方不安全，打算换个地方。走到半路，古思亭对她说："要是面好了，而我们却走了，这是很不礼貌的。我得赶紧回去把钱交了。"从中我们可以看出人文到底在哪里。

人文在高层面关乎到国家的公平、正义，在最朴素的层面，我个人觉得，人文不体现在学者的论文里，也不要把人文说得那么高级，不要让我没感觉到，"你不说我还听得清楚，你一说我反而听不明白了"。其实人文就在我们的寻常生活中，就在我们人和人的关系中，就在我们人性的质地中，就在我们心灵的细胞中，这些都是文化教养的结果，这也是我们学文化的原动力，而且是我们传播文化的一种使命。

我最后献给大家一首诗：

我是不会变心的
大理石
雕成塑像
铜
铸成钟
而我
是用真诚锻造的
假使
我破了
碎了
那一片片
也还是
忠诚。

2. 论大学

大学是人类之一概文明的“反应堆”。举凡人类文明的所有现象，无一不在大学里有所反映并进行反应。这里所言之“文明”一词，还包含人类未文明时期的地球现象以及宇宙现象；当然，也就同时包含对人类、对地球、对宇宙之未来现象的预测。

故大学里，“文明”一词与在词典中的解释是有区别的，也是应该有区别的。后者是一个有限含义的词汇，而前者的含义几乎是无限的。此结论意味着人类文明的现实能力所能达到的非凡超现实程度。而如此这般的非凡的超现实程度的能力，只不过是人类文明的现实能力之一种。

这里所言之“反应”一词，也远比词典中的解释要多义。它是排斥被动作为的。在这里，或曰在大学里，“反应”的词意一向体现为积极的，主动而且特别生动特别能动的意思。人类之一概文明，都会在大学这个“反应堆”上，被分门别类，被梳理总结，被分析研究，被鉴别，被扬弃，被继承，被传播，被发展……

故，大学最是一个重视稳定的价值取向的地方。故，稳定的价值取向之相对于大学，犹如地基之相对于大厦。稳定的科学知识和丰富的科技成果，乃是自然科学发展的基础；稳定的人文理念和价值观，乃是社会科学发展的前提。

相对于自然科学，价值取向或曰价值观的体现，通常是隐性的。但隐性的，却绝不等于可以没有。倘居然没有，即使自然科学，亦必走向歧途。

例如化学本身并不直接体现什么价值观，但化学人才既可以应用化学知识制药，也可以制毒品，还可以来制生化武器。于是，化学之隐性的科学价值观，在具体的化学人才身上，体现为显性的人文价值观之结果。

制假药往往不需要什么特别高级的化学专业能力，但那也还是必然由多少具有一些化学知识的人所为的勾当，而那是具有稳定的人文价值观的人所耻为的。故稳定的价值观，在大学里，绝不可以被认为只有社会学科的学子们才应具有的。故我认为，大学绝不仅仅是一个传授知识和教会技能的地方，还必须是一个培养具有稳定的价值观念的人才的地方。考察一个国家的发展和它的大学的关系，是具有决定性的一点。首先，大学教师们自身应该是具有稳定价值观念的人。对于从事文科教学的大学教师们，自身是否具有稳定的价值观，决定着一所大学的文科教学的品质。

因为在大学里，再也没有别的什么学科，能像文科教学一样每天将面对各种各样的价值观问题。有时体现于学子们的困惑和提问，有时是五花八门的社会现象和社会问题反映到、影响到了大学校园里。

为了达到一己之名利的目的不择手段是理所当然的人生经验吗？大学文科师生每每会在课堂上共同遭遇这样的问题。大学教师本身倘无稳定的做人的价值观念，恐怕不能给出对学子们有益的回答吧！

倘名利就在眼前；倘某些手段在犯法的底线之上（那样的手段真是千般百种、五花八门、层出不穷，在有的人们那儿运用自如，不觉为耻反觉得意）；倘虽损着别人的利益却又令别人只有吞噬苦水的份——这种事竟也是做不得的吗？

窃以为，这样的"问题"成为问题本身便是一个问题。然而，无论在社会上还是在大学里，其成为"问题"已多年矣。幸而在大学里有一位前辈给出了自己的明确的回答——他说："我不是一个坏人，我在顾及个人利益的同时，也很习惯地替他人的利益着想。"不少人都知道的，此前辈便是北大的季羡林先生。倘无几条终生恪守的德律，一个人是不会这么主张的。倘无论在社会上还是在大学里，不这么主张的人远远多于这么主张的人，那么"他人皆地狱"这一句话，真的就接近"真理"了。那么，人类到世上，人生由如此这般的"真理"所规定，热爱生活也就无从谈起了。

但我也听到过截然相反的主张。而且不是在社会上还是在大学里。而且是由教师来对学生们说的。

其逻辑是——根本不替他人的利益着想是无可厚非的。因为任何一个"我"，都根本没有责任在顾及自己的利益的同时也替他人的利益着想。他人也是一个

“我”，那个“我”的一概利益，当然只能由那个“我”自己去负责。导致人人在一己利益方面弱肉强食也没什么不好。因而强者更强，弱者要么被淘汰，要么也强起来，于是社会得以长足进步。

这种主张，有时反而比季老先生的主张似乎更能深入人心。因为听来似乎更为见解“深刻”，并且还暗合着人人都希望自己成为强者的极端渴望。

大学是百家争鸣的地方。

但大学似乎同时也应该是固守人文理念的地方。

所谓人文理念，其实说到底，是与动物界之弱肉强食法则相对立的一种理念。在动物界，大蛇吞小蛇，强壮的狼吃掉病老的狼，是根本没有不忍一说的。而人类之所以为人类，乃因人性中会生出种种不忍来。这无论如何不应该被视为人比动物还低级的方面。将弱肉强食的自然界的生存法则移用到人类的社会中来，叫“泛达尔文主义”。“泛达尔文主义”其实和法西斯主义有神似之处。它不能使人类更进化是显然的。因而相对于人类，它是反“进化论”的。

我想，人类中的强者，与动物界的强者，当有人类评判很不相同的方面才对。

陈晓明是北大中文系教授，对解构主义研究深透。

据我所知，他在课堂上讲解构主义时，最后总是要强调——有些事情，无论在文学作品中还是在社会现实中，那是不能一解了之的。归根到底，解构主义是一种研究方法，非是终极目的。比如正义、平等、人道原则、和平愿望、仁爱情怀，等等。总而言之，奠定人类数千年文明的那些基石性的人文原则，它们是不可用解构主义来进行瓦解的。也是任何其他的主义瓦解不了的。像“进化论”一样，当谁企图以解构主义将人类社会的人文基石砸个稀巴烂，那么解构主义连一种学理研究的方法也就都不是了，那个人自己也就同时什么都不是了。

像季羡林先生一样，我所了解的陈晓明教授，也是一个不但有做人德律，而且主张人作为人理应有做人德律的人。

我由是而极敬他的。

我想，解构主义在他那儿，才是值得认真来听的一门课程。

又据我所知，解构主义在有的人士那儿，仿佛一把邪恶有力的锤。举凡人类社会普适的德律，在其锤下一概粉碎，于是痛快。于是以其痛快，使学子痛快。但恰恰相反，丑陋邪恶在这样的人士那儿却是不进行解构的。因为人类的社会，在他看来，仅剩下了丑陋邪恶那么一点点“绝对真实”，而解构主义不解构“绝对真实”，只解构“一概的虚伪”。

我以为虚伪肯定是举不胜举的，也当然是令我们嫌恶的。但若世界的真相成了这么一种情况——在“绝对的真实”和“一概的虚伪”之间，屹立着那么几个“东方不败”的坚定不移的解构主义者的话，岂不是太不客观了吗？

当下传媒，竭尽插科打诨之能事，以媚大众，以愚大众。仿此种公器之功用，乃传媒之第一功用似的。于是，据我所知，“花边绯闻”之炒作技巧，也堂而皇之地成为了大学新闻课的内容。

报刊这一种传媒载体，出现在人类社会少说已有三百年历史；广播已有百余年历史；电视的出现已近半个世纪了——一个事实乃是，人类近二三百年的文明步伐，是数千年文明进程中最快速的；而另一个事实乃是，传媒对于这一种快速迈进的文明步伐，起到过和依然起着功不可没的推动作用。故以上传媒既为社会公器，其对社会时事公开、公正、及时的报导功用以及监督和评论责任；其恢复历史事件真相的功用以及通过那些事件引发警世思考的使命，当是大学新闻专业不应避而不谈的课程。至于其娱乐公众的功用，虽然与其始俱，但只不过是其兼有的一种功用，并不是它的主要功用。而“花边绯闻”之炒作技巧，不在大学课堂上津津乐道，对于新闻专业的学子们也未必便是什么学业损失。因为那等技巧，真好学的人，在大学校门以外反而比在大学里学会得还快，还全面。在大学课堂上津津乐道，即使不是取悦学子，也分明是本末倒置。传媒专业与人文宗旨的关系比文学艺术更加紧密；法乎其上，仅得其中；法乎其中，仅得其下；若法乎其下，得什么也就可想而知了。播龙种而收获跳蚤，自然是悲哀。但若有意无意地播着蚤卵，日后跳蚤大行其道岂不必然？

大学讲虚无主义，倘老师在台上讲得天花乱坠，满教室学子听得全神贯注——一个学期结束了，师生比赛着似的以虚无的眼来看世界，以虚无的心来寻思人间，那么太对不起含辛茹苦地挣钱供子女上大学的父母们了！

大学里讲暴力美学，倘讲来讲去，却没使学子明白——暴力就是暴力，无论如何非是具有美感的现象；当文学艺术作为反映客体，为了削减其血腥残忍的程度，才不得不以普遍的人们易于接受的方式进行艺术方法的再处理——倘这么简单的道理都讲不明白，那还莫如干脆别讲。

将“暴力美学”讲成“暴力之美”，并似乎还要从“学问”的高度来培养专门欣赏“暴力之美”的眼和心，我以为几近于是罪恶的事。

大学里讲文学作品中人物的心理复杂性，比如讲《巴黎圣母院》中的福娄洛神父吧——倘讲来讲去，结论是福娄洛的行径只不过是做了这世界上所有男人都想做的事而又没做成，仿佛他的“不幸”比艾丝美达拉之不幸更值得后世同情，那么雨果地下有灵的话，他该对我们现代人作何感想呢？而世界上的男人，并非个个都像福娄洛吧？同样是雨果的作品，《悲惨世界》中的米里哀主教和冉·阿让，不就是和福娄洛不一样的另一种男人吗？

……

大学是一种永远的悖论。

因为在大学里，质疑是最应该被允许的。但同时也不能忘记，肯定同样是大学之所以受到尊敬的学府特征。人类数千年文明进程所积累的宝贵知识和宝贵思想，首先是在大学里经历肯定、否定、否定之否定，于是再次被肯定的过程。但是如果人类的知识和思想，在大学里否定的比肯定的更多，继承的比颠覆的更多，贬低的比提升的更多，使人越学越迷惘的比使人学了才明白点儿的更多，颓废有理、自私自利有理、不择手段有理的比稳定的价值观念和普适的人文准则更多，那么人类还办大学干什么呢？

以我的眼看大学，我看到情况似乎是——稳定的价值观念和普适的人文准则若有若无。

但是我又认为，据此点而责怪大学本身以及从教者们，那是极不公正的。因为某些做人的基本道理，乃是在人的学龄前阶段就该由家长、家庭和人文化背景之正面影响来通力合作已完成的。要求大学来补上非属大学的教育义务是荒唐的。我以上所举的例子毕竟是极个别的例子，为的是强调这样一种感想，即——大学所面对的为数不少的学子，他们在进入大学之前所受的普适而又必需的人文教育的关怀是有缺陷的，因而大学教育者对自己的学理素养应有更高的人文标准。

我也认为，责怪我们的孩子们在成为大学生以后似乎仍都那么的“自我中心”而又“中心空洞”同样不够仁慈。事实上我们的孩子们都太过可怜——他们小小年纪就被逼上了高考之路，又都是独生子女，肩负家长甚至家族的种种期望和寄托，孤独而又苦闷，压力之大令人心疼。毕业之后择业迷惘，四处碰壁，不但令人心疼而且想帮都帮不上，何忍苛求？

大学也罢，学子也罢，大学从教者也罢，其实都共同面对着一个各种社会矛盾、社会问题重垒堆砌的倦怠时代。这一种时代的特征就是——不仅普遍的人们身心疲惫，连时代本身也显出难以隐藏的病状。

那么，对于大学，仅仅传授知识似乎已经不够。为国家计，为学子们长久的人生计，传授知识的同时，也应责无旁贷地培养学子们成为不但知识化了而又坚卓毅忍的人，岂非遂是使命？

那种在大学里用政治思想取代人文思想，以为进行了政治思想灌输就等于充实了下一代人之“中心空洞”的完事大吉的“既定方针”，我觉得是十分堪忧的。

3. 论大学精神

我在决定调入大学之前，恰有几位朋友从大学里调出，他们善意地劝我要三思而行，并言——“晓声，万不可对大学持太过理想的观感”。

而我的回答是——我早已告别理想主义。《告别理想主义》，是我五十岁以后发表的一篇小文。曾以为，告别了理想主义，我一定会活得潇洒起来，却并没有。于是每想到雨果，想到托尔斯泰。雨果终其一生，一直是一位特别理想的人道主义者。《九三年》证明，晚年的雨果，尤其是一位理想的人道主义者。而托尔斯泰，也一生都是一位特别理想的平等主义者。明年我六十岁了。现在我郑重地说——六十岁的我，要重新拥抱理想主义。我认为，无论对于自己的人生还是对于自己的国家还是对于全人类社会，泯灭了甚而完全丧失了理想，那么一种活法其实是并无什么快意的。我这么认为是有切身体会的。故我接着要说——我愿大学是使人对自己，对国家，对人类的社会形成理想的所在。无此前提，所谓大学精神无以附着。一九一七年一月九日，北大举行开学典礼，蔡元培先生发表著名的《就任北京大学校长之演说》；九十一年过去了，若重读其演说，他对大学的理想主义情怀依然感人。

蔡先生在演说中对那时的北大学子寄予厚望，既希望北大学子砥砺德行，又希望北大学子改造社会。

他说："诸君为大学学生，地位甚高，肩此重任，责无旁贷，故诸君不惟思所以感已，更必有心励人……"

现在的情况与九十一年前很不相同。

那时，蔡先生对大学的定义是"大学者，研究高深之学问者也"。

若以本科生而论，恕我直言，包括北大学子在内，似乎应是——大学者，通过颁发毕业文凭，诚实地证明从业能力的所在而已。

故我对"大学精神"的第二种看法是——要建立在现实主义的基础上来说道。

连大学都不讲一点儿理想，那还能到一个国家的哪儿去觅理想的踪影呢？倘若一国之人对自己的国家连点儿理想都不寄望着了，那不是很可悲吗？

如果连大学都回避现实问题种种，包括大学生就业难的问题在内，那么还到一个国家的哪儿去听关于现实的真声音呢？若大学学子渐渐地都只不过将大学视为逃避现实压力的避风港，那么大学与从前脚夫们风雪之夜投宿的大车店是没什么区别的了。

又要恪守理想，又要强调现实，岂非自相矛盾吗？

我的回答是——当今之大学，尤其是像中国这样一个人口众多，每年有数以百万计的大学学子跨出校园迈向社会的大学，其实是在为国家培养一批批思想意识上不普通，而又绝不以过普通的生活为耻的人。可现在的情况似乎恰恰反了过来，受过高等教育于是以过普通生活为耻的人很多，受过高等教育而思想意识与此前并未发生多大改变的人也很多。

如此说来，似乎是大学出了问题。

否。

我认为，一个家庭供读一名大学生，一个青年用人生最宝贵的四年乃至更长的时间就读于大学，尤其是像北大这样的大学——于是要求人生不普通一些，是完全可以理解的。社会成全他们的诉求，也是“以人为本”的体现。

在中国，普通人的生活之所以竟被视为沮丧的生活，乃是因为普通人的生活实在还是太过吃力的生活。要扭转这一点，对于一个国家而言也是很吃力的，绝非一日之功可毕。要扭转这一点，大学是有责任和使命的。然江河蒸发，而后云始布雨，间接而已。若仰仗大学提高 GDP，肯定是错误的理念。大学若不能正面地、正确地解惑大学学子之尴尬，大学本身必亦面临尴尬。

然大学一向是能够解惑人类许多尴尬的地方。大学精神于是在此过程中逐渐形成。人类之登月渴望一向停留在梦想时期，是谓尴尬。梦想变为现实，是大学培养出来的人们的功劳，也是大学的功劳。大学精神于是树立焉，曰“科学探索精神”。人类一向祈求一种相互制衡的权力关系，历经挫折也是尴尬。后在某些国家以某种体制稳定了下来，也是大学培养出来的人们的功劳，也是大学的功劳，曰“政治思想力”。

十几年前，我随中国电影家代表团访日，主人们请我们去一小餐馆用餐，只五十几平方米的营业面积而已，主食面条而已。然四十岁左右的店主夫妇，气质良好，彬彬有礼且不卑不亢。经介绍，丈夫是早稻田大学历史学博士，妻子是东京大学文学硕士。他们跨出大学校门那一年，是日本高学历者就业难的一年。

我问他们开餐馆的感想，答曰：“感激大学母校，使我们与日本许多开小餐馆的人们不同。”问何以不同？笑未答。临辞，夫妇二人赠我等中国人他们所著的书，并言那只是他们出版的几种书中的一种。其书是研究日本民族精神演变的，可谓具有“高深学问”的价值。一所大学出了胡适，自然是大学之荣光。胡适有傅斯年那样的学生，自然是教师的荣光。但，若国运时艰，从大学跨出的学子竟能像那对日本夫妇一样的话，窃以为亦可欣慰了。当然，我这里主要指的是中文学子。比之于其他学科，中文能力最应是一种难以限制的能力。中文与大学精神的关系也最为密切。大学精神，说到底，文化精神耳。最后，我借雨果的三句话表达我对大学精神的当下理解：“平等的第一步是公正。”“改革意识，是一种道德意识。”“进步，才是人应该有的现象。”如斯，亦即我所言之思想意识上的不普通者也……

4. 大学生真小

对于中国当代大学生，多年以来，我头脑里始终存在着一个看待上的误区。这误区没被自己意识到以前，曾非常地使我困惑。不明白问题究竟出在我自己这儿，还是只出在大学生们那儿。

真的，实话实说，我曾多么惊讶于他们的浅薄啊！我是多次被请到大学里去与大学生们进行过“对话”的人。每次回家后，续想他们所提的问题，重看满衣兜的纸条，不禁奇怪——中国当代大学生们提问题的水平便是这样的么？与高中生有什么区别？甚至，与初中生有什么区别？

有次我在大学里谈到——在我的青年时代，也就是在“文革”中，坦言自己对于社会现实的真实思想和真实感受是相当危险的。倘公开坦言，就不但危险，有时简直等于自我毁灭了……

结果递到讲台上不少条子。而那些条子上写的疑问综合起来可以概括为这么一句话——为什么？不明白，难道坦诚不是优点么？自然，我可以耐心解释给他们听。半分钟内就可以解释得明明白白。但，在大学里，面对当代中国大学生，这样的问题竟是需要解释的么？难道他们对“文革”真的一无所知？关于“文革”的书籍，以及登载于报刊的回忆文章，千般万种，他们竟一本都不曾翻过？一篇都不曾读过？他们的父母从不曾对他们讲起过“文革”？就连某些电视剧里也有“文革”社会形态的片断呀！

也许，有人会认为，那是大学生们明知故问，装傻。而当时给我的现场印象是他们绝非装傻。还曾有过这样两张条子——“中国当代知识分子英年早逝者多多，这是否与他们年轻时缺乏营养饮食的起码常识有关?”

“我讨厌我们学校那些穷困大学生。既然家里穷，明明上不起大学，干吗非不认命?！非要在激烈的竞争中挤入到大学里来?！害得我这样家庭富裕的大学生不得不假惺惺地向他们表示爱心！他们在大学校园里的存在是合情合理的么？这种强加于人的爱心是社会道德的原则么?”振振有词，但其理念是多么的冰冷啊！是的。我承认我在大学里曾很严厉地斥责过他们，甚至很粗鲁地辱骂过他们。……现在，我终于明白，问题不出在他们那儿，而几乎完完全全地出在我自己这儿。完完全全地是我自己看待他们的一个早就该纠偏的误区。是我儿子使我明白了这一点。他今年已经高二了。明年，如果他能考上大学，他就也是一名中国当代大学生了。有一天我问他：“你能说出近半年内你认为的一件国际大事件么?”他想了想回答道：“周润发拍了一部被美国评为最差的影片。”“你！……再回答一遍!”“我又怎么了?”“克隆羊的诞生知道不知道?”“知道哇。”“因特网知道不知道?”“知道哇。”“科索沃问题知道不知道?”“知道哇。”“那为什么不回答那些?”“那些是你认为的，不是我认为的。你不是让我说出我认为的么?”“但是你！……你你你怎么可以那样认为?!”我真想扇他一耳光。他也振振有词：“我怎么不可以那样认为？你不是也常常向人表白，你是多么地渴望思想的自由么?”我压下怒火，苦口婆心：“但是儿子呀，如果是一道政治考题，你就一分也得不到了!”“但是考试是一回事儿，平时是另一回事儿!”我凝视着自己的儿子，一时无法得出正确的判断——他究竟是成心气我，还是真的另有一套古怪的却又自以为是的思想逻辑？我不禁暗想，如果他已然是一名大学一二年级学生了，我对他这样的大学生可该下什么结论好?

而我每次被请到大学生里去“对话”，所面对的，其实主要都是大一大二的学生群体，大三大四的学生很少。大学生一到了大三大四，基本上不怎么热衷于与所谓名人“对话”了，而那正是他们渐渐开始成熟的表现呀！

大一大二的大学生，他们年龄真小！

他们昨天还叫我们叔叔，甚至伯伯，经历了某一年的一个七月，于是摇身一变成了大学生。的确，与是高中生时的他们相比，思想的空间又会一下子扩展到了多么大的程度呢？

大学并非一台思想成熟的加速机器呀！

大学的院墙内，并不见得一律形成着对时代对社会的真知灼见呀。长期自禁于大学校园内的人，无论教授们还是博士们硕士们学生们，他们对社会对时代的认识，与社会和时代状态本身的复杂性芜杂性是多么严重地脱节着，难道不是一个不争的事实么？

我自己的儿子又看过几本课本以外的书籍？他有几多时间看电视？每天也就洗脚的时候看上那么十几分钟。他又有几多时间和我这个父亲主动交谈？如果我也不主动和他交谈，我几乎等于有的是一个哑巴儿子。家中哪儿哪儿都摆着的报刊，他又何尝翻过？

我曾问他“四人帮”指哪四个人？他除了答上一个“江青”，对另外三人的名字似乎闻所未闻。我何曾向他讲过我所经历的那些时代？他对那些时代几乎一无所知不是太正常了么？他的全部精力几乎每天都用在了学习上，用在了获得考分上，对于此外的许多社会时事无暇关注，不是也就不太奇怪了么？

每年的七月以后，在中国，不正是有许许多多这样的我们的孩子，经过一番昏天暗日的竞争之后，带着身体的和心理的疲惫摇身一变成了大学生么？

大一简直就相当于他们的休闲假。而大二是他们跃跃欲试证明自己组织能力的活动年。我在他们大一大二时“遭遇”到他们，我又有什么理由对他们产生过高的要求？

大学生毕竟不是大学士啊！

一名大一大二的学生，虽然足可以在他们所学的知识方面笑傲他们没有大学文凭的父母，但在其他方面，难道不仍是父母们单纯又不谙世事的小儿女么？

都是独生子女，他们的少年期在父母心目中往往被无形地后延了。

由我自己看待大学生们的误区，我想到了当代中国许许多多成年人，许许多多知识分子，乃至几乎整个社会看待大学生们的误区。

一本书是否有价值，往往要以在大学生们中反响如何来判断——他们的评说就那么权威？

须知不少大一大二的女生，床头摆的是琼瑶，甚至是《安徒生童话集》。在她们成为大学生以前，在她们所学的字足可以自己阅读以后，她们几乎连一则世界著名的童话故事都未读过……

一部电影仅仅受大学生喜欢就特别值得编导演欣慰了？

须知他们中许许多多人在是大学生以前就没看过几场电影。使他们喜欢并非很高的标准。使他们感动的，也往往感动许许多多不是大学生的人。我们要提出的问题倒是——如果感动了许许多多的人，竟不能感动大学生们，那么，原因何在？是许许多多的人“心太软”，还是大学生们已变得太冷？

一位成年人在大学演讲获得了阵阵掌声，就一定证明他的演讲很有思想很精彩？

须知有时候要获得大学生们的掌声是多么的容易！一句浅薄又偏激甚至一句油滑的调侃就行了——而那难道不是另一种媚俗?!

而所有误区中最可怕的误区乃是——有时我们的成人社会，向当代中国大学生们做这样的不负责任的暗示——因为你们是大学生啊，所以请赶快推动这个国家的进步吧！除了指望你们，还能指望谁呢？

甚至，那暗示可能是这样的意思——拯救中国吧你们当代大学生们!

倘接受了这样的暗示，倘大学生们果真激动起来热血沸腾起来义不容辞起来想当然起来，他们便以他们的方式反腐败，他们便以他们的方式要民主，他们便以他们的方式去一厢情愿地推动中国的时代车轮……

而这些伟大又艰巨的使命，即使一批又一批对国家有真责任感的成年人，实践起来也是多么的力难胜任？

成人社会凭什么将自己们力难胜任，需要时间，需要条件，需要耐心之事“委托”给中国当代大学生们去只争朝夕地完成？

反省我自己，十几年前，何尝不也是那样的一个成年人？

我不是也在大学的讲台上激昂慷慨过么？仿佛中国之事只要大学生们一参与，解决起来就快速得多简单得多似的……羞耻啊，羞耻！虽然我并没有什么叵测之心，但每细思忖，不禁自责不已。中国当代大学生——他们是这样一些人群；甚至，可以说是这样一些孩子——智商较高，思想较浅；自视较高，实际生存的社会能力较弱；被成人社会看待他们的误区宠得太“自我”，但他们的“自我”往往一遇具体的社会障碍就顿时粉碎……

说到底，我认为，我们成人社会应向他们传递的是这样的意识——学生还是应以学为主。不要分心，好好学习。至于谁该对国家更有责任感，结论是明确的，那就是中年人。责任，包括附带的那份误解和沉重……

也应传递这样的意识——思想的浅薄没什么，更不值得自卑。而且，也不一定非从贬意去理解。“浅”无非由于头脑简单；“薄”无非是人生阅历决定的。浅薄而故作高深，在大学时期是最可以原谅的毛病。倘不过分，不失一种大学生的可爱。而且，包括忍受他们种种冰冷的理念，不妨姑且相信他们由于年龄小暂时那样认为。

说到底，我认为，成人社会应以父辈的和母辈的成熟资格去看待他们——而不是反过来，仿佛他们一旦一脚迈入大学，成人社会就该以小字辈三鞠其躬似的……

那会使他们丧失了正确的感觉，也会使我们成人社会丧失了正确的感觉。而且，会使社会的正常意识形态交流怪怪的……

5. 走出高等幼稚园

这也真是一种可悲。

我们已然有了三亿多儿童和少年，却还有那么多的男青年和女青年硬要往这三亿之众的一部分未成年的中国小人儿里边挤。甚至三十来岁了，仍嗲声嗲气对社会喋喋不休地宣称自己不过是“男孩”和“女孩”。那种故作儿童状的心态，证明他们是多么乞求怜爱、溺爱、宠爱……

这其中不乏当代之中国大学生。

甚至尤以中国大学生们对时代对社会的撒娇耍嗲构成为最让人酸倒一排牙的当代中国之“奶油风景”……

我想说我们中国的孩子已经够多的了。我想说我们中国已经是这地球上孩子最多的国家了。

而那受着和受过高等教育、原本该成为最有希望的青年的一批，却赖在“男孩”和“女孩”的年龄段上，自我感觉良好地假装小孩不知究竟打算装到哪一天……

放眼现实你会看到另一种景象。恰恰是那些无幸迈入大学校门的一批，他们并非“天之骄子”，在人生的“形而下”中闯荡、挣扎、沉浮，因而也就没了假装“男孩”假装“女孩”的资格。假装小孩子就没法继续活下去。他们得假装大人，假装比他们和她们的实际年龄大得多成熟得多的大人……这是另一种悲哀。

明明还是孩子的早早地丧失了孩子的天真和天性……

明明是青年又受着和受过高等教育的一批，却厚脸憨皮地装天真装烂漫装单纯……

那么，中国的大学的牌子统统摘掉，统统换上什么什么“高等幼稚园”得了！

我的外国朋友中，有一位是美国的中学校长。这位可敬的女士曾告诉我——她每接一批新生，开学的第一天，照例极其郑重极其严肃地对她的全体学生们说一番话。

她说的是——“女士们，先生们，从今天起，你们应该自觉地意识到，你们不再是孩子了。我们的美利坚合众国请求她的孩子们早些成为青年。为了我们的美国，我个人也请求于你们……”

问题还不仅仅在于“男孩”、“女孩”这一种自幻心理是多么可笑的心理疾病，问题更在于——它还导致一种似乎可以命名为“男孩文化”或“女孩文化”的“文化疟疾”！这“文化疟疾”，首先在大众文化中蔓延，进而侵蚀一切文化领域。于是不知从哪一天开始，中国之当代文化，不经意间就变得这样了——娇滴滴，嗲兮兮，甜丝丝，轻飘飘，黏黏糊糊的一团。电视里、电台里、报纸上，所谓“男孩”和“女孩”们的装嗲卖乖的成系统的语言，大面积地填塞于我们的视听空间，近十二亿中国人仿佛一下子都倒退到看童话剧的年龄去了。许多报刊都在赶时髦地学说“男孩”和“女孩”才好意思那么说的话。三十大几的老爷们儿硬要去演“纯情少年”的角色，演得那个假模酸样，所谓的评论家们还叫好不迭……

真真是一大幅形形色色的人们都跟着装小孩学小孩的怪诞风景。这风景迷幻我们，而且，注定了会使我们变得弱智，变得男人更不像男人女人更不像女人！

因为我和大学生们接触颇多，某些当公司老板和当报刊负责人的朋友便向我咨询——首先该从大学毕业生中招收什么样的？

我的回答从来都是——凡张口“我们男孩如何如何”或“我们女孩怎样怎样”的一律不要。因为他们还没从“高等幼稚园”里毕业。

我给大学校长们的建议是——新生入学第一天，不妨学说那位美国女校长的话——“女士们，先生们，从今天起……”

6. 论教育的诗性

当我们在反省我们自己的中小学教育方法时，我想说，我们或许正是在丧失着教育事业针对于小学生们的诗性内涵。

一向觉得，“教育”二字，乃具诗性的词。它使人联想到另外一些具有诗性的词——信仰、理想、爱、人道、文明、知识，等等。它使人最直接联想到的词是——母校、学生时代、师恩、同窗。还有一个词是“同桌”——温馨得有点儿妙曼，牵扯着情谊融融的回忆。

学校是教育事业的实体。学生将自己毕业的学校称为母校，其终生的感念，由一个“母”字表达得淋漓尽致。学生与教育这一特殊事业之间的诗性关系，无须赘言。

没有学生时代的人生是严重缺失的人生，正如没有爱的人生一样。

“师道尊严”强调的主要非是教师的个人尊严问题，而是教育之“道”，亦即教育的理念问题。全人类的教育理念从前都未免褊狭，“尊严”二字是基本内容。此二字相对于教育之“道”，也包含着古典的庄重的诗性。人类现代教育的理念十分开放，学校不再仅仅是推动个人通向功成名就的“管道”，实际上已是关乎到一个民族、一个国家乃至全人类文明前景的摇篮……

于是教育的诗性变得广大了。“教育”二字，令我们视而目肃，读而声庄，书而神端，谈而切切复切切。因为它与一概人的人生关系太紧密啊。一个生命就是一次空前绝后的奇迹。父母的精血决定了生命的先天质量。生命演变为人生的始末，教育引导着人生的后天历程。对于每一个具体的人，左右其人生轨迹的因素尽管多种多样，然而凝聚住其人生元气不散的却几乎只有一件事情，那就是教育的作用和——恩泽。

因为教育与社会的关系太紧密啊。

一个绝大多数人渴望享受到起码教育的愿望遭剥夺的社会，分明的是一个被关在文明之门外边的社会。在那样的社会里，极少数人的幸运，除了给极少数人的人生带来成就和光荣，很难也同时照亮绝大多数人精神的暗夜。

教育是文明社会的太阳。

因为教育与时代的关系太紧密啊。

爱迪生为人类提供了电灯。他改变了一个时代。但是发电照明的科学原理一经被写入教育的课本里，在一切有那样的课本被用于教学而电线根本拉不到的地方，千千万万的人心里便首先也有一盏教育的“电灯”亮着了……

全世界被纪念的军事家是很多的，战争却被人类更理智地防止着；全世界被纪念的教育家是不多的，教育事业却被人类更虔诚地重视了。

少年和青年们谈起文学家、文艺家难免是羡慕的，谈起科学家难免是崇拜的，谈起外交家、政治家难免是钦佩的，谈起企业家难免是雄心勃勃的——但是谈起教育家，则往往是油然而生敬意的了（如果他们也了解某几位教育家的生平的话）。因为有一个事实他们必定肯于默认——世界上有些人是在富有了以后致力于教育的，却几乎没有因致力于教育而富有的人。他们正从后者们鞠躬尽瘁所致力的事业中，获得人生的最宝贵的益处……

教育家和教育工作者们是体现教育诗性的优美的诗句。

而教育的诗性体现着人类诸关系之中最为特殊也最为别致的一种关系——师生关系的典雅和亲近。

所以中国古代有“一日为师，终生为父”的箴言，所以中国古代将拜师的礼数列为“大礼”。这当然是封建色彩太浓的现象，我觉得反而损害了师生关系的典雅和亲近。

那么，让我们来分析一下，上学这件事，对于一个学龄儿童，究竟意味着些什么吧！

记得我报名上小学那一天，哥哥反复教我10以内的加减法，因为那将证明我智力的健全与否。母亲则帮我换上了一身干干净净的衣服，并一再替我将头发梳整齐。我从哥哥和母亲的表情得出一种印象：上学对我很重要。我从别的孩子们的脸上得出另一种印象：我们以后将不再是个普通的孩子……

报完名回家的路上，忽听背后有一个清脆的声音高叫我的“大名”——也就是我出生后注册在户口本上的姓名。回头看，见是邻院的女孩儿。她的母亲和我的母亲要好，我和她稔熟之极，也经常互相怄气。此前我的“大名”从没被人高叫过，更没被一个稔熟的女孩儿在路上高叫过。而她叫我的小名早已使我听惯了。

我愕然地瞪着她，几乎有点儿恓惶起来。

她眨着眼问我：“怎么，叫你的学名你还不高兴呀？以后你也不许叫我小名了啊！”

又说：“你再欺负我，我就不告诉你妈了，要告诉老师了！”

一个人出生以后注册在户口本上的名字，只有当他或她上学以后才渐被公开化。对于孩子们而言，小学校是社会向他们开放的第一处“人生操场”，班级是他们人生的第一个“单位”。人与教育的诗性关系，或一开始就得到发扬光大，或一开始就被教育与人的急功近利的不当做法歪曲了。

儿童从入学那一天起，一天天改变了“自我”的许多方面。他或她有了一些新的人物关系：老师、同学、同桌。有了一些新的意识：班级或学校的荣誉、互相关心和帮助、尊敬师长以及被一视同仁平等对待的愿望，等等。有了一些新的对自己的要求：反复用橡皮擦去写在作业本上的第一个字，横看竖看总觉得自己还能写得更好。甚至不惜撕去已写满了字的一页，直至一字字一行行写到自己满意为止……

第一个“五”分；集体朗读课文；课间操；第一次值日……几乎所有的小学生，都怀着本能般的热忱进入了学生的角色。

那一种热忱是具有诗性的，是主动而又美好的，是在学校这一教育事业的实体环境培养之下萌生的。如果他或她某天早晨跨入校门走向班级，一路遇到三位甚至更多位老师，定会一次次郑重其事地驻足、行礼、问好。如果他或她已经是少先队员，那么定会不厌其烦地高举起手臂行标准的队礼。怎么会烦遇到的老师太多了呢，因为那在他或她何尝不是一种愉快呢！

当我们中国人在以颇为怀疑的眼光审视西方某些国家里实行的对小学生的“快乐教育”时，我们内心里暗想的是——那不成了幼儿园的继续了吗？

其实不然。

据我想来，他们或许正是在以符合自己国家国情的方式，努力体现着教育事业之针对于小学生的诗性吸引力。

当我们在反省我们自己的中小学教育方法时，我想说，我们或许正是在丧失着教育事业针对于小学生们的诗性内涵。

当我们全社会都开始检讨我们的中小学生所面临的学业压力已成甸甸重负时，依我看来，真正值得我们悲哀的乃是一中小学教育事业的诗性质量，缘何竟似乎变成了枷锁？

将一代又一代儿童和少年培养成一代又一代出色的人，这样的事业怎么可能不是具有诗性的事业呢？

问题不在于“快乐教育”或其他教育方式孰是孰非，各国有各国的国情。别国的教育方式，哪怕在别国已被奉为经验的方式，照搬到中国来实行，那结果也很可能南辕北辙。问题更应该在于，我们中国人自己的头脑中，是否有必要进行这样的思考：如果我们承认教育之对于学生，尤其对于中小学生确乎是具有诗性的事业，那么我们怎样在中小学校保持并发扬光大其诗性的特征？

儿童和少年到了学龄，只要他们所在的地方有学校，不管那是一所多么不像样子的学校；只要他们周围有些孩子天天去上学，不管是多数还是少数，他们都会产生自己也要上学的强烈愿望。

这一愿望之对于儿童和少年，其实并不一概地与家长所灌输的什么“学而优则仕”或自己暗立的什么“鸿鹄之志”相关。事实上即使在城市里，绝大多数家长也并不经常向独生子女灌输那些，绝大多数的学龄儿童也断然不会早熟到人生目标那么明确的程度。

它主要体现着人性对美好事物的最初的趋之若渴。

在孩子的眼里，别的孩子背着书包单独或结伴去上学的身影是美好的；学校里传出的琅琅读书声是美好的；即使同样是在放牛，别的孩子骑在牛背上看书的姿态也是美好的……

这一流露着羡慕的愿望本身亦是具有诗性的。因为羡慕别的孩子的书包，和羡慕别的孩子的新衣服是那么不同的两种羡慕。

这一点，在许多文学作品甚至自传作品中有着生动的描写。一旦自己也终于能去上学了，即或没有书包，即或课本是旧的破损的，即或用来写字的只不过是半截铅笔，即或书包是从母亲的某件没法穿了的衣服上剪下的一片布做成的，终于能去上学了的孩子，内心里依然是那么激动……

这也不是非要和别的孩子一样的“从众心理”。

因为，情形很可能是这样的，当这个曾强烈地羡慕别人能去上学的孩子向学校走去的时候，他也许招致另外更多的不能去上学的孩子们巴巴的羡慕目光的追随。斯时，后者们才是“众”……

我曾到过很偏远的一个山区小学。那学校自然令人替老师和孩子们寒心。黑板是抹在墙上的水泥刷了墨，桌椅是歪歪斜斜的带树皮的木板钉成的，孩子们的午饭是每人自家里装去的一捧米合在一起煮的粥，就饭的菜是半盆盐水泡葱叶。我受委托去向那一所小学捐赠一批书和文具。每个孩子分到书和文具的同时还分到一块橡皮。他们竟没见过城市里卖的那种颜色花花绿绿的橡皮，以为是糖块儿，几乎全都往嘴里塞……

我问他们上学好不好？

他们说好。说还有什么事儿比上学好呢？

问上学怎么好呢？

都说识字呀，能成有文化的人啊。

问有没有志向考大学呢？

皆摇头。有的说读到小学毕业就得帮家里干活儿了，有的以庆幸的口吻说爸爸妈妈答应了供自己读到初中毕业。至于识字以外的事，那些孩子们根本连想也没想过……

解海龙所摄的、成为“希望工程”宣传明星的那个有着一双大大的黑眼睛的小女孩儿，凝聚在她眸子里的愿望是什么呢？是有朝一日能跨入名牌大学的校门吗？是有朝一日戴上博士帽吗？是出国留学吗？是终成人上人吗？

我很怀疑她能想到那么多那么远。

我觉得她那双大大的黑眼睛所巴望的，也许只不过是一间教室，一块老师在上面写满了粉笔字的黑板，一套属于她的课桌椅——而她能坐在教室里并且不必想父母会因交不起学费而发愁，自己也不必因买不起课本文具而愀然……

总而言之我的意思是，恰恰在那些被叫作穷乡僻壤的地方，在那些期待着“希望工程”资助教育事业的地方，在简陋甚至破败的教室里，我曾深深地感受到儿童和少年无比眷恋着教育的那一种简直可以用“粘连”二字来形容的、“糯”得想分也分不开的关系。

那是儿童和少年与教育的一种诗性关系啊！我在某些穷困农村的黄土宅墙上，曾见过用石灰水刷写的这样的标语：“再穷也不能穷了教育；再苦也不能苦了孩子！”它是农民和教育的一种诗性关系啊！有点儿豪言壮语的意味儿。然而体现在穷困农村的黄土宅墙上，令人联想多多，看了眼湿。

我的眼并不专善于从贫愁形态中发现什么“美感”，我还未矫揉造作到如此地步。我所看见的，只不过使我在反观我们城市里的孩子与教育，具体说是与学校的关系时，偶尔想点儿问题。

究竟为什么，恰恰是我们可以坐在宽敞明亮的教室里，而且根本不被“学费”二字困扰的孩子，对上学这件事，对学校这一处为使他们成才而安排周到的地方，往往表现出相当逆反的心理呢？

这一种逆反的心理，不是每每由学生与教育的关系，与学校的关系，迁延至学生与老师与家长的关系中了吗？

不错，全社会都看到了中小学生几乎成了学习的奴隶，猜到了他们失乐的心理，看到了他们的书包太大太重，看到了他们伏在桌上的时间太长久了……

于是全社会都恻隐了。于是采取对他们“减负”的措施。但又究竟为什么，动机如此良好的愿望，反而在不少家长们内心里被束之高阁，仿佛你有千条妙计，我有一定之规呢？但又究竟为什么，“减负”了的学生，有的却并不肯“自己解放自己”，有的依然小小年纪就满心怀的迷惘与惆怅呢？如果他们的沉重并不主要来自于书包本身的压力，那么又来自什么呢？一名北京市的初二学生在寄给我的信中写道：

> 我邻家的哥哥姐姐们，大学毕业一年多了，还没找到工作，可都是正牌大学毕业的呀！我十分的努力，将来也只不过能考上一般大学。我凭什么，指望自己将来找到一份普普通通的工作竟会比他们容易呢？如果难得多，考上了又怎么样？学校扩招并不等于社会工作也同时扩招呀！可考不上大学，我的人生出路又在哪里呢？爸爸妈妈经常背着我嘀咕这些，以为我听不到。其实，我早就从现实中看到了呀！一般大学毕业生们的出路在何方呢？谁能给我指出一个乐观的前景呢？我现在经常失眠，总想这些，越想越理不出个头绪来……

倘这名初二女生的信多多少少有一点儿代表性的话，那么是否有根据认为——我们的相当一批孩子，从小既被沉重的书包压着，其实也被某种沉重的心事压着。那心事本不该属于他们的年纪，但却不幸地过早地滋扰着困惑着他们了……他们也累在心里，只不过不愿明说。

我们的孩子们的状态可能是这样的：第一，爱学习，并且从小学三四年级起，就将学习与人生挂起钩来，树立了明确的学习目标的；第二，在家长经常的耳提面命之下，懂了学习与人生的密切关系的；第三，有“资格”不想，也不必怎样努力，反正自己的人生早已由父母负责铺排顺了的；第四，厌学也没“资格”，却仍不好好学习，无论家长和老师怎样替自己着急都没用的；第五，明白了学习与人生的密切关系，虽也孜孜努力，却仍对考上大学没把握的。

对第一种孩子不存在什么学习负担过重的问题，倒是需要家长关心地劝他们也应适当放松；对第二种孩子，家长就不但应有关心，还应有体恤之心了。不能使孩子感到，他或她小小的年纪已然被推上了人生的“拳击场”，并且断然没有了别种选择……

前两种孩子中的大多数，一般都能考上大学。他们和他们的家长，无论社会在主张什么，总是“按既定方针”办的。

对第三类孩子，社会和学校并不负什么特别的责任。“减负”或“超载”也都与他们无关。甚至，只要他们不构成某种社会负面现象，社会和学校完全可以将他们置于关注之外，谈论之外，操心之外。

第四类孩子每与青少年社会问题有涉。他们的问题并不完全意味着教育的问题，也并非“中国特色”，几乎每个国家都有此类青少年存在。他们应是一个值得关注的问题，却也不必大惊小怪。

第五类孩子最堪怜。

从他们身上折射出的，其实更是教育背后凸显的人口众多、就业危机问题。无论家长还是学校，有义务经常开导他们，使他们比较地能相信——我们的国家还在发展着。这发展过程中，国家捕捉到的一切机遇，其实都在有益的方面决定着他们将来的人生保障……

我们为数不少的孩子，确乎过早地“成熟”了。

本来，就中小学生而言，他们与学校亦即教育事业的关系，应该相对单纯一些才好。“识字，成为有文化的人。”——就是单纯。在这样一种儿童和少年与教育事业的相对单纯的关系中，教育体现着事业的诗性；孩子体验着求知的诗性；学校成为有诗性的地方。学校和教室的简陋不能彻底抵消诗性。教师和家长对学生之学业要求，也不至于彻底抵消诗性。

但是，倘学校对于孩子成了这样的地方——当他们才小学三四年级的时候，教师和家长就双方面联合起来使他们接受如此意识：如果你不名列前茅，那么你肯定考不上一所好中学，自然也考不上一所好高中，更考不上名牌大学，于是毕业后绝无择业的资本，于是平庸的人生在等着你；而你若连大学都考不上，那么你几乎完蛋了。等着瞧吧，你连甘愿过普通人生的前提都谈不上了。街头那个摆摊的人或扛着四十斤的桶上数层楼给邻家送纯净水的人，就是以后的你……

这差不多是符合逻辑的，差不多是现实，同时，也差不多是某些敏感的孩子的悲哀。

这一点比他们的书包更沉。

这一点，一旦被他们过早地承认了，“减负”不能减去他们心中的阴霾。

于是教育事业对于孩子们所具有的诗性，便几乎荡然无存了。

最后我想说——如果某一天，教师和家长都可以这样对中小学生讲——你们中谁考不上大学也没什么。瞧瞧你们周围，没考上大学的人不少啊！没考上大学就过普通的人生吧，普通的人生也是不错的人生啊！……

倘这也差不多是一种逻辑，一种现实，那么，我们就有理由根本不谈什么“减负”不“减负”的话题了。

中小学教育的诗性，就会自然而然地复归于学校了。当然，这样一天的到来，是比“减负”难上百倍的事。我却极愿为我们中国的中小学生祈祷这样一天的尽早到来！

7. 倦怠的时代

我感觉，发生职业倦怠了的，并不只是教师们。众多职场的人士，也许都不同程度地倦怠了。倒是教育界的同行们，此倦怠反而呈现得略迟。虽迟，一经呈现，那状态却又再明显不过。这乃因为，自二十世纪八十年代以后，全中国处于各种体制的转型期，可谓大解体、大分化、大整合、大动荡。从每一行业到每一职场到每一行界中人职场中人，终日面临考验压力、竞争压力、生存压力。总而言之，不适必然。于是浮躁。在浮躁中，亦须亢奋，历二十余年矣。

我以我眼观察社会，一个倦怠的时代已经接踵而来。

倦怠时代乃是浮躁时代的连续时代。

此乃人类社会发展的一种规律。欧美当代社会之发展，也经历过此规律期的。

无论一个国家还是一个人，浮躁着亢奋着的时候是思考不了什么的。好比正激烈进行中的赛事，只有亢奋地进行着。中场暂息，才是总结经验和教训的机会。

故我认为，对于教师们出现了职业倦怠，不必太过讶然。以看规律的眼看待此现象，也许是更清醒的态度……

出现在教育界的职业倦怠现象，情况各不相同，不能同日而语。依我看来，小学、中学、高中，都还没有倦怠。因为，在小学、中学、高中，学生也罢，教师也罢，都还在硬撑住孜孜不倦的状态，岂敢使自己们倦怠？学生倦怠了将来就榜上无名了，教师倦怠了则教职不保了。正通往瓶颈的人是没有退路的，除非自暴自弃了。纵使真的倦怠，也还只有硬撑着。

由倦怠而竟至于索性松懈的状态，其实更是大学里的一种状态。大学是分成三六九等的，情况又不相同。在同一所大学，不同的院系，不同的专业，情况还不相同。学子毕业后就业局面乐观些的院系、专业，教师和学子双方其实都并不怎么的倦怠。因为学子们明白，多学对自己有益，而不认真学首先对不起自己。面对求知若渴的学子，教师们都是愿意抖擞起精神讲好每一堂课的。因为那能使教师获得职业愉快。正因为那样一些院系和专业的就业局面乐观，教学经验丰富的教师，资深的教师，有权威光环的教师，除了在本校担任学科带头人和骨干，还每每应邀四处游教，甚而经常游教到国外去。所谓招牌越大，学科越显，时间越少。故，也倦怠。

但这一种倦怠，纯属个人情愿或不情愿的事。不情愿，自我调整，谢绝邀请，也就不倦怠了。

而另一类院系、专业，学子们的就业局面就不乐观了。非但不乐观，简直还令他们越来越悲观。在大学中，戏称这一类院系和专业为“弱势院系”、“择忧专业”。学子们瞻念前程，既悲观、迷惘，那么倦怠在所难免。既倦怠，学习状态之松懈难免，而这毫无疑问会影响到教师的教学心理。教师不也站在学生们的立场想问题是不可能的。但看得分明，却又无计可施，故每每会同样地心生倦怠。教与学的双向倦怠，最是大学里“弱势院系”、“择优专业”令人内心里不是滋味的现象。然而连这一种现象，其实也是隐性的，是教与学双方讳莫如深的……

故我并不同意造成教师职业倦怠的“主要原因”是学校人事制度改革的不完善。即使有调查问卷的统计为前提，我也还是不同意。

因为，倘同时向学生发同样数量的调查问卷，必然会得知相当多的学生其实也倍感倦怠。而那肯定更是由他们对人生前途的悲观和迷惘所引发的。各大学针对教师们而制定的人事制度、评级制度等，其实是和学生们没什么实际关系的，也就谈不到对学生有什么太大的正负面影响。

窃以为，关注大学里的倦怠现象，不关注学子们的倦怠，仅关注教师们的倦怠，乃是不全面的关注。

窃以为，无论对于学子们还是教师们，倦怠之感首先是心理的；其次是时代性的；再次才是各大学人事制度、教改制度的不完善所造成的。这么看问题，也许更宏观一些，更客观一些。

我当然认为，在以上情况之下，倘一所大学的人事制度不尽合理，教改思路南辕北辙，那肯定将加剧教师们的倦怠心理，并由而间接加剧学生们的倦怠心理，遂使大学生的倦怠之风氲氤一片。而归根到底，对学子们是不利的。

我看大学的眼，首先是将学子们在大学里的感觉放在第一位的。因为大学首先是为学子们而存在的。进而认为，大学里的人事制度、教改制度究竟应该怎么完善，也当首先从怎样使学子们的学习状态不倦怠不松懈这一点来出发……

故在教改方面，有些学科半个多世纪以来不变的内在结构是一定要改的。大学生毕业后从业能力的下降实在是令人欲言还休。要充实新的学科内容，以增强学子从业的综合能力。

研究生招生的“过关”模式，也到了非改不可的地步了。在此点上，我深深理解清华大学陈丹青教授的苦衷。倘一名专业上极有深造潜质和培养前途的本科学子，一再由政治分数线的一两分之差而榜上无名，那真是令人不知说什么好的事情。

此情况继续，难道教师们心理上就不倦怠吗？

果而并不倦怠，那么这样的同行们的自己心理上的倦怠，我是不太同情的。

在人事制度方面，教师称职不称职，优秀不优秀，是否有资格由副教授而教授，其发表论文多少又究竟有多大的参考价值呢？需知一名好的教师，与一位有成就的学者毕竟是有些区别的。对于教“大本”尤其是这样。不是早已承认大学本科教学只不过是进行素质教育和能力教育了吗？而这不是就等于也承认了大学本科教学是有别于学问教学能力的另一种教学能力吗？为什么不鼓励教师多付出些精力探讨这等有利于学生的教学能力，却非着眼于其发表论文的多少呢？一个不争的事实是，大学里每年派生出多少垃圾论文啊！学子为文凭，教师为职称，这种状况何年何月是个头？

大学本科论文可否允许不那么僵死的一套格式化？那跟八股文究竟有什么区别？连本该思维活跃，体现生动想象力的中文学科，也被论文格式限制得奄奄一息了！学了那等论文本事，反而就是学到了很高级的中文能力了吗？教师连续面对那等论文是否是一种不得已？又怎么能不教学双方都倦怠？

各院系，各专业，大本论文，硕士论文，允不允许从格式到内容，突破目前的令人厌烦透顶的八股品相？教育部不是要求“一律”吗？给检查者们一份仅仅首页“一律”的论文行不行？给学子们点儿从格式到内容更自由点儿的空间行不行？

大学教师们所填表格忽然多了起来，据说也是为了“一律”。理论似乎是这样的——“一律”才便于“量化”考评，才便于检查教师工作状况，才便于体现公平……

但，有些学科的教与学的实绩，其实是根本不能由一纸表格来体现的。

某些“一律”肯定是必要的，然必要或不必要，这权力能否下放给各大学自己来考虑？各大学又能否下放给各院系自己来考虑？

归根结底，“一律”性也罢，“量化”之模式也罢，究竟必要不必要，怎样必要怎样不必要——其决策权应归属一线教学者，而非另外的方面另外的人们……

8. 人文教育——良知社会的起搏器

对技术人才也不能放弃文化要求

在国人看来，技术人才似乎可以离“人文”远一些，甚至无须人文主义熏陶。而中国的事实，也大致如此。但是，若从另一种更高的要求来说，即使爱因斯坦，在第二次世界大战期间也要明确自己的人文立场。第二次世界大战时候站在纳粹文化一边的科学家，在战争结束后是必须要给全世界一个说法的。因此，技术人才同样要对社会时事恪守最基本的人文判断和态度。所谓人文理念，其实说到底，是与动物界之弱肉强食法则相对立的一种理念。在动物界，大蛇吞小蛇，强壮的狼吃掉病老的狼，是根本没有不忍一说的。而人类之所以成为人类，乃因人性中会生出种种不忍来。这无论如何不应被视为人比动物还低级的方面。将弱肉强食的自然界生存法则移用到人类的社会中来，叫“泛达尔文主义”，和法西斯主义有神似之处。

“人文”其实就是以更文明的文化来“化人”——化成一个有社会良知的人，科技人才自然不能排除在外。如果允许成批的科技人才可以不恪守符合社会良知的价值观，那么，这些人就会沦为一批“科技动物”。而恰恰在这方面，我们做得很不够。

技术人才可以放弃文化要求吗？西方早在二十世纪七八十年代就发现了这个问题：千万不能忽视技术人才的人文教育。美国的医学院、法学院都是修完通识的本科之后，才允许申请就读。他们的本科中，特别重要的内容是人文教育。而我们的高中生可以直接学习医学、法学，绕开了必要的人文教育。实际上，医生和律师是最富人文色彩的职业。在课堂上，学生们往往不只是在讨论技术问题。举个例子说，一个病人送来了，可他的家属不在旁边，无法签字，而医生冒险抢救的成功概率也不大。在这种情况下，医生选择救还是不救？如果抢救失败，病人的家属来后，会引起很麻烦的医患纠纷。抢救或不抢救，考验并证明一个国家"人文"社会水平的高下。我们当然不应该要求每一位中国医护从业者都真的接近是天使，估计别国的医护从业者也做不到人人都接近是天使。区别也许仅仅在于：

一、既有院方的明文规定，见死不救亦心安理得，并习惯成自然。

二、见死不救是绝难心安理得的事，于是共同商讨实施抢救的两全之策。而有时两难之事，正是由于人性由于良知的不麻木和能动性，得以化解，呈现了两全的希望。所谓"人文"，无非如此"化"人而已。在人文主义文化厚实的国度，以上希望就多。反之，则少。甚而几近于无。在我们中国，唯上级指示和所谓"规定"为大的现象比比皆是。往往，其大大于人命。举两个例子来说明：

第一，我是中学生的年代，哈尔滨市出现过一位为抢救国家财产而大面积烧伤的英雄人物，但是他在医院走廊躺了一个多星期得不到治疗，因为他是农民，生产队替他交不起押金。后来引起了省委领导的重视，下达了抢救的指示，但为时已晚。当年我们全班还集体朗诵了一首哈尔滨诗人满锐的诗来歌颂他，开头两句我至今仍记得：

少年朋友们，请看——
高高的山上有青松，
青松的枝头有雄鹰，
雄鹰展翅高飞腾，
声声鸣！

如果中国的少年们都能明白这么一个道理——相比于一条人命，不论英雄人物的还是普通人的，在不至于危害另外一些人的生命的前提之下，一切似乎不可违反的规定都可视为狗屁规律；那么，往后的中国人的人心，便算是被"人文"所"化"了。

第二，八十年代末九十年代初，某沿海省份某小市港口管理部门接获海上频频发至的求救电讯，三十余条渔船在仅仅三十里外遭遇台风袭击，恳求出动大船营救。而港口内，也确乎停泊着大船数只，完成营救不在话下。但，小官吏要向上级请示，得到上级批准才敢派船。因为有规定，先交钱，后出船。遇险渔民们的家属一时凑不齐那么多钱，虽冒大雨集体跪于码头也还是无济于事。因为上级的指示是——严格执行规定。其结果是，二十几名渔民遇难……

又比如，首长出行，马路戒严，提前十几分钟，延后十几分钟，每三四十分钟。若有人急于回家大小便，而家就在马路对面，让不让过？若有老人在天桥上被晒得头晕，请求下天桥到树荫下凉快一会儿，行不行？送急症病人去医院抢救的私家车允许通行一下不？……

若有武警战士居然放行了，他的做法应该被理解还是应该严厉批评、处分。

若其遭遇是后种，以后谁还敢“人性化”一下。

若人人都成了不管面对什么情况，我都要做执行命令坚定不移的战士，人民大众又将作何想法？

政治是不太说这些的。

正是政治不太说的这些，人文文化要大说特说，虽会引起从政的某些人士的不满，也要在所不惜。

人文文化“化”人，正是要如此这般也往社会细节处无怨无悔地“化”去。

诚然，近十余年来，各级政府官员，对关乎人命之事，也确乎的不敢懈怠了。汶川地震、玉树地震以及其他许多灾情发生后，从党中央到国务院到各级政府官员，以人民大众的生命财产为重的意识，越来越明确了。

而这正是人文文化“化”一个国家的可喜的思想成果。

但以上那种反面例子的“上级”还大有人在，“下级”也大有人在，“规定”仍将“人文”二字“规”在其外，故“人文”化人的使命，远没完成。

在大学普及人文的无奈之举

大学应是人文气氛最厚重的地方，但是，我们做得也并不好。大学课程的安排太细致了，专业分科也太繁琐，而一旦要精简课程，首先拿下的就是人文课。

大学生的学业压力很重，学外语要耗费很多时间，计算机考级也很辛苦。总之，大学生们的头脑在一天二十四小时内，考虑更多的是专业成绩，关心更多的是证书。若稍微再有余暇，他们只会选择放松和休息。

大学也满腹怨言：凭什么非得进了大学才开始进行普及性的人文教育？这实际上已经有点儿晚了。这些进入大学之前的青年，按理说应该完成了初级的普世价值观的教育，他们进入大学后，更应该提升、巩固、刷新已经接受的人文意识。但是，我们回过头来看，在高中能不能完成人文普及教育呢？不能，因为高考的压力太大。再退回到中学说，还是不能，中考压力也不小。那索性就退到小学吧，可小学里又不能胜任此项任务——小学生的心智还未成熟。

但也不能据此就推卸掉人文教育的责任。事实上，一个孩子一出生就会成长在一种文化背景中，无论是在家里、幼儿园，还是小学，他们都会迅速形成作为现代人的最初的那些价值观，这包括对生命的尊重。譬如说，虐待小动物也是丑恶的行为。但若仔细想一想，多少中国人小的时候，会抓蜻蜓或蝴蝶，尤其是男孩子，会把它们的脚撕扯下来，想看看没有脚的蜻蜓和没有脚的蝴蝶是怎样的。捉到一只蜜蜂，每在它的脊背刺上细细的枝条，拿在手里玩弄。那些昆虫在他们看起来更像是种种无生命的玩具。这固然是好奇心驱使，但在西方，很少会有此类现象。当然，现在我们的国家，公园里的这种情形也已经少多了。当小孩子刚刚懵懂懂事的时候，人文教育实际上就应该开始了。西方的人文教育与我们截然不同，更是与我们的官二代、富二代的家庭截然不同。杜鲁门的外孙一直到小学四年级的时候，才从课本上知道他的外祖父曾经是美国总统。他回家质问他的妈妈，你怎么从来没跟我讲过外祖父是总统？妈妈跟他解释，这没什么可讲的，每一个美国人，只要他对美国有一份责任感都可以去竞选总统。——权力的本质是责任，这是我们最缺乏的人文意识的解读。

人文教育更包括责任、信任、承诺等基本的价值判断。电影《闻香识女人》里面讲过这样一个故事：一名男高中生出身于清贫之家，就读一所重点中学，那里富家子弟很多。这个高中生在学校目睹了几位同学侮辱校长。事后，他被校方要求作为证人交代犯纪者的名字。若不说将会被开除，若说了将会被保送到耶鲁大学。这个高中生与这些同学又都有着一种友好关系，他答应过他们，那件事情对谁也不说，既不能告诉校方、老师，也不能告诉家长。他值得出卖同学以此换取自己的前途吗？这位高中生把苦恼讲述给了一位中校。后来，校方让几名同学坐在一起对质，所有的学生都坐在台下。正在这时，那位中校赶来了，他说：为什么校方不能启发犯错的同学自己承认呢？没人承认，这本身就已经说明了中学教育的失败。确实有人做了不对的事，而且不止一人，但就是没有一个学生有勇气站出来，这样的学校算什么美国一流的学校？对于校方而言，以极大的好处诱惑一个学生，无论他如何选择，要么会毁掉他的前途，要么会毁掉他的人格。以毁掉这样出色的青年作为手段，这样的教育何其失败！

类似的情节也出现在苏联的一部电影《丑八怪》里：有两个小学生是很好的一对好朋友，其中一个是班干部，老师交给他一个任务，要密切关注他的好朋友在校外做了什么事。这位班干部发现，他的好朋友在校外吸烟，于是，立即汇报给了老师。他必须去汇报，只有去汇报，才能让那些师长认可他是好学生。汇报后，他的好朋友受到了友谊的伤害，而汇报者长大后心灵的煎熬也远不能结束。

羞辱校长、吸烟都是不好的，但即使这些明显的错误，当和人与人之间的信任、承诺等恒定信念发生“力”冲击的时候，人们都要面对一个如何对待的问题。在我们的国家，恐怕这些全都是可以简化的，也许根本就没必要讨论，因为答案非常明确：当然要汇报！向阿姨汇报，向老师汇报，向校方汇报。因为汇报了，肯定受到表扬，而受表扬永远是值得不考虑其他的。这种思想在大学，以及大学以外的地方潜移默化地让他们接受，而这，最应该得到的是全社会的人文反思。

社会问题太多，人文不可能很快完成

信仰、承诺、友谊，这些很基本的人文价值，到底应该在哪个阶段完成？如何加强大学里的人文教育？这种问题本身就意味着一个非常功利的想法：希望找出一种方法普及人文，最好极快，最长也别超过三年五年就能见成效。事实是，人文教育肯定不能这么快地完成，这不是盖楼，也不是修路。

在西方，人文价值的普及用了二百多年，我们今天即使要尽快普及的话，也至少要再用和我们共和国的历史一样长的时间。我们现在讨论的只不过是用什么样的方法来缩短原来需要那么长时间来做的事情。当然，只能是尽量地缩短。人文教育不仅仅是学校里的事情，更是全社会的责任。当社会问题积累得太多的时候，人文教育就会变得更加复杂和难以实施。构建和谐社会，前提是这个社会必须是一个良知社会。社会必须有一些最基本的，像铸石一样的价值观和原则来支撑住它。我们用人文的思想从小教育一个孩子，在他的成长过程中，使他成为良好的人，这是完全有可能的。但如果社会环境不配合，这个目标也是很难能实现的。“水门事件”后的尼克松最后向全体美国人道歉。他辞去总统第二次访问中国，又见到了毛泽东的时候，毛泽东问尼克松，那么点儿事就把你搞下来了？由此我们会发现两个国家的价值观形成极大差别：在我们这儿是“那么点儿事”，而在美国那里——全美国的公民，从大人到孩子都感觉受到了伤害。是的，他们之所以不能原谅他们的总统，乃因总统极大地运用权力伤害了他们。

技术主义、商业主义、官僚主义——人文教育的三个敌人

人文教育在当今中国，面临着技术主义、商业主义、官僚主义三个敌人。技术主义什么都要搞量化，可人文元素毕竟是最不能量化的思想元素。商业主义什么都要利益第一，而且要利益最大化，可“人文”偏偏不是以赚钱为首要目的之文化。官僚主义最瞧不起“人文”，可它们最有权力决定“人文”的文化地位。这些人文教育的敌人，哪个都很厉害，哪个都很强势。与它们比起来，“人文”是很温软、很柔弱的文化品种。尽管如此，人文思想却是人类全部文化总和中最有价值、最核心的那一部分。少了这一部分的文化，轻言是次品质的文化，重言是垃圾文化。

商业文化是什么赚钱搞什么，不惜腐蚀人的心灵。前不久的相亲节目《非诚勿扰》，相关批评已经有了。电视台是国家公器，国家公器不体现人文文化思想是不对的。连娱乐节目也存在价值传播的问题。“我宁可坐在宝马里哭，也不坐在自行车上笑”，这其实是某些女孩子们真实的想法，是可以讨论的。但是，如果不是讨论而仅仅是表现，就会事与愿违。美国的商业文化也是无孔不入的。举

个例子，有两个美国未成年的女孩境外贩毒，在国外被引渡回国。结果，刚一下飞机，所有的记者全都去了。许多文化公司跟她们签合同：出书的合同、拍电影的合同、专访的合同，等等，这两个贩毒的女孩还没出机场，她们的身价都已经千万以上了。面对唯利是图的文化的骄横，知识分子首先会发出声音，特别是在法律没有明确规定的时候，知识分子就会站出来。美国的知识分子当时就纷纷站出来予以谴责了——而那些合同虽不违法，但等于作废了。西方有诸如《关于健全人格的二十四不》等图书，其中几条包括怎样看待金钱、怎样看待权力，而我们这里，这样的书是无人问津的，人人都觉得自己的人格很健全了。这些所谓“人格很健全”的人一听说有本书教人怎么变富，大家全都去买了，一听说有本书教人在官场上“厚黑”，也买之唯恐不及。这如何是“健全的人格”？

官僚主义更多的现象是对“人文”文化的一种不以为然。或者口头上认可，但心性漠然，或者不愿支持，不愿付出。偶然有时候也觉得那是不能或缺的，但转而一想，这还是让别人去做吧。强势的官僚主义本能地嫌恶人文文化，从政治功利的角度来看，对于一个官员，人文文化往往不能成为政绩。相比而言，修了一条路，建了一处广场是那么清晰可见。娱乐文化至少还花钱营造了热闹，而人文文化却无热闹可言，故他们认为才不投入那“打水漂”的钱。原来的提法是“文艺搭台、经济唱戏”，就是这样一种非常功利的思维。文艺成了工具、台面，是种衬托，活脱脱一个打工者形象。我们还常说，下一步的社会和谐工作要把文化当做“抓手”，“抓手”是什么？就是门把手之类，随便抓一下做支撑。最近的提法是“文化软实力”，“软实力”也非常功利，去国外办一些孔子学院普及汉语，就体现实力了么？姑且认为文化是一种“力”，我们现在要考虑的是如何体现这种“力”，如何使用这种“力”？是用这个“力”影响公民，让公民提高自己的意识，进一步监督政府把事情做好，还是用这个“力”来影响公民，使他们更加承认——百分之百地承认官员的权威？官僚阶层对民主的人文思想能压制就压制，恨不得再搞一次“反右”，这种文化还正常吗？现在某些人对文化知识分子还是分派别，从前是分成左派和右派，右派的命运很不好。我们现在又有了新左派和新右派。在有些人看来，新左派不可怕，毕竟他还继续崇拜着毛泽东，所以还属于“咱们”的人。而现在的被视为“新右派”的知识分子依然差不多还是当年的“右派”，只是没人能够轻易剥夺你的工作或把你发配到某个地方去。假如有人想让社会更透明一点、良知一点、民主一点，他就成了“新右派”的话；假如面对这么多分明由于不够民主而积累的社会问题还羞于谈西方的民主的话；假如大家都学聪明了，谁都不做“新右派”的话，这个国家不就没有民主的声音了吗？

全部人文文化的第一要务就是推动国家的民主程度和民主进度，绕开这个话题来谈人文文化，来谈人才教育和培养，就是绕开了人文文化对社会的最根本的责任，顾左右而言其他。

我们所面临的情况通常是这样——一个人如果具有某一方面专长，并且极其善于封闭内心真实思想，尤其是不谈现代人文思想见解的话（非常“不幸”，现代人文思想确确实实形成于西方），又尤其是，他还总是不失时机地一再地表示对现代人文思想之不屑的话，那么他被当成人才来培养和“造就”的概率就很大很大。特别是，他还多少有些文化，善于用中国古代封建思想家们的古代人文思想的絮片为盾，批判和抵制现代人文思想的话，那么“人才”简直非他莫属了。这样的人士我是很接触过一些的，他们骨子里其实也都是相当认可现代人文文化人文思想所传承的某些最基本的价值观的，他们的表现往往是作假，但是假装所获得的好处又确实是不言而喻的。

反之，如果一个人不讳言自己是现代人文思想的信徒，那么他的“进步”命运亦相反，他很可能被视为“异类”，受到能力限制。

这是“中国人文文化恐惧症”。“化”之难也，唯其难，故当持久“化”之。

9. 一种愿望，一种理想

这愿望和理想，是由对我国现时期初中及高中教育的一些看法而产生的。

我明知现阶段教育体制所面临的难题，并非在“应试教育”和“素质教育”

的讨论中。依我看来，二者并不极端矛盾，更不根本对立。因为无论中国还是外国，全世界的大学，都是要经过考试才能录取学生的。尤其重点大学名牌大学，不经过考试难以择优。考试自然非是择优的唯一方式，也非是最好方式，但的确是最公平的方式。

人类在教育制度方面，似乎目前还没想出比考试更公平的方式。考试的制度，显然有其自身存在的弊端，但恐怕我们不得不承认，它乃弊端最少的方式。

正如虽然全世界还没有一部包罗万类的最完善的法典，但“法律面前人人平等”的司法原则，的确最大程度地体现着司法公正。

同样，“分数面前人人平等”，也的确最大程度地体现着升学资格的公正。

一名优秀的运动员，可能因其体育技能以外的某种微不足道的因素，而在世界性的赛事中名落孙山。结果他或她的名字被从世界优秀运动员的名单中划掉了。这当然并不意味着他或她作为一名优秀运动员的“综合素质”应该被彻底否定了，但奖牌却只能与之无关了，优秀运动员的名次却只能与之无关了。他或她要证明自己仍是优秀的，那么只有通过下一届运动会上的表现了。

同样，初中考高中、高中考大学的学生也是这样。

既然“分数面前人人平等”像运动员在运动场上人人平等那么无可厚非，分数的高低对于学生便是至关重要的。“应试教育”也便无可厚非。全世界任何一个国家的教育方式，其实都不能完全彻底地摆脱“应试教育”的影响和制约。

依我看来，教育的方式，未见得一受“应试”所导向，学生的“综合素质”一定就差，一定就劣，一定就大成问题。“应试”的智力资本和心理基础，难道不也是“综合素质”的两个主要方面么?

二者矛盾与否，对立与否，不在“应试”不“应试”，而在出什么题，基于怎样的一种目的出题。

中国乃世界上人口最多的国家。中国历年的初中生高中生，因而也是世界上最多的。但中国却并不相应地是世界上大学最多的国家。这是一个残酷的前提。此前提决定了，每百名中国儿女中，仅二三名高中生最终能进入大学校门。主要不是他们和她们的智力问题，而是现有的大学最多只能吸纳百分之二三。

中国目前出高考题之首要的、最终的目的，捅破窗纸说亮话——乃为大面积地、有效地杀伤百分之九十七八的中国儿女升学的可能性。排除许多省份的穷困地区教育质量确实普遍低下的因素，高考题所要杀伤的人数，估计仍在百分之七八十以上。杀伤率每年不能低于这个比例。倘低于这个比例，则必出现有许多学生的考分虽过了高考分数线，但全国各大学人满为患的局面。

这个局面是万万不能出现的，万万不允许出现的。因一旦出现，简直无法解决。现盖大学是来不及的。

进一步捅破窗纸说亮话——出高考题之首要的、最终的目的，在于使残酷的前提看来像是这样——“分数面前人人平等”，所有大学的校门对一切考生敞开，而谁若不能成为幸运的百分之二三，那是谁个人的遗憾。非是国家高等学府吸纳能力的遗憾。

于是国家在一种国家性的窘况前似乎不窘了。

陷入空前挫败感的千千万万的高考学生，只有自怨自艾。

故高考题据说是一年比一年偏，一年比一年怪，一年比一年刁，甚至，一年比一年“坏”了。

“坏”！——太夸大其词了吧？

我意在指出——为了替国家达到摆脱和转嫁窘况困扰之目的，题意往往存心暧昧不明，往往存心误导考生的思维定向。一名考生无论答对了或答错了，事后似乎都能品味出那题所包藏着的一份儿出题人的幸灾乐祸的“阴险”。

而这一点，是与教育的宗旨，以及全世界普遍高考原则相悖逆的。

高考是对学生智力的检阅，而非是对学生智力的捉弄。但捉弄是有效杀伤的手段。

据我所知，高考题中，早已具有了捉弄考生智力的成分。于是“道高一尺，魔高一丈”。于是老师总结经验，学生吸取教训，考与学双方，都身不由己地被朝歧途上推去……

明知这一“病态”教育制度背景之下日渐形成的“应试教育”对教与学双方都非好事，明知在这一情况之下“素质教育”的呼吁之声的确代表着教育的良知，但学生、教师、家长，谁又敢亲“素质教育”而疏“应试教育”呢？有幸成为百分之二三，大学毕业后谋职也很难；不幸成了百分之九十七八，那结果那下场不是秃子头上的虱子明摆着的么?

我们正处在这样一个时代，它的显著的特点是——许许多多种从前由许许多多人从事的传统的工作正在消亡。而时代所派生出来的新行业其实只需要极少数人从事就迅速饱和了。这也就是说——社会并没那么多工作提供给许许多多的人去干，这许许多多的懵懂不知所从所适之人，注定了首先是许许多多的高考落榜生。

现实如此的确是很残酷的。

捅破窗纸说亮话，道出这一残酷的现实，也是很残酷的。

面对此残酷，“应试教育”向学生、教师、家长发出的警告是——“顺我者昌，逆我者亡”。闭上乌鸦嘴，少废话!

而“素质教育”其实只有闪在一旁喃喃地自说自话——“我们已经分别得太久太久!”

似乎也只有这样——权且先“应试”，日后再“素质”。

真的，坦率地开诚布公地讲，我就是每每以这样一种“识时务者为俊杰”的观点教诲儿子的……

自以为将中国当代教育体制的现实透视分明了，我才用“看法”二字圈定我的立场，而不写成是我有什么意见。对于某一种现实，倘确知它一个时期内积重难返，与其满腹意见，莫如仅仅有自己的看法。

但我的看法虽未免那个，我内心里对于中国教育体制的明天，却怀着一种大的愿望，一种热切的理想。因我当过老师，教过小学也教过中学，对教育的事业有天性上的感情。

我对教育的愿望，我对教育的理想，目前还仅仅寄托在中国语文教育方面。我认为，在中学，在高中，在“应试教育”的驱使之下，中国语文教育的教条化，似乎是尤其突出的。初中高中语文教师们的教学主观能动性，似乎被限制到了基本没有发扬余地的程度。教师不得不遵循“应试”模式及考分标准而教，学生不得不为“应试”和考分而教条地理解，教条地死记硬背。学生学语文的主观能动性和兴趣，往往惨遭涤荡。现象乃是——考分高的文科初高中生，未必是语文实际应用能力强的学生；而对语文可能具有天性潜质的初高中生，其潜质往往也许倍受压抑，并且难以通过语文考试得到充分的证明。不消说，这极大地挫伤了他们中相当一部分学生原本对语文的热情。若统计一下很可能结果会是这样——倘小学有半数以上学生喜欢语文，到了中学往往只剩三分之一，到了高中又很可能减少为四分之一五分之一六分之一。排除时代重理轻文的因素，语文教学的教条化僵死的理念化，是否也是因素之一方面呢？内容丰富的，博采古今中外绚丽的语文，竟落到被大多数初高中学生冷淡的下场，岂非咄咄怪事？岂不引人发思？

我热爱语文。我这个小说家，其实，只不过是以写作的方式继续着中国语文学习的超龄生。不是一名优等生。但自认为学得还勤奋。

我每独发奇想，并为中国将来的初中生高中生祈祷——祈祷他们和她们将来能上这样的语文课：

一篇课文，无论是诗是词是小说是散文或古今中外，老师先讲作者生平、命运；接着讲作者所处的时代；再接着讲作者与那时代的关系——是顺应者？还是反叛者？抑或徬徨者迷惘者失意者激进者促进者？导致作者命运的因素哪些与家庭或家族有关？哪些与时代与社会有关？他或她的文学主张是什么？其主张在当时是多数还是少数？为什么？他或她的人生观爱情观世界观，他或她的实事或逸事——判断一位老师的教学责任和水准，主要看其在以上方面，收集了多少有价值的资料？向学生讲了多少有意义的值得讲给学生听的内容？——至于结合到课文，应该分三段还是四段？某个词应视为比喻还是形容？某字的发音是平声还是仄声？非得按对国家一级播音员的标准去要求？非得和教师一致？非得与语文教学大纲如出一辙？对于语文，具有相对独立的欣赏角度，相对独立的理解悟性，相对独立的才情储备意识，难道既不但是正常的、允许的，而且应该是得到鼓励的么？对于热爱语文的学生，这一点难道非得上了大学乃至大学毕业以后才开始培养么？此前必须刻板、教条、概念，遵一循二么？不是提倡“素质教育”么？在语文教学方面怎么实践？情操素质、心灵素质、品德素质算不算“综合素质”的宝贵方面？

数理化中即或有，不是也很少么？

而语文教学与这些又有多么深层多么紧密的联系啊？

我们目前的语文教学开掘这一种联系性了么？发扬这一种联系性了么？

如果我们大力开掘了，发扬了，三年初中的语文教学，是不是会比目前三年高中给予学生的还要多一些？三年高中的语文教学，对学生是不是很可能接近于大学文科的受益水平？

但文科，具体说语文学科的高考该怎么出题呢？以什么方式考试呢？以什么标准判卷呢？那标准允许灵活到什么程度？谁来把握那一种灵活的程度？是电脑还是判卷教师？是相信电脑的公正性更可靠？还是相信判卷教师的识辨水平更可靠？

细一寻思，又不禁地陷于迷惘。

但我仍不泯这一愿望，不泯这一理想主义的希冀和企盼——我相信，未来的中国父母们的儿女们，一定会有那么一天，学语文像学艺术一样！

我要一直为未来的初中生高中生们祈祷下去……

10. 父母是最朴素的人文

一年一度，又逢母亲节、父亲节。

我的意识中，母亲像一棵树，父亲像一座山。他们教育我很多朴素的为人处世道理，令我终生受益。我觉得，对于每一个人，父母早期的家教都具有初级的朴素的人文元素。我作品中的平民化倾向，同父母从小对我的教育和影响密不可分。

我出生在哈尔滨市一个建筑工人家庭，兄妹五人。为了抚养我们五个孩子，父亲在我很小的时候就到外地工作，每月把钱寄回家。他是国家第一代建筑工人。母亲在家里要照顾我们五个孩子的生活，非常辛劳。母亲给我的印象像一棵树，我当时上学时看到的那种树——秋天不落叶，要等到来年春天，新叶长出来后枯叶才落去。

当时父亲的工资很低，每次寄回来的钱都无法维持家中的生活开支，看着我们五个正处在成长时期的孩子，食不饱腹，鞋难护足，母亲就向邻居借钱。她有一种特别的本领，那就是能隔几条街借到熟人的钱。我想，这是她好人缘所起的作用。尽管这样，我们因为贫困还是生活得很艰难，五个孩子还是经常挨饿。

一次，我小学放学回家走在路上，肚子饿得咕咕叫，正无精打采往家赶时，看到一个老大爷赶着马车从我面前走过。一股香喷喷的豆饼味迎面扑来，我立即向老大爷的马车看过去，发现马车上有一块豆饼。我本来就饿，再加上豆饼香味的刺激，当时只有一个念头，拿着豆饼填饱肚子。我趁着老大爷不注意，抱起他身旁唯一的一块豆饼，拔腿就跑。

老大爷拿着马鞭一直在后面追我，我跑进家里，他不知道我一下子跑入了哪间房子。我心惊胆战地躲在家里，可没想到他还是找到了我家。

“你看到一个偷我豆饼的小孩儿吗？”老大爷问我母亲。

母亲对发生的事全然不知。老大爷就把事情的经过给母亲详细说了一遍，然后蹲在地上沮丧地说：“我是农村的庄稼人，专门替别人给城里的人家送菜，每次送完菜，没有工钱，就得到四分之一块豆饼，可没想到半路上豆饼被一个学生娃给抢了，可怜我家里还有妻子和孩子，就靠这点豆饼充饥……”

母亲听完后，立即命令我把豆饼还给了老大爷。他走了十几米远后，母亲突然喊住了他。母亲将家中仅剩的几个土豆和窝头送给了他，老大爷看到玉米面做的窝头时，就像一个从未见过粮食的人一样，眼睛放亮，一边不停地说着感谢的话一边流着眼泪。

母亲回到家时，我以为她会打骂我，可她没有，她要等所有的孩子都回来。晚饭后，她要我将自己的行为说了一遍，然后她才严厉地教训我：“如果你不能从小就明白一个人绝不可以做哪些事，我又怎么能指望你以后是一个社会上的好人？如果你以后在社会上都不能是一个好人，当母亲的又能从你那里获得什么安慰？”这些道理不在书本里，不在课堂上，却使我一生受益。

当时我家虽然非常穷，但母亲还是非常支持我读书，穷日子里的读书时光对我来说是最快乐的。当时家中买菜等事都由我去做，只要剩两三分钱，母亲就让我自己留着。现在两三分钱掉到地上是没人捡的，那时五分钱可以去商店买一大碟咸菜丝，一家人可以吃上两顿，两分钱可以买一斤青菜，有时五分钱母亲也让我自己拿着。我拿着这些钱去看小人书。《红旗谱》在同学那里借来读过后，才知道还有下集，上下两部加起来一块八毛多一点，我还清楚地记得书的封面是浅绿色的，画有红缨枪，颜色很鲜红，我很喜欢，非常想看这本书的下集。当时正读中学，我下了很大的决心才鼓起勇气去找母亲要钱。

那天下午两点多，我来到母亲做工的小厂。进去一看，原来母亲是在一个由仓库改成的厂房里做工。厂房不通风，也不见阳光，冬天冷夏天热，每个缝纫机的上方都吊着一个很低的灯泡。因为只有灯泡瓦数很高，才能看得见做活。厂房很热，每个人都戴着厚厚的口罩，整个车间像一个纱厂一样，空中飞舞着红色的棉絮，所有母亲戴的口罩上都沾满了红色的棉絮，头发上、脸上、眼睫毛上也都是，很难辨认哪位是我母亲。

我一直不知道母亲是在这样的环境下工作，后来还是母亲的同事帮我找到了她。见到母亲，本来找她要钱的我，一时竟说不出话来。

母亲说："什么事说吧，我还要干活。"

"我要钱。""你要钱做什么呀。"

"我要买书。"

"梁嫂，你不能这样惯孩子，能给他读书就不错了，还买什么书呀。"母亲的工友纷纷劝道。

"他呀，也只有这样一个爱好，读书反正不是什么坏事。"母亲说完把钱掏给了我。

拿着母亲给的钱，我的心情很沉重，本来还沉浸在马上拥有新书的喜悦中，现在一点儿买书的念头都没有了。当时我心里很内疚，因为母亲在那里工作了两年多，我一直不知道她在那里。我一次都没有看望过她，我也没有钱孝敬她，我怀着这样的心情去用母亲给的钱给她买了罐头。

母亲看到我买的罐头反而生气了，然后又给了我钱去买书。那时我就拥有了完整的《红旗谱》和《播火记》，我非常喜欢这两本书。这件事给我的印象很深，以致后来参加工作后我的第一件事就是花了二三十元钱，给母亲买回所有款式的罐头和点心。母亲看着我买的礼物，泪流满面。她把这些罐头擦得很亮，整整齐齐地摆在桌子上。

母亲最令我感动的事是发生在三年自然灾害期间的那件事。当时因为我们家里小孩儿多，所以政府给了我们家一点粮食补贴，补了五至十斤粮食吧。月底的最后一天，家里一点粮食都没有了，揭不开锅，母亲就拿着饭盆将几个空面粉袋子一边抖一边刮，终于刮出了一些残余的面粉。母亲把它做成了一点疙瘩汤，然后在小院子里摆上凳子。

正在我们吃饭的时候，来了一个讨饭的。那是一个留着长胡子的老人，衣服穿得很破，脸看上去也有几天没洗。他看着我们几个孩子喝疙瘩汤的时候，显得非常馋。母亲给他端来洗脸水后，又给他搬凳子，把她自己的那份疙瘩汤盛给了他而自己却饿着肚子。

然而这件事被邻居看到后，不知是谁开居委会时把这个事讲出来了，说我们家粮食多得吃不完，还在家中招待要饭的人。从这以后，我们家就再也没有粮食补贴了。可我母亲对这件事并没有后悔，她对我们说你们长大后也要这样。我觉得有时母亲做的某些小事都具有对儿童和少年早期人文教育的色彩。我现在教育我的学生时也经常这样讲，少写一点初恋、郁闷，少写一点流行与时尚，多想一下自己的父母，如果连自己的父母都不了解，谈何了解天下。

我们这一代人的父母，几乎没有过过一天幸福的晚年。老舍在写他的母亲时说，我母亲没有穿过一件好衣服，没有吃过一顿好饭，我拿什么来写母亲。我能感受到作者当时的心情。萧乾在写他母亲时说，他当时终于参加工作并把第一个月的工资拿来给母亲买罐头，当他把罐头喂给病床上的母亲时，她已经停止了呼吸。季羡林在回忆他母亲时写道，我后悔到北京到清华学习，如果不是这样，我母亲也不会那么辛苦培养我读书。我母亲生病时，都没有告诉我，等我回到家时，母亲已经去世，我当时恨不得一头撞在母亲的棺木上，随她一起去……这样的父母很多，如果我们的父母也长寿，到街心公园打打太极拳，提着鸟笼子散散步，过生日时给他们送上一个大蛋糕，春节一家人到酒店吃一顿饭，甚至去旅游，我们心中也会释然。如果我们少一点儿粗声粗气地对母亲说话，惹她生气；如果我们能多抽出一点儿时间来陪陪母亲，那就好了。我想全世界的儿女都是孝的，只要我们仔细看一下“老”字和“孝”字，上面都是一样的，“老”字非常像一个老人半跪着，人到老年要生病，记性不好，像小孩儿，不再是那个威严的教育你的父母，他变成弱势了，在别人面前还有尊严，在你面前却要依靠……

最后我想说，爱是双向的。只有父母对孩子的爱，没有孩子对父母的爱，这种爱是不完整的。父母养育孩子，子女尊敬父母，爱是人间共同的情怀和关爱。

第四章　社会的疼痛

我进一步认为，“公平”在人类的词典中是这样的一个词——若抽掉其“人文”的，亦即自觉自愿地关怀弱势群体的内涵，那么也就失去了人类社会学的主要含义。这时的“公平”一词，只不过成了“弱肉强食”的丛林法则而已。人类社会若依据丛林法则行事，“泛达尔文主义”必成独步天下的主义。而“泛达尔文主义”是反人类的。

1. 崇尚“曲晦”乃全社会的变态

一个国家封建历史漫长，必定拖住它向资本主义转型的后腿。比之于封建时期，资本主义当然是进步的。封建主义拖住向资本主义转型的后腿，也当然就是拖住一个国家进步的后腿。我们说中国历史悠久，其实也是在说中国的封建时期漫长。

不论对于全人类，还是对于一个国家，几千年封建社会的发展成就，怎么也抵不上资本主义社会短短一两百年的发展成就。在政治、经济、科技方面都是这样，唯在文化方面有些例外。封建历史时期，农业社会之形态，文化不可能形成产业链条，不可能带来巨大商业利益，不可能出现文化产业帝国以及文化经营寡头式的人物，故比之于资本主义及之后的文化，封建主义时期的文化反而显得从容、纯粹，情怀含量多于功利元素，艺术水准高于技术水准。

封建历史越久，封建体制对社会发展的控制力越强大。此种强大的控制力是一种强大的惰性力，不但企图拖住历史的发展，也必然异化了封建时期的文化。

而被异化了的文化的特征之一，便是“不逾矩”，不逾封建主义之“矩”。但文化的本质是自由的。它是不甘于被限制的。在限制手段严厉乃至严酷的情况下，它便不得不以“曲晦”的面孔来证明自身非同一般的存在价值，这也是全人类封建时期的文化共性。

翻开世界文化史一瞥，在每一个国家的封建时期，文化无不表现出以上两种特征——“不逾矩”与“曲晦”。越禁止文化“逾矩”，文化的某种面孔越“曲晦”。中国封建历史时期的文化面孔，这种“曲晦”的现象尤其明显。

“曲晦”就是不直接表达。就是正话反说，反话正说。以此种方式间接表达，暗讽之意味遂属必然。“文字狱”就是专门“法办”此种文化现象及文人的，有些古代文人也正是因此而被砍头甚至株连九族的，其中不乏冤案。

于是，在中国，关于诗、歌、文、戏之文化的要义，有一条便是“曲晦”之经验。仿佛不“曲晦”即不深刻，就是不文化。唯“曲晦”，才有深刻可言，才算得上文化。

《狂人日记》是“曲晦”的，所以被认为深刻、文化。《阿Q正传》中关于阿Q之精神胜利法的描写，讽锋也是“曲晦”的，当然也是深刻的，文化的。确实深刻，确实文化。

但是若在人类已迈入21世纪的当下，一国的文化理念一如既往地崇尚“曲晦”，则其文化现象便很耐人寻味了。

而中国目前依然是这样。

在大学里，在中文课堂上，文学之作品的“曲晦”片段，几乎无一例外地成为重点分析和欣赏的内容。若教师忽视了，简直会被怀疑为人师的资格。若学子不能共鸣之，又简直证明朽木不可雕也。

“曲晦”差不多又可言为“曲笔”。倘“曲笔”甚“曲”，表意绕来绕去，于是令人寻思来寻思去，颇费心猜方能明白，或终究还是没明白，甚或蛮扭。

《春秋》、《史记》皆不乏“曲笔”。但古人修史，不计正野，皇家的鹰犬都在盯视，腐败无能岂敢直截了当地记载和评论？故“曲笔”是策略，完全应该理解。

可以直截了当地表达，却偏要“曲晦”，这属文风的个性化，也可以叫追求。

不能够直截了当地表达，但也还是要表达，不表达如鲠在喉，块垒堵胸，那么只有“曲晦”，是谓无奈。

今日之中国，对某些人、事、现象，其实是可以直截了当旗帜鲜明地表明立场的。全部是奢望，“某些”却已是权利，起码是网上权利。

我虽从不上网，却也每能间接地感受到网上言论的品质和成色。据我所知，网上“曲晦”渐多。先是，“曲晦”乍现，博得一片喝彩，于是“顶”者众，传播迅而广。“曲晦”大受追捧，于是又引发效尤，催生一茬茬的“曲晦”高手，蔚然成风。不计值得“曲晦”或并不值得，都来热衷于那“曲晦”的高妙。一味热衷，自然便由“曲晦”而延伸出幽默。幽默倘不泛滥，且“黑”，乃是我所欣赏，并起敬意的。但一般的幽默，其实往往流于俏皮。语言的俏皮，也是足以享受的。如四川连降暴雨，成都处处积水，有微博曰：“白娘子，许仙真的不在成都啊!”——便俏皮得很，令人忍俊不禁。

然俏皮甚多，便往往会流于油腔滑调，流于嘻哈。语言的嘻哈，也每是悦己悦人的，但有代价，便是态度和立场的郑重庄肃，于是大打折扣。

故我这个不上网的人，便有了一种忧虑——担心中国人在网上的表态，不久从方式到内容到风格，渐被嘻哈自我解构，流于娱乐；而态度和立场之声，被此泡沫所淹没，形同乌有了。

我们都知道的，一个人在表态时一味嘻哈，别人便往往不将他的表态当一回事儿。而自己嘻哈惯了，对别人不将自己的嘻哈式表态当成一回事儿，也会习惯于自己不怎么当成一回子事儿的。

日前听邱震海在凤凰台读报，调侃了几句后，话锋一转，遂正色曰：“刚才是开玩笑，现在我要严肃地谈谈我对以下几件事的观点……”我认为，中国网民都要学学邱震海——有时郁闷之极，调侃、玩笑，往往也是某些事某些人只配获得的态度，而且是绅士态度。

但对另外一些事一些人，则需以极郑重极严肃之态度表达立场。这种时候，郑重和严肃是力量。既是每一个人的力量，也是集体的力量、自媒体的力量、大众话筒的力量。

语言还有另一种表态方式，即明白、确定、掷地有声、毫不“曲晦”的那一种表态方式。

网络自然有百般千种方便于人、服务于人、娱乐于人、满足于人的功用，但若偏偏没将提升我们中国人的公民权利意识和公民素质这一功用发挥好，据我看来，则便枉为“大众话筒”、“自媒体”了。

是谓中国人的遗憾。

也是中国的遗憾。

2. 税是社会公平的砝码

我言税是社会公平的砝码，而不直接说它是天平本身，乃因在我看来，天平本身当是一个国家的财税体制。若体制并不完善，再加上砝码摆放失衡，天平必然严重倾斜，贫富悬殊遂成不争之事实。

我这里所言“公平”，自然是相对的。全部人类的物质文明史，说到底是这么一部史——生产更多的面粉和奶油，做成更大的蛋糕，将蛋糕越来越相对公平地进行分配。

我进一步认为，“公平”在人类的词典中是这样的一个词——若抽掉其“人文”的，亦即自觉自愿地关怀弱势群体的内涵，那么也就失去了人类社会学的主要含义。这时的“公平”一词，只不过成了“弱肉强食”的丛林法则而已。人类社会若依据丛林法则行事，“泛达尔文主义”必成独步天下的主义。而“泛达尔文主义”是反人类的。

人类进入文明时期以后，在任何一个国家，税收的种类和额度，都要由法律来决定的。有时增加某些种类，有时减少某些种类；有时提高某些额度，有时降低某些额度——这往往由国家的经济状况所决定。

税的现象，在人类的“氏族公社”时期就已经存在着了。强壮而勇敢的猎手单独猎杀了一头动物，“公社”在对这一“财富”进行分配时，首先割下一部分肉，放置一旁。为什么？因为氏族里还有需要全体强壮者予以关怀的老人、妇女、儿童、病残者，氏族集体有义务关怀他们。猎手有功，理应分到较大较好的一部分肉，氏族其他成员不应对此提出异议。但是，若那有功的猎手自恃有功，企图独占好肉，只将蹄蹄角角、筋筋骨骨抛给别人，那么他将受到严厉谴责。如果他拒不服从氏族之“公平”原则，偏执地坚持胜者通吃的“公平”，那么等于自己不愿承担氏族义务，不愿作为氏族一员而存在。这样的猎手，即使是狩猎英雄，也将被氏族所驱逐，甚至会受到惩罚。

现在我们人类的财富早已极大地丰富了，钱钞、股份代替了兽肉兽皮，如何体现分配公平的问题，于是变得更复杂了，也需要以更“人文”的思维来对待了。世界上没有在此点上解决得无比良好的国家，只有解决得尚好的国家。解决得好与不好，人们都知道的，有一个评判标准叫“基尼系数”。又一个不争的事实是，中国目前的贫富对比系数差距太大了。不愿承认此标准之人当然可以嗤之以鼻，但社会现实却是无法否认的。

我由而联想到了两件事：

一是在一次全国政协会上，有人士言之确凿地指出——某国有垄断企业，多年以来，很少向国家主动纳税。至那时，账面上已累积“趴”着数百亿元了，却似乎一向无人问津，其实是畏其强势背景，一向无人敢问津。那么，几百亿元岂不是形同“小金库”了吗？这不是危言耸听，后来由小组会上的发言而通过为全体大会发言，并引起强烈反应。会后又怎样，我就不得而知了。

二是我访问日本时，晚间曾从电视新闻中看到这样一幕——警车呼啸至某处，荷枪实弹的法警包围了一座豪宅；警犬吠叫，细致地搜查，严肃地讯问——皆因宅主被怀疑巨额逃税。

在“氏族公社”时期，倘一名成员有所猎获而不公开，藏匿独享，重则被处死刑。今天，在很多国家，坐实了的逃税是大罪，是和强奸一样可耻的罪。

国企对国家经济命脉的贡献甚大。但是中国，某些戴着“国企”红顶子的企业，因其“老板”们之背景非同寻常，便似乎“老子天下第一”，睥睨一切，包括税务单位往往也对他们的高门槛望而却步。这是极不正当的现象。往往，会使国有企业变质为权力集团所有，甚而变质为家族集团所有。

我很欣赏孟德斯鸠就税及税法所写过的一段话：“国家的收入是每个公民所付出的财产的一部分，以确保他们所余财产的安全和快乐地享受那些财产，同时因对社会他人尽到了帮助而可以心安理得……”

国家必须在“财富”方面有所储备，以应对灾难，以图进一步发展。这的确是关系到国家每一个成员切身利益的问题，也是关系到子孙后代切身利益的问题。然而国家财富之积累是有前提的，那就是——必须充分考虑到全体公民人人负有积累并增长财富的积愿诉求。考虑到这一种积愿诉求，即国家理念的人性化体现。否则，便会导致国富民穷，而那时的国家不仅不是稳定的，而且是危险的。

“放水养鱼”不仅是对扶持中小企业而言，也是对全体公民而言。全体公民都是“鱼”。民富之国才是真正的富强之国，国富才有了首要意义。

故税及税法乃法中大法，乃调解社会财富相对公平分配的最直接措施，也是维护社会稳定的最直接措施。

就此点而言，税及税法是由钞票来体现的政法；与刑法和宪法，共同构成其他一概政治的三脚架。

《圣经》中似乎有这么一句话——上帝说：“给出自己多余的面包，使正在挨饿的人不再挨饿吧！”

这听起来像施舍。

为了使受助济的群体不觉得仿佛在接受慈善，国家以税法的名义来做同样的事，以区别于一般慈善，对于国家，这样做正是公平，而且是责任。

税收是符合“上帝”意志的。

这个“上帝”不是万能之神，而是人类对同胞的仁爱之心……

3. 一位地税员的自白

在列车上，他与我对面铺。车开不久，我们聊了起来。

他是某省某地级市的一名地税征收员，五十余岁了，戴眼镜，健谈。若他自己不说是地税征收员，我以为他是中学教师，且是教数学的。因他手拿纸笔，聊前在认真演算一本杂志上的数学题。

他说他从小学起数学就好，初中和高中一向是班里的数学尖子生，物理化学的成绩也不错，但语文成绩却挺差劲儿，最令他头疼的是作文。当年若不是语文分数拖了后腿，他说他肯定能考上名牌大学，而非是本省一所普通高校。那么，现在他就不至于还是一名老地税征收员了。

他说当年他们那座城市的人，根本不将税务征收员当成政府部门的工作人员看待。他说当年在他们那儿，市委和市政府紧挨着，各部、委、局、办，不是和市委在同一座楼里办公，就是和市政府在同一座楼里办公。国税、地税两个单位却另在别处，合用一座很旧的小楼。而前者们才受尊敬，往往被另眼相看。至于出入他们那座小楼的人，被叫作“挎包包收钱的”。有不少人甚至分不清公检法制服与税务员制服的区别。某时自己被误认为是公检法的人，心里那份儿感觉怪舒服的。

“从二十世纪八十年代到现在，有一种社会现象的变化你也肯定没太注意。当年和小商小贩冲突的还不是城管人员，而是我们收税员。个体经营合法，我们南方的农民，呼啦一下就涌入了大小城市，卖各种各样的农副产品。中国农民太迫切地想要挣点儿现钱呀！当年每天能在城里挣十来元钱，那就足以令他们谢天谢地了。当年城里人也特欢迎他们，因为可以买到便宜的、新鲜的、以前买不到的东西了。当年我们南方农村并不多么普遍地使用化肥，因为当年农民负担重，觉得化肥贵，非万不得已，那是舍不得花钱买化肥的。所以当年农药对农产品的污染还不是个大问题。城里人买的，基本上也是农民们日常吃的，所以城里人买得放心，吃得放心。不像现在，农民们自己吃的是一小块地里长的，卖给城里人吃的是另一大块地里长的。当年城里下岗的、待业的，见农民到城里来摆摊都能挣到点儿钱，便也加入了小商小贩的大军。城里一些人，头脑自然比农民活络，有的一两年就成了万元户，骑着摩托背着秤了。当年一些中小城市的官们乐了，有更多的税可收了呀！至于弄脏了街道，那算什么呀，雇些人勤扫扫得了呗！官们不太在乎，市民们也不太计较。那时我们比现在忙！哪里有摆摊的，哪里有我们。自由市场上更是少不了我们的身影。带上发票一沓，四面八方收税。现在的城管是撵小商小贩们走，当年我们不撵他们，我们只伸手要钱。领导下达了指标，完不成任务还行？小商小贩们挣点儿钱不容易，觉得收多了他们当然不高兴。还没挣几元钱呢，你还伸手要钱，当然更不高兴。冲突常常就是这么发生的。但我们收税的很辛苦呀！我们那个区一级税务所，当年只有两辆公用自行车，归领导们骑。我们收税员，要么骑家里的自行车，要么靠两条腿匆匆忙忙地从这儿转移到那儿。当年我们收的是现钱，每人发一个双层书包，收到了钱就往书包里塞。一层装发票，一层装钱。回到所里，财会人员按你撕去了多少发票算你该收回多少钱。钱不够，那你得补上。你撕发票时不经意，多撕了一两张，那是你倒霉，要怨怨自己，也得补上。大家将书包里的钱往各自的桌面上一倒时，别人收的都挺多，唯独你自己收的少，证明工作能力不强啊，脸上不光彩呀！在这种压力的促使之下，你明天能不挣回点儿面子？这一挣面子，明天和小商小贩就可能发生冲突了。他恼火你不体恤他，你还恼火他不体恤你呢！结果呢，可能就都动了手了。甚至，还可能动了刀了。那时收税员不够用，各所都扩编。没有正式名额便招临时的，临时的经验不足，或素质差，经常就和小商小贩打起来了。一打起来，市民们向着的是他们。因为在市民眼里，他们明显的是弱者。何况，他们是就近满足市民日常生活需求的人……”

我问当年收现钱是否容易产生贪污行为。

他说也容易，也不容易。当年也仅是对小商小贩们收现钱，总不能指望他们主动把钱交到所里去吧？辛辛苦苦挣5元交1元，挣10元交3元，那得多高的觉悟啊！要求他们有那么高的觉悟不实际，也不应该呀！我们背着书包走到他们跟前去收，不是也体现着工作的主动性吗？说贪污不容易，是因为有发票联数限制着。说也容易，是因为即使规定了一处摊位只收两元，你可以说他卖的是鸡鸭鱼蛋肉，不同于卖蔬菜的，获利高，理应多收几元。如果对方是老实巴交的人，听你振振有词地一说，认了，多收那几元不就是你的了吗？但也有那较真的，打听清楚了收税一律按摊位面积算，于是揭发了你，你的贪污行为不就暴露了么？当年他那个所里，有一名同事就用以上方法，每天贪污十来元，积少成多，两年多里贪污了六七千元，结果东窗事发，不但被开除了公职，还被判了刑。

“当年我大学毕业后成了收税员，心里特郁闷，我们所长就经常从思想上帮助我。他曾经对我讲，当年，中国代表团出席联合国大会时，在国外处处抠门得很，谁都不给住地服务员小费，光用英语多说谢谢。联合国大会还没结束，中国人的抠门已在住地服务员中出了名，哪儿像现在……”

我猜到了他心里怎么想的，明知故问：“哪儿又不像现在了呢？”

他盯着我看了几秒钟，狡黠地一笑：“你是北京人，你知道的比我多，别只我自己说起来没完！聊天嘛，你也说给我听听啊！”

我装糊涂，反问说什么呀。

他就又滔滔不绝地说起来：“现在咱们先富起来的一部分中国人，出国前肯定不只往卡里打两万美元吧？他们买一个高级的包儿不是都几万美元吗？和刚改革开放那时候比，只比美元的话，不是可以说富可敌国了吗？那是人家自己的钱，爱在哪儿花在哪儿花，姑且不论。单说那些公款出国的，大小是个官儿，哪一拨儿不住最高级的地方？更有的，多宰人的外国饭店也非去吃一餐！多贵的外国酒也开几瓶！反正是公款，不享受白不享受。还都有说词——不享受丢祖国的脸！真他妈不是人话！不过那么造也造不了多少钱，是吧？最令干我们这一行的人心疼的是，搞一个什么伟大建筑，就非得请外国佬设计不可！人家有言在先，说那可贵呀！咱们那些出国招标的人却说，不谈钱的问题，钱根本就不是个问题！听听，是人话吗？那花的可都是我们辛辛苦苦收上来的人民的血汗钱！即使表面看问题，我们也收缴了一些大老板的税，可说到底，就血汗二字而言，税钱上沾的还是干活儿的同胞的血汗。老板们挣钱只费心机，不流血汗……”

我说标志性建筑请不请外国设计师往往也不是政府决定得了的。

他说总而言之，他觉得中国某类人一穷就酸，一富就奢侈。奢侈也是一种淫，淫金钱。某些官员热衷于搞政绩工程，动辄扬言，搞就搞全国最大的、世界一流的，全不顾许许多多百姓的生活水平还处在世界三流四流末流国家的水平，所以说是一富就奢，就淫……

“一九八六年，我们所长退休前出事了，被一家餐馆的老板举报有索贿行为。那家餐馆不算大，才二十几套餐桌。我们所长一向对他挺关照，他的税额是我们所长定的，定得偏低。这一点我们心中有数，但高低也就不过每月差个一两千元的事儿。我们所长暗中答应他，以后也不会提高他的税额。可那一年，上边下达的税额指标又增加了，全所完成指标太有压力了，所长就亲笔调高了他的纳税额。但事先没顾上和他打招呼，结果他翻脸了，揭发信写到了市纪委，说我们所长儿子结婚时，向他借过一万元钱，三年多了还没还，分明是企图赖着不还。幸亏有借据证明是借，法院没按索贿来判。否则，我们所长就惨了。但那也搞得我们所长名誉扫地，提前几个月就退休了……”

他说那件事对他影响很深。那一年他们那一座小城市还是县级市，每到春节，县委县政府慰问退休老干部，正科级的人也在慰问名单上的。在县城，谁熬到正科级那也是很不容易的。可所长退休后，像是臭豆腐了，县委县政府的团拜车从不在他家门前停。连因为贪污受贿一百多万判了刑保外就医的一位副县长还经常有人背地里去看望呢，可除了所里的人，所长这个人似乎早死了，不存在了，被一切与他共事过的人彻底忘了。

“知道干我们这行的挺怕什么吗？怕老领导退休了或高升了，派来一个新的头儿。二〇〇〇年后，全中国的 GDP 每年以百分之八到百分之十的速度增长着，最高也不过百分之十二、百分之十三，可上级下达的征税指标却一年比一年高，少则百分之十五，多则高到百分之二十，有一年高到百分之三十！老领导没太大上进心了，也有经验了，一般不会要求我们超额完成上级下达的指标。可新来的头儿不同，年轻的必有上进心。新官上任三把火嘛，能力、政绩都要通过超额完成指标来证明、来体现嘛！本年度超额了，上边就会认为还有潜力，于是下一年在超额的基础上再提高指标。指标得由我们收税员去完成啊，我们就等于被逼上前线，得与纳税商户们刺刀见红了。我们老所长退休后，新来的就是那么一个急赤白脸一心往上爬的主儿，大家终于全都被压力压得苦不堪言，心头冒火了，就抓住他的一件作风问题搞个沸沸扬扬，强烈要求上级把他调走了。接着来的一位头儿就很受我们欢迎。大家也努力工作了，还是没完成上级的指标怎么办呢？他从不跟我们下边犯叽歪，亲自出马，多说好话，央求某些大税户提前将下一年的税交上来几个月的，寅吃卯粮，下一年再说下一年的。要是超额了呢，也不上缴，压住预留在明年的税金里。下一年头几个月不征或少征税，商家们也念我们的好，再逢不得不寅吃卯粮的情况，商家们还愿意帮我们一把。他很有思想，常跟我们说，咱们收地税的，在咱们这么一个一百来万人的城市，没什么大公司大老板，面对的主要是中小商家，绝不能征税把他们征瘦了，征垮了。他老早就有藏富于民于地方的意识了。他还打过一个比方，说即使将这些中小商户当成绵羊，那也还是以使他们大起来肥起来为好，那样才能可持续地为国家从他们身上剪下毛来，才是真的替国家做长远的考虑。你认为我们的所长怎么样……”

我说：“是位好所长。”

他说：“也快退休了。”——很忧愁的样子。

我犹豫再三，最终还是忍不住问：“你是二十世纪八十年代的大学生，当年算是高学历，参加工作时间也这么长了，怎么就没熬个一官半职呢？”

他半苦涩半欣慰地笑道：“快了。上级跟我谈过了，我们所长一退，确定我接他的班。我错过了一次机会，要不十年前就当上了。刚才我不是说过，我们老所长退了以后派来一个急着往上爬的主儿吗？那时我的收税范围内有一处砖厂。新所长要求当年务必超额，说砖厂的税额定低了，指示我提高。还说厂子有避税嫌疑，得一并调查清楚。砖厂属于生产企业；税额是根据销售单征收的，有什么高低呢？那砖厂用自己生产的砖盖了一处仓库，还盖了两排工人宿舍，这样的一批砖该不该收税，国家那时没有具体的规定，所以我就没有收税的依据嘛。我拖着没照他的指示去办。硬收能不能收上来呢？估计也能。归根结底，企业怕我们，而不是反过来。但硬收那一定收得人家心里别扭，不服啊。还有一个原因，就是我必须为砖厂的工人们考虑。那时都十月份了，那些工人都是农民。砖厂老板心里一窝火，也许就拖欠工人们的工资，给他们打白条，那他们就不能带着钱回家过年了。我这么考虑也对吧……”

“对。”

我心里开始对他起敬意了。

他说他一拖，就将所长拖来气了。有一天所长没鼻子没脸地当众训他，他一拍桌子与所长大吵起来。他说他当时也知道，自己快被提拔为副所长了。结果那一吵，副所长没当成。

我问：“后悔不？”

他说：“有什么可后悔的呀！不就是副科级嘛，一半芝麻粒似的个官儿！吵了还痛快了呢！谁图一时痛快就得付出相应的代价，这叫事理，这点儿事理我是懂得的。当年不后悔，如今更看得开了。神马不是浮云？都是浮云！该来的好事儿，谁都挡不住。像是就要落在自己头上，最终落在别人头上了，那是别人的造化，是自己的机缘还没真的到来。比如现在，要直接提我当所长了，我一个劲儿声明自己能力不行。可上级说，你行！有什么不行的？考察来考察去，没人说你不行，非你莫属了……”

他笑了，满脸呈现大自信。

而我，由衷地说了几句祝贺的话。不仅对他起敬意，还觉得他特可爱了。有时，我们对别人的第一感觉是可爱，以后才渐觉可敬。这个过程往往很长。往往，别人在我们心目中的印象始终是可爱，至于可敬，猫在哪儿似的就是不出现。而另外一些时候，我们对别人的第一感觉如果是可敬，那么也许他的三言两语，一个小动作，或一种表情，忽然地就会使我们觉得一个人也可爱了。

我对他的感觉便是如此。

由可爱到可敬，似铁树开花；由可敬到可爱，却似华丽转身。

“身为税收员，我这人也不是惯于送顺水人情，不讲原则。以前税收制度和条例都不太严，确实存在送顺水人情的空间。现在不同了，严多了，谁想送那也不太容易送成，除非互相勾结，以身试法。大的问题上，我比谁都讲原则，谁想阻挡都不行。我碰到过这么一件事——前年，一个搞房地产的老板，盖好了一幢楼，我耐心等着他把楼卖完好收税。不料有天他说，他不卖楼了，他要将楼作为股份，与别人合伙搞什么会所。以物代资与别人合伙搞项目，这当然是合法的，不属于销售，当然也就不必纳税了。我一听就明白了，他是在搞鬼。他说会所开张后需要服务员，你有什么三亲六戚尽管介绍来吧。你介绍的人我保证不会亏待了。我又明白了，这是在拉拢我呀！我说谢了，我的三亲六戚不劳您费心了。二百几十万的税呢！想逃避就那么简简单单地让你心想事成了？美的你！跟我来这套？那我就替国家盯死你了！半年后，他又对我说合作不愉快，他已经撤股了。入股时是一幢楼，撤股时是现金转账。

“行，算你高，这是合伙人之间两厢情愿的事，我也干涉不着。但别当我是傻瓜，我没闲着呀，我暗中调查过了，那合伙人是他小舅子，是个影子合伙人，真实身份是某县的县委办公室主任！在职公务员不得以任何方式经商，这是党纪！你小舅子犯了党纪了，你们的合伙不合法！税的事儿以后再说，先罚！重罚！那么多人说情，我一律不给面子。一份报告打到市纪委，纪委一调查，情况属实，把他小舅子给撤职了。什么会所，不存在了。你贷款了，卖不卖？卖我就照章收税！不卖你就扛着贷款利息！你拖得起，我也等得起……”

他说时，杂志卷在手中，一下下拍向小茶案。

看来，他这人脾气还不小。

我说了我的这一种感觉。

他却否认，说他基本上是个没脾气的人。不论在家里还是在单位，一向讲和谐。偶尔露峥嵘，兴许一两年才露一次。但那通常是三五分钟的事，脾气来得快，消得也快。消就是消了，绝不久搁在心里。

“以后当所长了，更不能轻易发脾气了。当领导要有领导的涵养，是吧？我认为，有一种中国现象很值得注意，那就是，在中国，当法官的，往往摇身一变成律师了。当官的，往往退休以后成私企顾问了。如今呢，税务师所也顺势而生，渐成雨后春笋了。又往往呢，老税务员、税务干部，退休后被税务所聘去当高级税务师、当顾问了。好的一面是，有他们这种高级的专业的人士顾着问着，能增强企业和商家的纳税意识，我们省心了。不好的一面是，他们要是出高级的点子专教企业和商家怎么样钻税法的空子‘合理避税’，那我们的工作难度以后就大了，收税像是棋逢对手的赛事了。你认为哪种可能大些？”

我沉吟半晌，老实承认，自己所知有限，实在是不敢妄下断言。

他将脸转向了窗外，自言自语：“唉，中国特色，中国特色，许多事，要特色到哪一天为止呢？”

这时，列车为了抢回在始发站误点的时间，分明提速了。

4. 社会黑洞

我也许会站在今天写明年和后年我预测可能发生的事，却绝不会，永远也不会，铺开稿纸，吸着烟，潜心地去编织一个很久以前的故事。

即使我下了天大的决心，写下第一行字以后，我也肯定会跳将起来反问我自己——我这是怎么了？我为什么要这样？意义何在？虽然，我十分明白，写“从前”是多么稳妥的选择。因为这样，差不多只有那样，一个中国的当代作家，才能既当着作家，又不至于和时代，尤其是和当代的现实，发生在所难免的矛盾、抵牾和冲撞。

像我这样一个自讨苦吃，而又没法改变自己创作意向的作家，既然对现实的关注完全地成为了我进行创作的驱动力，我当然希望自己，也要求自己，对于我所关注到的、感受到的、触及到的现实，能够认识得越客观越好，能够从总体上把握得越全面越好。

我既然愿意写“老百姓”，我怎能不最大面积地接近他们？我所言“老百姓”其实几乎包括中国的绝大多数人——工人、农民、小商贩、小干部、小知识分子。

但——我的问题，从根本讲，恰恰出在我和“老百姓”的接近、接触，以及对他们的了解和理解方面。

毛泽东曾经将老百姓，尤其中国的老百姓，比作“汪洋大海”。他的语录中那段原话的意思是——不管来自任何国家的军队，如若敢冒天下之大不韪，对中国进行冒险性的侵略的话，那么他们必将被淹没在中国老百姓的“汪洋大海”之中……

如果你真的到老百姓中去走一走，尤其是到北方的而不是南方的老百姓中去走一走，如果他们将你视为可以信赖的人，如果他们不怀疑你是被权贵们豢养或被金钱所收买的人，如果他们直言不讳地对你说他们憋在心里想说出甚至想喊出的话，那么，不管你是官员也罢，作家也罢，记者也罢，不管你曾自以为站得多高，看得多远，对中国之现实看得多客观，多全面，总体上的认识把握得多准确，你的看法、你的认识、你的观点、你的思想，片刻之间就会被冲击得支离破碎，稀里哗啦。哪怕你自认为是一个非常理性非常冷静不被任何外部情绪的重重包围所影响的人。

在改革和腐败之间有一个相当大的误区，也可以干脆说是一个相当大的社会“黑洞”。一个时期内，一些帮闲人和一些帮闲理论家，写出过许多帮闲式的文章。这类文章一言以蔽之地总在唱一个调子——要改革，腐败总是难免的。只要老百姓一对腐败表示不满，这个调子总会唱起来。

难免的，那么老百姓可该怎么着好呢？

帮闲文章告诉老百姓——别无他法，只有承受。只有增强心理承受能力。

老百姓要是不愿意呢？——那么便是老百姓不对，老百姓不好，老百姓不可爱，老百姓太娇气了。

那一类帮闲文章似乎推导出了一个天经地义的逻辑——如果人们连腐败都不能或不愿承受，拥护改革不是成了一句假话空话么？

使你没法不怀疑，他们是和腐败有着千丝万缕的直接或间接的联系，拿了雇笔钱替腐败辩护的专门写手。

“文化大革命”中，江青对文艺工作者该如何“正确”地反映现实生活说过一段话。她说——我们不否认社会主义也有一些阴暗面。如果你真的看到了感觉到了，那么你就去更自觉地更热忱地大写特写光明吧。按照这位“旗手”的逻辑，光明鼓舞了人们，人们也就不再会注意阴暗了，阴暗不是就等于不存在了么？

这一次由党中央提出开展反腐败，于是从中央到地方，从共产党内到民主党内，似乎才敢言腐败。因为这叫“落实中央任务”，不至于因此而被划到改革派的对立面去，不至于被疑心是故意大煞改革大好形势的风景。

我们有那么多“人大”代表，我们有那么多政协委员，此前，我们老百姓却很少在电视里、电台里和报纸上，看到或听到哪一位代表，哪一位政协委员，替老百姓直陈勇进反腐败之言。我们能够听到或看到的，几乎总是他们多么拥护改革的表态式的言论。他们的使命，似乎只是在这一点上才代表老百姓。现在似乎开禁了，允许讲，于是才似乎确有腐败存在着……

我记得有一次开“人代”会期间，我去某省代表驻地看望一位代表朋友，在他的房间里，不知怎么一谈，就谈到了腐败现象。房间里没别人，就我们两个。我没觉得我的声音有多高，可他的脸却吓得变了色，惶惶然坐立不安，连连请求于我：“小声点儿，小声点儿，你小声点儿行不行呀!”我说我的声音也不大啊。他说：“还不大？咱们别谈这些，别谈这些了!”并向我使眼色，仿佛门外正有人窃听似的……

我们当然不能否认“人大”和“政协”对于国家现状和前途所发挥的积极的、重要的、巨大的作用。但是呼吁惩办腐败的声音，应该承认首先是由新闻界中那些勇于为民请命的可敬人士们发出的。不管老百姓以为新闻界亦同样存在着的种种弊端如何忧怨久矣。

“权钱交易”这句话最先就是无可争议地来自民间。其后逐渐诉诸报章。再其后从我们的总书记口中向全党谈了出来。于是今天才有可能成为一个公开的话题。否则它也只不过永远是老百姓的愤言罢了……

一个时期内，老百姓的直接感觉是——分明的，有人是极不爱倾听关于腐败的话题的，听了是不高兴的，是要以为存心大煞改革的风景的。于是后来老百姓也不屑于议论了，表现出了极大的令人困惑的沉默，沉默地承受着。承受着物价的近乎荒唐的上涨，承受着腐败的得寸进尺，肆无忌惮。不就是要求老百姓一概地承受么？那就表现出一点儿心理承受能力给你们看。曾几何时，老百姓认为最没劲的话题也大概莫过于腐败的话题了。老百姓内心里的真实想法——似乎是要伴随着腐败一齐往前混……

5. 权力与金钱

一九七九年春，全国第四次高等教育会议在北京西苑召开，各新闻和文艺单位派代表列席参加。我作为北影厂代表，参加了华南大组学习讨论。会议最初几天，讨论内容是肃清“四人帮”极“左”教育路线的流毒，发言踊跃热烈。

“工农兵学员”——这新中国成立三十年来“高教”大树上结下的“异果”，令每一位代表当时都难以为它说半句好话。而每一位发言者，无论从什么角度什么命题开始，最终都归结到对“工农兵学员”的评价方面。不，似乎不存在评价问题——它处于被缺席审判的地位。如果当时有另外一个“工农兵学员”在场的话，他或她也许会逃走，再没有勇气进入会议室。

我有意在每次开会前先于别人进入会议室，坐在了更准确说是隐蔽在一排长沙发后不易被人发现的角落。我负有向编辑传达会议情况和信息的使命。我必须记录代表们的发言。

我是多么后悔我接受了这样一个使命啊！然而我没有充分的理由，要求领导改换他人参加会议。第三天下午，还有半个钟点散会，讨论气氛沉闷了。几乎每个人都至少发过两次言了。主持讨论者时间观念很强，不想提前宣布散会，也不想让半个钟点在沉闷中流逝。他用目光扫视着大家，企图鼓励什么人作短暂发言。

他的目光扫视到了我。我偏偏在那时偶然抬起了头。于是我品质中卑俗的部分，一瞬间笼罩了我的心灵，促使我扮演了一次可鄙而可怜的角色。

“你怎么不发言啊？也谈谈嘛！”主持者目光牢牢盯住我。多数人仿佛此刻才注意到我的存在，纷纷向我投来猜测的目光。大家的目光使我很尴尬。

坐在我前面的人，都转过身瞧着我，分明都没想到沙发后隐藏着我这么个人。我讷讷地说：“我……我不是工农兵学员……”几乎是不由自主地这么说了。

这是我以列席代表身份参加讨论三天来说的第一句话，当着许多白苍苍的老教授们说的第一句话，当着华南大组全体代表说的第一句话。谎话，是语言的恶性裂变现象。说一颗纽扣是一颗钻石，并欲使众人相信，就得编出一个专门经营此种“钻石”的珠宝店的牌号，就进一步编出珠宝店所在的街道和老板或经理的姓名……

我说，我是电影学院导演系“文革”前的毕业生。我说，某某著名电影导演曾是我的老师。我说，如果不发生“十年动乱”，我也许拍出至少两部影片了……为了使代表们不怀疑，我给自己长了五岁。散会后，许多人对我点头微笑。“文革”前的毕业生，无论毕业于文、理、工学院，还是毕业于什么艺术院校，代表们都认为是他们的学生。

会议主持者在会议室门外等我，和我并肩走入餐厅。边走边说，希望我明天谈谈“四人帮”所推行的极“左”教育路线，对艺术院校教育方针教育方向的干扰破坏。

我只好“极其谦虚”地拒绝。

我不是一个没有说过谎的人。但是，跨出复旦校门那一天，我在日记上曾写下过这样的话：“这些年，我认清了那么多虚伪的人，见过那么多虚伪的事，听过那么多谎话，自己也违心地说过那么多谎话，从此我要做一个诚实的人……”

我这“要做一个诚实的人”的人，在许多高等教育者面前，撒了一次弥天大谎！

那的确是我离开大学后第一次说谎，不，第二次。第一次是——我打了“潘冬子”一记耳光而说是“跟他闹着玩”。我第二次说谎，像一个谎话连篇的人一样，说得那么逼真，那么周正。

我内心感到羞耻到了极点。一个毕业于名牌大学的青年，仅仅由于在某一个不正常的时期迈入了这所大学的校门，便如同私生子隐瞒自己的身世，在许多高等教育者面前隐瞒自己的“庐山真面目”，真是历史的悲哀！

就个人心理来说，这是十分可鄙的。

但这绝非我自己一个“工农兵学员”的心理。这种心理，像不可见的溃疡，在我自己心中，也在不少“工农兵学员”心中繁殖着有害的菌类。对于一个国家的高等教育，又多么可悲！宛如太上老君的“炼丹炉”中倒出了“山楂片”。

我的谎话，当晚就被戳穿——我们编辑部的某位领导来西苑看望在华南组的一位老同事……我不晓得。第二天，我迟到了十分钟。在二楼楼口，被一位老者拦住。他对我说：“你先不要进会议室。”我迷惑地望着他。他又说：“大家已经知道了。”我问：“知道什么了？”“知道你是一个‘工农兵学员’。”他那深沉的目光，严肃地注视着我。我呆住了。他低声说：“大家很气愤，正议论你。你为什么要扯谎呢？为什么要欺骗大家呢？”他摇摇头，声音更低地说：“这多不好，这真不好！有的代表要求向大会简报组汇报这件事啊！……”不但不好，而且很糟！在全国“高教”会上，在粉碎“四人帮”后，谎言和虚伪正开始从崇高的教育法典中被肃清，一位列席代表，一位“工农兵学员”，却大言不惭地自称是“文革”前电影学院导演系的毕业生，这的确是太令人生气了。

我垂下了头，脸红得发烧。我羞惭地对那老者说：“您替我讲几句好话吧，千万别使我的名字上简报啊！”他说：“我已经这样做了。”他的目光那么平和。平和的目光，在某些时刻，也是最使人难以承受的目光。我觉得他那目光是穿透到我心里了。

他说：“我们到楼外走走好吗？”

我默默地点了一下头。

我们在楼外走着，他向我讲了许多应该怎样看待自己是一个“工农兵学员”的道理。当他陪着我走回到会议室门前，我还是缺乏足够的勇气进入。

他说：“世上没有一个人敢声明自己从未说过谎。进去吧！”挽着我的手臂，和我一齐进入了会议室。那一天我才知道，这位令我感激不尽的老者，原来是老教育家吴伯萧。吴老是我到北京后，第一个引起我发自内心的无比尊敬的人。“高教”会结束后，他给我留下了他家的地址，表示欢迎我到家中去玩。那时他家住沙滩。我到他家去过两次。第一次他赠我散文集《北极星》。第二次他赠我散文集《布衣集》，并赠一枚石印，上刻“布衣可钦”四字。他亲自替我刻的。两次去，都逢他正伏案写作。一见我，他立刻放下笔，沏茶，找烟，面对面与我相坐，与我交谈。他是那么平易近人，简直使我怀疑他是个丝毫没有脾气的人。他脸上的表情总是那么安详。与我说话时，眼睛注视着我。听我说话时，微微向我俯着身子。他听力不佳。我最难忘的是他那种目光，那么坦诚，那么亲切，那么真挚。注视着我时，我便觉心中的烦愁减少了许多许多。

那时他家的居住条件很不好。因附近正在施工，院落已不存在。他家仅有两间厢房。每次接待我的那一间，有十三四平方米左右，中间以木条为骨，裱着大白纸，作为间壁。里边一半可能是他的卧室，外边一半是他的写作间。一张桌子，就占去了外间的大部分面积。我们两人落座，第三个人就几乎无处安身了。房檐下，生着小煤炉，两次去他家都见房檐下炊烟袅袅，地上贴着几排新做的煤饼子。

我问他为什么居住条件这样差？他笑笑，说："这不是蛮好吗？有睡觉的地方，有写作的地方，可以了。"告辞时，他都一直将我送到公共汽车站。

我向他倾述了许多做人和处世的烦恼。他循循善诱地开导了我许多做人和处世的道理。

他这样对我说过：多一分真诚，多一个朋友。少一份真诚，少一个朋友。没有朋友的人，是真正的赤贫者。谁想寻找到完全没有缺点的朋友，那么就连他自己都不可能成为他的朋友。一个人有许多长处，却不正直，这样的人不能引为朋友。一个人有许多缺点，但是正直，这样的人应该与之交往。正直与否，这是一个人品质中最重要的一点。你的朋友们是你的镜子。你交往一些什么样的朋友，能衡量出你自己的品质来。我们常常是通过与朋友的品质的对比，认清了我们自己实际上是一个怎样的人……

我们北影的一位同志，从前曾在吴老领导下工作过。他敬称吴老为自己的"老师"——他已经是四十五六岁了。

我常于晚上看见他在厂院内散步，却从未说过话。

有次我们又相遇，他主动说："吴老要我代问你好。"

我们便交谈起来，主要话题是谈的吴老。

他告诉我这样一件事：当年他与六个年轻人在吴老直接领导之下工作，某天其中一人丢了二百元钱，向吴老汇报了。吴老嘱他不要声张，说一定能找到。过了几天，六个年轻人都在场的情况下，吴老将二百元钱交给失主，说："你的钱找到了。不知是哪位同志找到后放到我抽屉里了。"失主自然非常高兴。当天，又有二百元钱出现在吴老抽屉里。原来他交给失主的那二百元钱，是他自己的。但对这件事，他再也没追究过。六个年轻人先后离开他时，都恋恋不舍，有的甚至哭了……

“因为吴老当时很信任我，只对我一个人讲过这件事。”我那位北影的同事说，“吴老认为，究竟谁偷了那二百元钱，并不重要。重要的是，六个年轻人中，有一个犯了一次错误，但自己纠正了。这使人感到高兴啊！”

听了这件事以后，我心中对吴老愈加尊敬。他使我联想到了苏联教育家马卡连柯。

对年轻人宽宏若此，真不愧老教育家风范。

因吴老身体不好，业余时间又在写作，我怕去看望他的次数多了，反而打扰他，再未去过他家。

我最初几篇稚嫩的小说发表，将刊物寄给他。

他回信大大鼓励了我一番，而且称我“晓声文弟”，希望我也对他的作品提出艺术意见，使我愧怍之极。

信是用毛笔写的，至今我仍保存着。

半年后，我出差在外地，偶从报纸上看到吴老去世的消息，悲痛万分。将自己关在招待所房间里，失声恸哭一场……

《北极星》和《布衣集》，我都非常喜爱。我们中学时期语文课本中一篇《延安的纺车》，便收在《北极星》中。但相比之下，我更喜爱《布衣集》。

我将《布衣集》放在我书架的最上一档，与许多我喜爱的书并列。

吴老，吴老，您生前，我未当面对您说过这句话，如今您已身在九泉之下，我要对您说——您是我在北京最尊敬的人。不仅仅因为当年您使我的姓名免于羞耻地出现在全国第四次“高教”会的简报上，不仅仅因为您后来对我的引导和教诲，还因为您的《布衣集》。虽然它是那么薄的一本小集子，远不能与那些大部头的长篇小说或什么全集、选集之类相比，虽然它没有获得过什么文学奖。您真挚地召唤在思想上、情操上实践着“布衣精神”。这种精神目前似乎被某些人认为已经过时了，似乎已经不那么光荣了，似乎已经是知识分子的“迂腐”之论了。

您在给我的信中却这样写道："我所谓的'布衣精神'，便是不为权，不为钱，不为利，不为名，不为贪图个人一切好处而思想，而行为，而努力工作的精神。知识分子有了这种情况，才会有知识方面的贡献。共产党人有了这种精神，才会有实现共产主义理想方面的贡献。因而'布衣精神'不但应是中国知识分子的精神，尤其应是中国共产党人的精神……"

吴老，您是知识分子，您亦是老共产党员。从这两方面，我都敬您。您是将"布衣精神"作为一个知识分子的品格原则的，也是作为一个共产党人的品格原则的。您对这种精神，怀着一种儿童般的执着锲而不舍。但愿我到了您那样的年纪，能有资格毫不惭愧地对自己说："我不为权，不为钱，不为利，不为名，清清白白地写作，清清白白地做了一辈子人，没损害过侵占过或变相侵占过老百姓一丁点儿利益！……"

如今穿布衣的知识分子少了，穿布衣的共产党人少了。穿布衣的共产党的领导干部少了。因为有了的确良、的卡、混纺、其他什么什么的。共产党如果成了布衣党，在二十世纪八十年代的今天，未免滑稽可笑。但共产党如果成了失掉"布衣精神"的党，那则不滑稽也不可笑了，而令人心中产生别的一番滋味了！

你正是在身后留下"布衣精神"的一息微叹，召唤着一种党风，召唤着一种党的干部之风啊！

现实真真有愧于您生前那儿童般执着的信念和寓言般朴素的思想啊！我们这个国家，我们这个民族，因民族心理的积淀和种种历史渊源所致，一向是崇尚权力的。而封建王权便是以这种崇尚为其社会基础的。这是我们民族愚昧的一面。人类不应受王权的统治，而只应受知识的统治。这叫人类文明，或曰"精神文明"。有一个时期我们的社会似乎有一股崇尚知识的良好风气开始发端，但很快又被对金钱的崇拜所涤荡了。

金钱，这个讨人喜爱的怪物，吞噬着某些中国人的灵魂，吞噬着某些中国共产党人的灵魂。

前一时期，省委书记有兼某某公司经理者，市委书记有兼某某公司经理者，地县委书记们更趋之若鹜，甚至连军区司令员副司令员，也成了戴着红领章红帽徽的买卖人。是为老百姓赚钱么？还是赚老百姓的钱？更有他们的妻子儿女，假经商之名，堂而皇之地行走私之实。不走私，国外银行何以能够几万十几万地立户头？

连《参考消息》上都登了，大概总不至于是无中生有，阶级敌人对共产党的诬蔑吧？

不是说“先使一部分人富起来”么？应该是先使人民中的一部分人富起来才对啊！倘若我们共产党的干部们，都利用职权，着急忙慌地，争先恐后地先使自己富起来，还算什么“全心全意为人民服务的党”？

中国是中国人民的中国。中国的一切财富，巨细无遗，都是中国人民创造的。任何侵吞、挥霍、浪费人民财产的行为，都不应是中国共产党的干部们的行为，都是丑行，都应受到法律的制裁。人民希望是这样。如今人民对党也只有希望而已。希望“对外开放，对内搞活经济”的政策不变；希望党风彻底好转；希望党内有几位“包龙图”，铲除邪恶，辅佐“朝纲”；希望改革之举成绩更大，弯路更少。而最大的希望则是——党内损公肥已、以权谋私者们不再继续下去。人民是既痛恨他们，又拿他们没办法。因为人民已将权力交给了他们，就像李尔王将王杖交给了对自己始而恭顺继而飞扬跋扈的女儿女婿们一样。

老百姓有句话——“再一再二不可再三”。这也是希望。中国的老百姓是全世界最仁义最厚道的老百姓。他们很通情达理。江山是老共产党人打下的，打下了江山的人们有资格伸手向人民要好处。人民给，而且人民已经给了。包括他们的子辈们伸手向人民要或者就是像拿自己家里的东西一样去拿，去捞种种特殊的好处，人民也能宽宏地沉默着。中国的老百姓真是太仁义太厚道了。但是中国很穷啊！中国老百姓的生活普遍还很穷啊！要达到小康，还得努力奋斗到二十世纪末呢！人民给不了那么多，人民负担不起。什么事情都得慢慢儿来，也得容人民慢慢儿给。别捞得太急。即便是再一再二又再三，老百姓也还是只有希望而已。哪个国家的老百姓比中国的老百姓更仁义更厚道呢？哪个国家的老百姓比中国的老百姓更善于忍耐，更善于在忍耐之中仍怀抱着不泯的希望呢？以权谋私者，一心只想自己先富起来，全不将人民利益放在心上者，是应该感到羞愧的。

就在几天前，哈尔滨市一家制本厂厂长来找我，还讲到这样一件事：他们厂要买一台某种型号的印刷机，难以买到，就有人好心地为他介绍了一位经商的干部子弟。

对方说：你们要买的印刷机我有，可以卖给你们，但，你们得给我百分之十的“个人劳务费”。给，明天就可提货。

一台印刷机十七万元。百分之十——一万七千元。

问：“给开发票吧？”

答：“‘个人劳务费’，开什么发票？”

拿国家生产的机器转手倒卖，一张口就敢一万二万地要“小费”，还美其名曰“个人劳务费”，这叫干什么?!

而且让人百思不得其解：持介绍信为扩大再生产买不到，怎地竟会在某些人手中囤积居奇？他们靠的是哪方面的权力？

6. 贴官贴商

一天，我正在办公室写作，父亲来叫我，说家中来了一位个子高高的外国人。我到北京后，素少交际，更从未结识过外国人，心中不免十分疑惑。回到家中，果见一外国人静坐以待——申·麦克，他是我大学时的外国留学生朋友。自从他离开复旦后，我从未见过他，以为他再也不会到中国来了。想不到他竟从天而降，我们彼此的高兴心情，不必赘述。我向父亲介绍道：“这是我的朋友，瑞典人。”麦克站起身，头触到了吊灯罩子，噼里啪啦掉下无数塑料饰穗。他脸倏地红了，立刻弯腰去捡。他那高个子，弯下去就很困难。只好屈一膝，跪一膝，像一个高挑儿的外国小姐，正行着屈膝礼时一条腿抽筋了。我忍笑帮他捡。父亲冷冷地瞧着他，又冷冷地瞧着我，不知我什么时候，在什么情况下认识了这个外国人，而且称他为“朋友”。父亲是怕我出了点儿名，忘乎所以，犯什么“国际错误”。父亲习惯于将“里通外国”说成“国际错误”。对与外国人交往这种事，父亲的思想认识仍停滞在“文革”时期，半点儿也没“开放”。

他常说："别看那些与外国人交往的中国人今天扬扬得意的样，保不准哪一天又会倒霉，到时候哭都来不及。"麦克将那些被碰掉的塑料穗全部接过去，从容不迫地往吊灯罩上安装。我见父亲那种表情，怕麦克敏感到什么，又补充介绍道："在复旦时，我们俩一个宿舍住过呢！"麦克安装完毕，对父亲笑笑，落座，也说："我和晓声是非常好的朋友，我在中国交往的第一个朋友。那时还是'四人帮'时期呢，我们的友谊是经过了一些考验的。"说着转脸瞧我，意思是问我——对吗？"正是这样。"我对他说，也是对父亲说。父亲"哦，哦……"应着，退出屋去，再未进来。如今，一个中国人能称一位外国人为自己的朋友，倘若这外国人又是来自所谓西方世界，诸如瑞典这样一个"富庶国家"，并且还是一位年轻的博士，那么仿佛便是某些中国人的不寻常的荣耀了。

我称麦克为自己的朋友，不觉得在名分上沾了他什么光。他视我为朋友，也肯定不会自认为是对我的一种抬举。他的博士头衔，在我看来也并不光芒四射。他获得这学位的论文——《中国古代民歌研究》，还是在大学时我帮他搜集资料，抄写卡片，互相探讨之下完成的。

他这次是到驻中国的一个办事机构工作的。他从"青年报"上看到介绍我的小文章，才询问到我的住址的。以后，他几乎每星期六晚上都到我家中来做客。他喜欢喝大米枣粥，喜欢吃炸糕、黄瓜罐头，还喜欢吃饺子。我们就每个月让他吃上两顿饺子，更多的日子只以粥相待。

榆树上有一种令人触目惊心的肉虫，我们北方人叫它"贴树皮"，又叫"洋瘌了"。寸余，黑色，有毛，腹沟两侧尽蜇足。落人衣上，便死死贴住，抖而不掉。落人皮肤上，非揪之拽之不能去。虽去，则皮肤红肿。似被蜂刺，二三日方可消肿止疼。这一点类同水蛭，样子却比水蛭更令人讨厌。而且它还会变色，在榆树上为黑色，在杨树上为白色，在槐树上为绿色。

有些中国人，真像"贴树皮"。其所"贴"之目标，随时代进展而变化，而转移。研究其"贴"的层次，颇耐人寻思。先是贴"官"。"某某局长啊？我认识！""某某司令员啊？他儿子和我是哥们儿！""某某领导啊？他女儿的同学的妹妹是我爱人的弟弟的小姨子！"七拐八绕，十竿子搭不上的，也总能搭上。搭上了，便"贴"。此真"贴"者。还有假"贴"者，虽也想"贴"，却毫无机遇，难以接近目标，在人前做出“贴”者语而已，为表明自己是“贴”着什么的。

我们在生活中，不是经常能看到一些人，为了巴结上某某首长，或某某首长的儿子女儿，极尽阿谀奉承，钻营谄媚，讨好卖乖之能事么？图的什么呢？其中不乏确有所图者。也有些人，诘之却并无所图，仅获得某种心理安慰而已。仿佛“贴”上了谁谁，自己也便非等闲之辈，身份抬高了似的。

继而“贴”港客。港客本也黄皮肤黑头发黑眼睛，炎黄子孙，龙的传人，我们同胞。相“贴”何太急？盖因港客在“贴”者们眼中都挺有钱。有钱，现今便仿佛是“高等华人”一类了。其实，他们除了比一般大陆人有些许钱，究竟“高”在哪儿呢？就钱而论，香港也绝非金银遍地，香港人也绝非个个都腰缠万贯。“港客”中冒牌的“经理”、伪装的“富翁”，心怀叵测到大陆来行诈的骗子，近几年仅披露报端的还少吗？

然而“贴”者们为了捞到点儿好处，明知对方是骗子，也还是要不顾一切地“贴”将上去的。骗子身上揩油水，更能显示其“贴”技之高超。

“贴”港客，比“贴”某某领导某某干部实惠。小则打火机、丝袜、化妆品、假首饰什么的，大则录音机、照相机、彩电、录像机，等等。只要替他们在大陆效了劳，论功行赏，是不难得到的。港客还似乎比某某领导某某干部们大方。你要从某某领导某某干部家拎走一台录音机？休想！一般情况下，他们是习惯收受而不习惯给予的。“贴”领导干部者，实“贴”权势二字也。古今中外，权势都并非可以白让人去“贴”的。得“上税”。以靠攀附上了某种权势而办成一般人们办不成的事的，统计一下，不付出什么的有几个？“贴”港客者，实“贴”钱“贴”物也。钱亦物，物亦钱，都是手可触目可见的东西，“贴”到了，实实在在。

港客照我看也分三六九等。

一等的正派地办事业和正派地经商。

二等的就难免投机牟利。

三等者，行诈行骗，不择手段，要从大陆揣两兜钱回去吃喝玩乐罢了。

某一时期大陆上穿港服者，留港发者，港腔港调者，港模港样者，“贴”港客者，假充港客者，着实使我们的社会和生活热闹了一阵子。

“贴”者为男性，不过令人讨厌；“贴”者为女性，那就简直愈发令人作呕了。男性“贴”者凭的是无耻和技巧，女性“贴”者凭的是无耻和色相。凡“贴”，技巧也罢，色相也罢，总都是无耻一点。恰如馒头也罢，火烧也罢，总都少不了要用点“面引子”。有一次我到北京饭店去访人，见一脂粉气十足的妖丽女郎，挽着一位矮而胖的五十余岁的丑陋港客，在前厅趋来复去。女郎本就比港客高半头，又足蹬一双特高的高跟鞋，犹如携着一个患肥胖症的孩子，实在令人“惨不忍睹”，那女郎还傲气凌人，脖子伸得像长颈鹿，“富强粉”面具以下就暴露出一段鹅黄色来。仿佛被她挽着的是拿破仑。真让你觉着大陆人的脸，被这等男女“贴”者们丢尽了。

还有一次，我在一家饭店与我一位中学语文老师的女儿吃饭，邻桌有二港仔，与几个大陆“摩登”女郎举杯调笑，做派放肆。

其中一个港仔，吐着烟圈，悠悠地说：“我每分钟就要吸掉一角七分钱啦!”炫耀其有几个臭钱。

那几个女“贴”者便口中啧啧有声，表示无限崇拜，一个个眼角荡出风骚来。

另一个港仔，不时地朝我们的桌上睃视。终于凑过来，没事找事地与我对火。然后盯着我的女伴，搭讪道：“小姐，可以敬一杯酒啰?”

她红了脸，正色道：“为什么?”

“因为你实实在在是太美丽了呀！我来到北京许多天啦，没见过您这么美丽的姑娘呀!”那种港腔港调，那种涎皮赖脸的样子，使我欲将菜盘子扣他脸上。

我冷冷地说：“谢谢你的奉承，她是我妻子。”

对方一怔，旋即说：“真羡慕死你啰，有这么美丽的一位妻子哟，一看就知道她是位电影演员啦!”

我的女伴的脸，早已羞红得胜似桃花。她的确是位美丽的姑娘，那几个女“贴”者与之相比愈加显得俗不可耐。

“你的眼力不错。”我冷冷地说，决定今天扫扫这两个港仔的兴。

“咱们交个朋友好不好呢，我们是……”他摸出一张名片放在桌上，一股芬芳沁入我的鼻孔。名片我也有。二百张。印制精美。我们编辑部为了工作需要，给每个同志印的，也是喷香的。我用手指轻轻一弹，将那张名片弹到地上，说："你们可不配与我交朋友。"他打量了我一番，见我一身衣服，旧而且土，问："您是什么人物哇？"口气中含着蔑视。

我从书包里翻出自己的作协会员证，放在桌上，说："我是中国作家协会会员。虽然是小人物，可这家餐厅的服务员中，就必定有知道我的姓名的。"

一位服务员小伙子来撤菜盘，我问："看过电视剧《今夜有暴风雪》么？"那几天正连续播放。回答看过。我说："我就是原作者。"小伙子笑了，说："能认识你太高兴了，我也喜欢文学，就是写不好，以后可以去打扰你吗？"我说："当然可以。"就从记事本上扯下一面，写了我的住址给他。那港仔讷讷地不知再啰唆什么话好，识趣地退回到他们的桌旁去了。那一伙俗男荡女停止了调笑，用各种目光注视着我们。我的女伴低声说："咱们走吧。"我说："不。饭还没吃完呢！你听着，我出一上联，看你能不能对——男'贴'者，女'贴'者，男女'贴'者'贴'男女。"她毫无准备，低下头去。我又说："听下联——红苍蝇，绿苍蝇，红绿苍蝇找苍蝇！"说罢，站了起来。她也立刻站起。我低声说："挽着我的手臂，咱们走。"她便顺从地挽着我的手臂，与我一块儿走了出去。

走到马路上，走了许久，我一句话未说。她欲抽回手臂，然而我紧紧握着她的手。她不安地问："你怎么了？"我这才说："听着，你知我将你当妹妹一样看待，你就要调到广州去工作了，那里这类港客也许更多，那类女孩子们也许更多，如果你变得像她们一样分文不值，一样下贱，你从此就别再见我了。见了我，我也会不认识你！"

她使劲握了一下我的手，低声说："你看我是那种女孩子么？"我知她绝不会变成像她们那样，我完全相信这一点。我常想，中国人目前缺的到底是什么？难道就是金钱么？为什么近几年生活普遍提高了，中国人反而对金钱变得眼红到极点了呢？在十亿中国人之中，究竟是哪一部分中国人首先被金钱所打倒了?！社会，你来回答这个问题罢！

有一次，我在北太平庄碰到这样一件事：一个外地的司机向人询问到东单如何行驶路近？那人伸手毫不羞耻地说："给我两元钱告诉你，否则不告诉。"

司机又去问一个小贩，小贩说："先买我一条裤衩我再告诉你。"司机长叹，自言自语："唉，这还是在首都啊……"那天我是推着自行车，带儿子到北太平庄商场去买东西。儿子要吃雪糕，尽数兜中零钱，买了四支。交存车费时，没了零钱，便用一元向那卖雪糕的老太婆兑换。她却问："还买几支?"我说："一支也不买了，骑车，还带孩子，拿不了啦。"她说："没零钱。"将一元钱还我，不再理我。我说："我可是刚刚从你这儿买了四支啊！"她只作没听见，看也不看我一眼。倒是看自行车那老人，怪通情达理，说："算啦，走吧，走吧。"又摇首道："这年头，人都变成'钱串子'了……"所幸并非人人都变成了"钱串子"。否则，吾国吾民达到了小康生活水平，那社会光景也实实在在并不美好。看来，生活水平的提高与民族素质的提高，并不见得就成正比。

门户开放，各种各样的外国人来到中国。"贴"者们又大显身手，以更高的技巧去"贴"外国人。此乃"贴"风的第三层次。我看也就到此了。因为"火星人"三年五载内不会驾着飞碟什么的到中国来。据说"火星人"类似怪物——果真有的话，不论技巧多么高超的男女"贴"者，见之也必尖叫惊走。"贴"风有层次，"贴"者则分等级。

一等"贴"者，"贴"美国人、英国人、法国人、日本人、加拿大人、意大利人、瑞典人……

二等"贴"者，就"贴"黑人。在这一点上，颇体现了中国人的国际态度——不搞种族歧视。

三等"贴"者，只有依旧去"贴"港客了。一边"贴"住不放，一边又不甘心永远沦为三等，有俗话说："骑着马找马。"

有一次麦克对我说："你们中国人如今在外国人面前怎么变得这么下贱了啊？和外国人认识没三天，就会提出这样那样的请求，想摆脱，却纠缠住你不放……"

我虎起脸，正色道："请你别在我家里侮辱中国人！"

他没想到我会对他说出如此不客气的话，怔怔地望了我片刻，不悦而辞。其后旷日不至，我以为我把他得罪了。他终于还是来了，并诚恳地因那番说过的话向我道歉。

其实麦克的话，对某些中国人来说，是算不得什么侮辱的。他不过说出了一种“下贱”的现象。“贴”外国人者，已不仅是为了钱，为了物，还为了出国。“廉者不受嗟来之食”，我们的老祖宗自尊若此，实乃可敬。

7. 关于“跑官”

“跑官”也就是四处托朋友，找关系，探后门儿，傍权势，为自己当官走捷径的勾当。不知它是老百姓对此现象的形容，还是某些人自身的经验总结，总之已成了一个人们都懂的词。

时下新词层出不穷，“跑官”一词属于一个小的“系列”。相应的就有了“亮话儿”与“潜颂”二词。

略一想，其实“跑官”也算不上新词。古时候中国的官场上就有那一种现象，只不过不叫“跑官”，叫“捐官”。“捐官”就是买官。买官也要托朋友，找关系，探后门儿，傍权势的。否则花了金子银子，却不一定能买到理想的官位。理想的官位，对古时候想要买官的人又叫“肥缺”。

“缺”就是空着，“肥”当然指有“油水儿”，有“捞头儿”。

中国也大，需官也多，说缺便缺。明明不缺，也完全可以再为“捐官”的人们虚设些“缺”。“捐官”之人终于圆了官梦，皇帝老儿收了金银，所谓两全其美，“按经济规律办事”。“捐官”也是一种经济投资。若“捐”得一个“肥缺”，三五年内，所花的“成本”收回，以后就白赚了。所以古时候那“捐”成了官的人，上任伊始，十之八九大肆搜刮民脂民膏。他们“捐官”，才不干“赔本赚吆喝”的事呢。中国文字有学问，明明是一方买一方卖，却偏要说成“捐”，仿佛慈善行为。一个“捐”字，使皇帝老儿卖得体面，使“捐官”的人们买得体面。

“跑官”的“跑”字也用得好，活脱儿道出了那一种急促、忙碌和辛苦。时代毕竟进步了，处处有竞争。“跑”得不及时，别人“跑”在前头，捷足先登，岂不悔之晚矣！

由“跑官”现象，使我常联想到这么一件事：美国第二十八位总统伍德罗·威尔逊，曾任新泽西州州长。在他任职期间，一天晚上，有人打电话通告他，一位本州的参议员去世了。

威尔逊还没从悲痛中恢复过来，电话又响了。这次来电话的是本州的一位著名政客。

政客直言不讳地说：“州长先生，我想代替那位参议员。”人刚死，消息还未见报，追悼会还没开，便迫不及待地想“代替”了，及时得没法儿再及时。威尔逊沉默片刻，冷冷地回答：“如果真能那样，再好也不过了。只要殡仪馆不反对这件事，我本人完全同意。”威尔逊之幽默的艺术，一点儿也不比中国文人弄文字差劲儿。至于“亮话儿”一词，是指说得“帅”，说得“酷”，说得“满”而“漂亮”。

一秀才死了，想在阴间圆官梦，故一心取悦阎王。阎王偶放一屁，秀才即兴献“屁颂”一篇曰：“高竦金臀，弘宣宝气，依稀乎丝竹之音，仿佛兮麝兰之珠，臣立下风，不胜馨香之至。”

此即“亮话儿”一例，乃“跑官”者必备之技巧。

某科长向处长，或某处长向局长提“意见”，霍地站起来，急赤白脸，朗朗大声曰：“我不怕穿小鞋！我不怕打击报复！这意见闷在我心里很久很久了！今天当着众人大家的面，我是非提不可！……我的上级你呀你……你为了工作，怎么可以全然不顾惜自己的身体啊！……”

此乃“潜颂”之一例，似乎相声里用作过“包袱”的，也乃“跑官”者必备之技巧。每一组新词儿的出现，都至少意味着又一种新世相的产生。通过那些新词儿，看那些新世相，再古今中外地联想联想，挺好玩的呢……

8. 中国档案制度质疑

事实上，每一个中国人都有两份户口。一份证明身份；一份记载个人历史。那第二份“户口”，即每一个中国人的档案。它从我们的中学时代开始由别人们为我们“建立”了。以后将伴随我们的一生。两份户口都与中国人有着极为密切的关系。二十余年前，又简直可以说驾驭着我们的一生。

第一份户口就不多说了。当年对一个城市人最严厉的处罚，便是注销户口。这种处罚每与刑律同时执行。现在不这样了，乃是法律的进步。现在某些城市，已开始松动户口限制，乃是时代的进步。

这里谈谈我对中国人的另一份“户口”的看法。

倘谁的档案中，被以组织（比如团支部、团委、党支部、党委）的名义，或单位或单位领导个人的名义塞入一份材料，对谁一贯的或某一时期的工作表现、生活作风、道德品质以及政治言行等方面作歪曲的，甚而带有恶意的某种所谓“结论”，更甚而编造了情节，而其人始终蒙在鼓里，全然不知……

倘此类事发生在从前，即“文革”结束以前，恐怕是没有哪一个中国人会觉得惊讶的。我们从前的中国人，对这种现象已是见怪不怪。从前中国人档案里的种种材料，因为代表着组织、单位或领导，其真实性简直是不容产生丝毫怀疑的。一言以蔽之，不真实也真实。“文革”中对许多人搞“逼供信”，每以档案中的材料为证据……

复旦大学有一位老师，“文革”前所开几次会上，“有幸”与某人同室，某怕鬼，却又爱听鬼故事。偏那位老师擅讲鬼故事。在央求下，讲了几则给某听。“文革”中就成了审查对象。审得他稀里糊涂。因为某人已是大领导。后来终于明白，档案中多了一份材料，上写着“对领导怀有不良心理”。“领导”怕鬼，还讲鬼故事给领导听，当然是“怀有不良心理”了。再后来经暗示方恍然大悟，于是从实招来，结果因而被定为“坏人”。再再后来被下放农村改造，贫下中农以为他贯耍流氓，一点儿好颜色也没给过他……

我们原童影厂的一位老大姐，年轻时档案里被塞入半页纸，其上仅一行字——“常与华侨出双入对，勾勾搭搭。”

就那么半页纸，就那么一行字，无章，无署名，无日期。然而起着对她的认识作用。看过她档案的领导皆以为她“作风不正派”。后来人们才搞清楚，其实她仅“经常”与一位华侨“出双入对”，而且那华侨也是女性，而且是她母亲……

电影界的一位老同志去世，我为其写小传，接触到其档案（已故之人的档案就不那么保密了），内中一封信使我大为奇怪——那不过是她年轻时写给她亲兄的一封亲情信，纸页已变黄脆。只因其兄当年是香港商人，那信竟成了“政治嫌疑”的证据入了她的档案……

但，倘诸如此类的事发生在“文革”后呢？暴露于今天呢？

人们也许就不太相信了。

然而这是真的，并且就发生在我身上。

有一份材料于一九九〇年四月被塞入我的档案十二年之久，我在不久前因工作调动才得知。白纸黑字清清楚楚地打印着“本人完全认可”。不但“认可”，还“完全”。而十二年间，从无任何人在任何情况之下向我核实过。其上打印着我的名字，代表我的签字。也打印着当时童影厂厂长的名字，代表领导签字。而那位厂长和我一样，十二年来全然不知此事。并且盖着单位的章。但除一位当年主管人事的副厂长已故，一切任过童影厂厂级领导的人皆全然不知。现已查明，是一份冒用单位名义及厂长名义的材料，是一份严重违背人事纪律和原则的材料。甚而，可以认为是一件违法的事。

这一份材料怎样的不实事求是，有着什么歪曲之处，什么无中生有之处，也就不必细说了。仅说一点——我的做人原则，我自幼所受的家庭教诲，我成长的文化背景，决定了我在某些时候，是一定会采取担当责任的态度和做法的。何况，我当时在厂里的职务角色也决定了，我不能眼见群众陷于互相揭发的局面。由我担当，比之无人担当，无论当时或现在看来，非是不良企图。然而那材料却连这一点也干脆歪曲了……

不必说此事使我当年的所有厂级领导们多么震惊，多么生气……

不必说显然的，当年领导班子内部的一些矛盾，怎样成了导致那样一份材料被制造为一种“事实”的诸因素……

不必说此后某些事体现在我身上我曾也觉困惑……

倒是想说，我也给不少人做过所谓“政治结论”，且至今都在他们的档案里。那就是“文革”时期，我下乡前，以班级“勤务员”资格，与军宣队一道，给我全班五十几名同学做过“文革”表现之鉴定。算我两名学生，一名军宣队员，还有一位是校“革委会”成员的老师。那样的一份鉴定，对我的全班同学们后来十年的人生道路意味着什么不言而喻。我没有利用我当时的“特权”挟私以报。恰恰几名曾欺负过我的同学，将可能因某些莫须有的言行被列入政治另册。我为了避免这样的结果，在他们到外地打小工的时候，替他们多方取证，使他们未被列入另册……

正是由于我那样做，老师和军宣队，才在我的档案中写下了“责人宽，克己严”一条。

由此我感想到，在将来，我们目前的档案制度，是要改变改变为好的。起码，谁自己的档案里记载了些什么，在什么情况之下由谁们记载的，谁自己应是有权一清二楚的。并且，有权想什么时候看一下就看一下，想提出质疑就可以提出质疑，可以要求重新调查了解。当然，如果某人被列为对国家安全构成危险的分子，另当别论。

为什么现在就不能改变改变呢？

因为现在，我年龄以上的许许多多中国人的档案中，古古怪怪的记载仍在其中，而自己们仍不知。不知倒也好。果而都知道了，该怎么想，怎么说呢？历史的痕迹，莫如就那样保持原状。

七十年代以后出生的中国人，档案则要简明得多了。古古怪怪的记载，大抵是没有了。即或有什么污点，本人也是一清二楚的。因为本人要过目，要亲笔签名。

发生在我身上的事，在近十几年，实属个别现象。

我希望那么一天早一些到来——一切的中国人，看自己的档案，随时了解自己的档案之中记载了些什么，能像到图书馆去借一本工具书一样，成为一种最一般的权利。

而这一天的到来，肯定标志着中国的进步又达到了更高的层面……

9. 医生的位置

据说，进行过这样的民意测验——“你最尊敬的十种人。”并要求以职业排列。

我不以职业来作为什么可尊敬或不可尊敬的原则。道理是那么明白，可敬的人不都包括在可敬的职业中。从事可敬的职业的人中，也有不可敬甚至可恶的人。如果将“尊敬”改为“重要”，我想我会排列如下：

一农民、二政治家、三科学家、四医生、五教育工作者……

医生这一职业的社会位置，现在是越来越突出了。无论在中国或外国。你可以从第四位往前移它，不但移到科学家前边去，甚至直接移到政治家前边去，政治家也保准没什么不满情绪。因为人活着，第一要有饭吃。第二千万别生病。尤其别生危害生命的病，比如癌。而现在，不但生病的人多了，似乎得癌的也多了。一旦得了癌，似乎神医也束手无策了。但还是有区别的。比如发现得早或晚，医治得及时或不及时，手术的效果……好医生好医院保你多活许多年。否则，三个月半年，你就见上帝了。

有一种社会现象是如今“社团”多了。也就是“校友会”、“战友会”、这个“会”那个“会”的。反正只要一些人由于某种缘分在一起待过，都赶紧地联络感情。赶紧地抱成个团儿。起码是一些人中的这几个和那几个。这一些和那一些。不论一次旅游活动或一期什么学习班。仿佛比玩和学习还重要的更大收获，是又认识了一些人。当然，人认识人是一门学问。有人愿意结识有共同语言的。

有人愿意结识有用的。而有用的，似乎没有共同语言，也有那么点儿共同语言了。

另一种社会现象是，在任何“社团”中，或在任何一些人形成的圈子中，医生大抵是不可或缺的人。医生这一职业，渗透性极强，从下里巴人，到达官显贵，都被视为愿意结识的人。身为医生们的人，自己可能很失落，很不愿交际。但不会因此而减少别人认识他们的渴望。

试问，哪一位局长或职位相当于局长的人，不认识一位或几位主治医生？哪一位首长，不认识一位或几位内科或外科专家？而普通百姓，只要有幸结识了一位护士、挂号员、门诊医生，如果对方也同样表示出乐于和自己交往的诚意，谁都会有种喜不自胜的感觉啊！是不是呢？那则意味着，你一旦生了病，医院对你不是那么望而却步的地方了。你也许可以“走后门儿”挂上急诊号，医生询问你病情时，也许预先受到叮嘱，会细致点儿，不至于三五分钟便将你打发了。还可以开点儿好药、新药、特效药。

如果，一个社交圈子里，居然没有医生，那算是一个圈子么？那样的圈子，算是一个结构完整的圈子么？

谁的电话簿上，不是将护士或医生或仅仅是在医院工作的人，记在最明显的位置呢？

而这一种关系，有时简直意味着是一笔“财富”，非至亲至交的人，非大动了同情心、怜悯心、恻隐心、慈悲心的时候，一般人是不肯轻易将这一种关系转赐他人的。

中国人与医生的关系，是人际关系中的至尚关系。普遍的人们，未见得非巴结着去结识一位局长或部长。但对医生，则是另外一回事儿了。

中国人与医生的关系，对于有幸有这种关系的人，简直又意味着是极其有价值的“专利”。

中国目前的中国式的“社团”现象，从本质上去分析，乃是对激变着的时代的忧患。而医生在一切人际的结合中，都是受欢迎的，实在是说明了两点——第一，中国人比以往任何时代都更加珍爱自己的生命了。这也同时说明社会进步了。正如反过来——对自己生命的无所谓说明人对社会的责任感降低到了极端。

第二，看病在中国依然是“老大难”问题。尽管不断改善，但依然有苦衷。尤其对普通百姓们是这样。

当时代发展的利益还不能平等地具体到一切人身上的时候，当时代发展的负面强烈地困扰某些人的时候，人便企图同时代保持某种距离。于是人与社会的中介关系便产生。中国式的“社团”是中国人和中国目前时代的“扬长避短”的选择。既是被动的，亦是主动的。普遍的中国人，希望通过它的产生，感受社会发展的利益，削弱社会发展的负面的困扰。并且，希望它是“小而全”的。希望三十六行七十二业都囊括其中。那么换煤气、孩子入托、转学、生病、住院、往火葬场送葬，似乎一切都有了受“关照”的可能了。我常想，一位主治医生，一位外科或内科以及其他医科专家，在一切人际圈子中，其特殊地位大概不啻是一位“教父”吧?

于是医生这一社会职业，便具有了双重服务的性质。一方面要服务于广泛的人。另一方面要服务于某一社会层面，或曰人际圈内的人。这是由不得他们自己的。

目前许多大医院都实行了专家挂牌门诊。这是极大的好事。这就使平民百姓，也有相应的机会，请专家们诊一次病或动一次手术了!

这对高级医师和医科专家们，也同样是好事。这就将他们，从“层面”范围的服务中“解放”了出来，使他们的高明的一技之长及宝贵的经验，得以从真正意义上服务于人民了。我想，这一点，肯定是他们十分情愿并十分自慰的。因为这一点，和医生这一职业的对人平等的人道主义原则是一致的。也是和我们常常进行教育的社会主义的优越性是一致的。

否则，不一致。

最后，我想对高级医师和医科专家们说，当一位平民百姓坐在您面前时，您千万千万要格外地细心格外地耐心呵!他们不是想接受一位高级医师或专家的诊断治疗，就可以通过电话联系上的人。他们不是从前根本不认识您，想认识您，便能认识上您的人。替他们想想，能坐在您面前，对他们是多大的幸运呵!也许费了多大的周折呵!

请多关照!

务必的，请多关照了……

10. 木匠哪里去了？

我的“兵团战友”姚伦，是木匠的儿子，也是木匠的孙子。我当知青的七年中，有五年多的时间和他同在一个连队。朝夕相处，友情深焉。

他祖父是那类背着工具箱，游走民间揽活为生的木匠。父亲是哈尔滨市某家具厂的八级师傅。当年那厂里只有一位八级木匠。全哈尔滨市也不会超过五位。有次开“群英会”，各行各业的“英模”现场“大比武”。他的父亲夺得了木工组“全能第一”的奖牌，从此戴上了“木工王”的桂冠，成为木工行业至尊至圣的“权威人物”。

既是“权威”，哪怕是工匠“权威”，“文革”中也是少不了要挨斗的。挨斗之后，被厂里“扫地出门”了。知识分子——科学家、作家、艺术家、学者、教授之类，一斗就“臭”了、就斯文丧失了。他们的学识和所长，仿佛也就贬值了，“英雄无用武之地”了。但有两类人却是越斗越香的，便是医生和木匠。用今天的说法，简直就意味着是“炒”他们的名气了。一位医生，某日一旦被戴上“大权威”、“小权威”的纸糊高帽，挂上“业务白专人物”的牌子游街示众，那就等于做广告，全城家喻户晓了。于是从医院到家里，一拨一拨的人点名道姓，非要被游斗过的他们诊病治病不可。老百姓才不傻呢，心里明镜似的，知道在什么情况下应该毫不犹豫地选择什么人指望什么人拯救自己。包括白天批过“权威”斗过“权威”的“造反派”甚至“专案组”的人，晚上也会带着自己患了疑难病症的至爱亲朋，引至“权威”的家里，请求他们按照毛主席的“最高指示”——“救死扶伤，发扬革命的人道主义”。或用小汽车将“权威”们悄悄接到自己家里……

在这一点上木匠和医生相比差不多是同等的幸运。当年中国人对一个理想的“家”的设计和要求，是以“腿儿”作标准的。写字台四条腿儿，大立柜四条腿儿，一组沙发十二条腿儿……据说，应有尽有，添置齐全了，大约“四十六条腿儿”。当然，这是一流标准，权势者的标准，是处以上干部们的家的起码水平，是科长们追求和向往之的家的水平，是老百姓们梦寐以求的水平。

一对儿恋人打算登记结婚了，女方每每问男方——预备下多少条“腿儿”了？倘“腿儿”的数量太少，女方是要噘嘴儿，甚至是要掉眼泪要犯急的。那么婚期就得往后拖。当年哈尔滨的小伙子结婚前，主要是为“腿儿”的多少而操心上火，而大伤脑筋，而四处奔忙。一间新房，怎么也得有二十几条“腿儿”牢立在地，才能向新娘交代得过去，才能将新娘高高兴兴地迎入。“革命”耽误了中国科技的发展，耽误了中国生产的发展，但却从没耽误过中国的男人和女人结婚。

老百姓身上的衣服，总是要补的，总是要换的。老百姓家里的家具，总是要修的，总是要更新的。衣服到处都有卖的。全市却仅有两处家具店。而且买家具是要凭票的。当年的一级工二十四元月薪，二级工三十六元，三级工四十二元。当年四十岁以下的中国人，能升到三级工的是极少数。筹备结婚的年轻人，月薪普遍在二十四元，仅够买一张写字台的一条腿儿。所以，打算结婚的年轻人，打算添置新家具的人家，即使是处长之家局长之家，一般也都得千方百计备下些木料，请木匠师傅给做。

被家具厂的“造反派”们“扫地出门”的“木工王”，身价不跌，反而倍增。在人们的广泛的需求意识中，仍是木工行业的“无冕之王”。主动上门央求做家具的人们无计其数。工期排得满满的。天天做也做不完。相求的人们，除了付工钱，照例还得要送份儿礼。八级木工的月薪是八十八元。“木工王”反而因为被妒得福，每月收入都在二百元以上。比家具厂的“造反派”们更有权势的“造反派”们也免不了有求他的时候。既求他，当然就得庇护着他点儿。家具厂的“造反派”们，尽管对他妒上加妒，却奈何不得他。他忙不过来，就要儿子做帮手，指导儿子学起木工来。所以我的“战友”在下乡前就是一名好木工了。正所谓名师出高徒。

他下乡不久，主动要求调到了木工班。一年后，手艺超群显示，将连里一些从未受过指导的滥竽充数的木匠的手艺全比下去了。于是名声大噪。老职工、老战士、知青们都纷纷求他做各式各样的桌子，各式各样的柜子，各式各样的箱子。他从不收钱。收钱性质就变了。他很明智，恪守着不收钱的原则。以业余时间帮人忙播种人情。人缘广泛，口碑甚佳。

有一年团政委到我们连"蹲点"，先是发现我们连的知青几乎人人都有木箱。而且工艺都是那么的细致。漆色也涂得那么的棒。接着发现许多老战士老职工家里的桌子柜子，都是崭新的，样式又都那么的美观，大为惊诧。于是召开现场会，严厉批判用公家木料做私人家具的不良现象。批判了一通之后，对姚伦的木工手艺，却又赞不绝口。说想不到知青中会存在手艺如此高超的木工巧匠！说可惜知青中没有八级。若有，一定特批姚伦为八级木工！……

于是从那一天起，姚伦虽然姓名仍在连队的花名册上，但差不多属于半个团里的人了。一年中有半年的时间，被抽调到团里去为各办公室，为礼堂，甚至为首长们个人做这做那。他像他父亲一样，成了团里的"木工王"。最多时，手下指挥着二三十名木工。

那是他的人生最辉煌的阶段。

后来他结婚了。妻子是位漂亮又贤惠的当地姑娘。

他家里的家具的"腿儿"，也许是全团人家里最多的。

后来他有儿子了。

后来和大批知青一样，他返城了。

他返城时遇到了棘手的难题。因为妻子不是知青，落不上城市户口，牵连着儿子也落不上城市户口。于是他给各方各面的人白做家具，打通一重重障碍。他的木工手艺在关键时刻帮了他。一年后他妻子儿子的户口全落上了。靠了木工手艺，他为妻子解决了工作，为他们三口之家谋到了住房——一幢新楼的一间半地下室。虽然是地下室，但在当年，相比于返城后一无所有，一切都得从零开始的广大知青，他还是幸运的，令人羡慕的。

但是他自己却不急于谋职。谋职对他并不难。他嫌正式工作工资太低。他成了返城知青中最早的一名个体手艺劳动者。每月一百多元，二百来元。今年干着，同时揽着明年的活儿，仿佛足以一直从容不迫地干下去。

相比而言，在返城知青中，当年他的小日子过得相当滋润。娇妻爱子、和和美美，衣食不愁，每月还有点儿积蓄。

到了八十年代中后期，他的活法开始受到威胁了。涌入城市的大批的民工中，也有不少像他祖父那类背着工具箱游走于民间的木匠。尤其南方来的一些木匠，活儿做得也很细，工艺也很讲究。北方人又天生在许多方面迷信南方。于是南方的木匠们，在北方的这座城市特别吃香了。正如那句话说的——“外来的和尚好念经”。

他妻子就劝他：“活儿少了，只怕干不了几年了，趁早儿找个正式工作吧?”他却不以为然。说几百万人口的一座城市，到什么时候也少不了木匠啊！我就不信南方来的木匠，会挤得我有没活儿干那一天。然而世事的发展变迁，远比他所预料的要快得多。第二年市里的某一家具厂与国外合资，引进了一条流水线。市场上出现了样式美观工艺上乘的组合家具，广告作得铺天盖地，迅速成为名牌。也迅速改变了人们的家具需求观念。翌年又有两家合资家具厂诞生。三足鼎立，展开激烈竞争。南方来的木匠们在家具厂的激烈竞争中，从这座城市里消失了。撤退了。他也陷入了失业之境。他当然就不得不急着谋职了。“会什么?”“木工活儿。我父亲是当年本市的‘木工王’！……”“是么？可我们不需要木匠啊！除了木工活儿你还会什么?”他不得不承认，除了会木工活儿，再无所长。“那，我们缺个勤杂工你干不干?”“勤杂工?”“就是打扫厕所，打扫环境卫生的人。”“这……每月多少钱？……”“二百多吧！”“其他呢?”“没什么其他了！”斯其时已是九十年代初。他已经四十余岁了。物价早已涨了几倍了。下岗的工人一天比一天多了。他倍觉受辱。自然是不肯干的。但是四处碰壁，所遇情况差不多。他在失业之境中闲了两年。早些年的积蓄花光了。每月只能靠妻子的低微收入勉强度日了。那一种闲可不是他情愿的，也是心情非常愁闷的。

城市非但不再需要细木工了，甚至也不再需要车工、钳工、铣工、刨工了……

十年河东，十年河西。彼生此亡，日新月异。对一部分人，一个英雄大有用武之地，机会多多的时代，正微笑着向他们招手示意。对另一部分人，这时代六亲不认地鄙视地板起了面孔，冷冷地宣布他们为多余的人。

今天，你在任何城市里都难得看见背着工具箱走街串巷的木匠了。哪一座城市每年不搞几次家具大联展大甩卖呢？

他曾经朋友介绍在一个室内装修队干了两个月。可室内装修他是生手，也根本无须太高的木工技能，一切也都是流水线上生产的规格化了的材料。往往只需拼贴粘牢就是了。而且其美观程度，远非一切能工巧匠的手艺达得到的。规模生产的工艺水平，对工匠们的劳动方式的淘汰，竟是那么的铁面无情。二十几岁的小伙子中出了一批又一批装修业的行家里手。他在装修队只配给他们当小工，整日被呼来唤去支使得团团转，收入当然是很低的。他的自尊被瓦解，只干了两个月就不干了。

他也曾背着工具箱到郊县甚至农村去找活儿干。但是郊县和农村的人家也不自备木料请匠人做家具了。到城里收购旧家具，不是更便宜更省事么？何况，城里又兴起了旧家具拍卖业。很新很适用的家具，只因样式过时了，城里人家就卖了。大衣柜才三四十元。写字台才二三十元。一对箱子往往只标价十五元。有些正是他十年前亲手做成的。当然，郊县和农村也还有要修理家具的人家。可单靠挣点儿修理费，他是养不了家口维持不了生活的。

他设油锅炸过油条。炸油条相比于学成一名业熟艺精的木匠，当然是简单容易的。但他每每守着油锅，思想开小差，回忆自己当年是一名好木匠的好日子，并长吁短叹那好日子的不再复返。结果油条不是炸焦了就是缺火候。不久便干不下去了。

他也摆摊儿卖过菜，但不善吆喝，也吃不了那份儿起早贪黑的苦，尤其耐不住那种一上午或一下午无人问价空守摊位的寂寞。一个月算下来，没亏没挣，白干了。因白干而不干了。

他妻子偏偏那时下岗了。

他心情灰颓，忧上加忧，开始借酒浇愁，渐渐酗酒成性，沦为酒徒。

去年，我有一位朋友组成了一个建筑施工队，干得挺红火。我想到了他，赶紧去信替他联系。朋友回信说——既然大家都是朋友，那就让他来找我吧！不必他干什么活儿，打算让他当个小工长。工资嘛，也保证不会亏待他的。

我正替他高兴着，却有确凿的消息传来——他自杀了。

噫吁呼！

我为他的死难过了许多日子。

在那些日子里，我常因他而思考时代的变迁。觉得“发展”二字，既是一个给许多人带来大机遇大希望大转运的词，也是一个使许多人陷入窘境困境懵懂不知所措的词啊。它包含着相当冷酷的意味儿。

一个这样的时代正逼近我们中国人的面前——它的轮子只管隆隆向前，绝不为任何一个行动迟缓的人减慢速度或停下来稍等片刻。你要么坐在它的车厢里，它的车厢的等级是分得越来越细越多了。你要么跟着它的轮子飞跑疲于奔命，待它到哪一站“加水”时跃身上车。你要么具有根本不理睬它开到哪儿去的经济基础和心理素质，有资格并且自甘做一个时代发展的旁观者局外人。而最不幸的是你对它的多变性冷酷性预见不到估计不足，被碾在了它的轮下……

几乎我们百分之九十的人，都不得不经常想到——今天对于我们已习惯了的活法，可能明天早晨醒来就被彻底扰乱了。并且都不得不经常问自己——那时你还怎么活？

也许，从今以后，父母在儿女长到十来岁的时候，就有责任使他们渐渐明白——他们必须为他们以后的人生，设想起码三种不同的活法。从好的到糟的。而且使他们渐渐明白，只要人留意关注时代，那么它将要甩掉某些人之前，总是会显出些迹象的。忽略了这些迹象的发生，不再是时代的过错，而只能承认自己对自己没尽到责任了。

当然，也应讲到这一点，对于有所准备的人，从好的活法跌入糟的活法，其实并不意味着处境绝望，也并不真的那么可怕。只是需要耐心和承受力，经得起摔掷的自尊和从头来过的自信罢了。正如儿童搭积木，一次次倒了再一次次重来时需要耐心和自信一样。

有所准备的人，必能从糟的活法重新过渡向另一种好的活法，避免被时代碾在它的轮下。

它不偿命。

人对待它的最不可取的态度是轻生……

11. 站直了，不容易

有一部国产影片的片名叫《站直啰，别趴下》，反映的是中国小知识分子的俗常生活形态。

这部影片的片名每使我联想多多。

像世界上一切封建帝王统治史漫长的国家一样，中国也是一个“官本位”影响深厚久远的国家。于今，其影响虽已缩敛，但仍强劲地左右着许多中国人，包括许多大小知识分子的命运状况。故中国人，以及中国大小知识分子头脑中一再滋生出犬儒思想的陋芽，并玩世地将犬儒思想的方式，当成一种成熟，一种人生的大智慧，一种潇洒似的活法，委实也是可以理解，甚至应予体恤的。在“官本位”的巨大投影之下，从献身于官体制的官们，到依存于官体制的大小知识分子们，到受治于官体制的庶民百姓们，谁想站直了，都非是容易之事。相反，千万别站直了，倒真的是一种有自知之明的表现。而且，只要习惯了，感觉也不是多么的不好。有时甚至会获得较好的很好的感觉。会获得比企图站直了还好的感觉。

由这一种见怪不怪的现实，又每使我联想到谢甫琴科。众所周知，谢氏生长在农奴家庭，从小失去双亲，孤苦伶仃。实际上，他是个小农奴，尽管他的身份似乎比农奴高一等，叫“使唤人”。

后来，他成为乌克兰民族的画家和诗人，名声远播，于是受到沙皇的召见。

其刻，宫殿上文武百官都向沙皇三躬其腰，口出颂词，唯谢甫琴科一人挺身于旁，神情漠然。

沙皇愠怒，问：“你是什么人？”

诗人平静地回答：“我是塔拉斯·格里戈耶维奇·谢甫琴科。”

沙皇又问：“你不向我弯腰致敬，想证明什么？”

诗人不卑不亢地回答："陛下，不是我要见您，是您要见我。如果我也像您面前这些人一样深深地弯下腰，您又怎么能看得清我呢？

……

这一次召见，决定了诗人一生的命运。

如果，他和沙皇面前的那些人一样；如果，他哪怕稍微装出一点儿卑躬屈膝——这在当时实在算不上什么耻辱，许多比他声名显赫的人物都以被沙皇召见过为莫大荣幸——那么他也许将从此成为沙皇的宠儿。

但是由于他的桀骜不驯（这乃是由于他的出身和经历，从一开始就在他内心里种下了轻蔑王权的种子），使他几乎一生都成为沙皇耿耿于怀的人。

在王权的巨大投影之下，无论什么人，若想站直了，就必付出代价。

谢氏为此付出过代价。

法国的雨果也为此付出过代价。

还有俄国的普希金。

还有许许多多在王权的巨大投影之下企图站直了的人……

民主之所以对于人民毕竟是好事，就在于它彻底驱散了王权的巨大投影之后，使人人都有可能从心理上获得解放，弯腰与不弯腰，完全出于自愿，出于敬意的有无，而根本不必假装做戏。倒是反过来了，有权之人，每每在人民面前作秀，以获得人民的好感。因为人民几乎无时无刻都有资格以民主的名义理直气壮地说："你的权力是我们给的，我们想收回给予别人，便可以那样做！"

王权巨大投影之下的任何人，却不得不经常告诫自己："我现有的一切是王权的代表者们给的，他们想把它缩减到多么小的程度就可以把它缩减到多么小的程度。他们一旦想收回它，不愁没有正当的理由。"

中国的民主局面，法制成就，近年发展得很快，有目共睹。

但我们中国人毕竟在王权的巨大投影之下弯腰弯得太久了，似乎成了一种遗传病，鼓励站直了，许多人可能一时反而不习惯，感觉反而不自然。

扫描社会，观察这一种现象，所见是非常有趣的。

"我认识××厂长！"

"我认识××处长！"

“我认识××局长!”

“我认识××部长!”

在社会的各个阶层中，都时常会听到这样一种炫耀。而其炫耀，效果往往又立竿见影。仿佛炫耀者本身，顿时脑后呈现七彩光环似的。倘不直接认识官员们，那么认识他们的秘书、儿女、三亲六戚，也似乎足以令人刮目相看。尤以认识官员们的夫人，最是资本。

中国人公开宣布自己拥有这些特殊关系时，其实是想证明——我是一个有条件站直了的人！但所认识的官员一旦“趴下”了，或从官体制中隐退，一度站直了的某些中国人，又必然会一如既往地弯下腰。于是他赶紧弯下腰去认识另外的官。因为他毕竟曾靠认识官而站直过，体验了站直的感觉之良好……

如今，一个中国人站直了，已不需付出以往时代那种代价。那种代价太沉重，有时甚至很惨重。在中国以往的时代，只有几千万分之一的人尝试过。

但如今，一个随时准备弯下腰的中国人，依然肯定地比一个随时准备“站直”了的中国人获益多多。

某一天这种情况反过来，中国就将成为一个前途更为光明的国家了……

12. 敬畏为何在中国水土不服?

畏是连动物也有的表现。畏极于是害怕，怕极于是恐惧。畏之表现，不敢轻易冒犯耳。此点在动物界，比在人类社会更加司空见惯。因所谓动物界，乃杂类同属。而人类的社会，毕竟是同类共处。

在动物界，大到虎豹狮熊、象犀鳄蟒，小到蜈蝎螳螂、甲虫蝼蚁，若遭遇了个碰头对面，倘都是不好惹的，并且都本能地感到对方是不好惹的，便相畏。常见的情况是，彼此示威一番之后，各自匆匆抹身而去。

在人类，这种情形每被说成是——各自心中掂量再三，皆未敢轻举妄动，明智互避。确乎，此时之互避，实为明智选择。但如果一方明显强势，一方明显弱势，那么无论在动物界还是在从前的人类社会，后者之畏，不必形容。为什么要强调是从前的社会呢？乃因从前的社会，人分高低贵贱的种种等级。这一种分，延及种族、姓氏与性别。小官见到大官、大官见到皇帝乃至皇亲国戚，也是不可能不畏的。在种族歧视猖獗时代的美国，黑人远远望见白人，通常总是会退避开去的。大抵如此。

在特别漫长的历史时期内，畏是人类社会的潜规则，也是人类心理的一种遗传基因。故那时的“民”，快乐指数是很低的，须活得小心谨慎，战战兢兢。因为他的天敌不但有动物界凶猛邪毒的大小诸类，还有天降之灾，更有形形色色自己的同类。“宦海多厄”、“如履薄冰”、“官大一级压死人”、“伴君如伴虎”，这些文言俗语，或是受畏压迫的官们的自白，或是看得分明的非官场人士们的观察心得。官们尚且活得如此不潇洒，百姓们又哪里来的多少快乐呢？故很久很久以前的“民”，又被称为“草民”、“愚民”、“贱民”。不仁的权贵者可践踏也，可羞戏也，可欺辱也。

现代了的人类社会的标志之一是人格的互尊，人权的平等。人格是译语，最直接的意思其实是“界”，暗示着彼人也，吾亦人也，同属“人”界，勿犯于我的思想。一言以蔽之，“天赋人权”，人皆站在同一地平线上。

由是，在人类的社会中，人畏人的现象，便渐渐少了许多。

人遭动物的进攻和伤害的概率小了，人对自然灾害的预知能力提高了，抗击能力增强了，控制能力加大了。人对人的畏，如上所述，也几乎全变成历史记忆了——那么，人是否就可以变得天不怕地不怕了呢？

人类感到人类还不应该这样。

因为现代了的人类，头脑是更智慧了。而天不怕地不怕是反智慧的，正如宇宙是无边无际的不符合人的思维逻辑。

于是我们人类从以往的宗教中、文化中、习俗中，筛选出某些仍有必要保留，保留将有益无害的成果，加以补充，加以修正，加以完善，加以规范，使之成为原则，并以另一种畏的虔诚态度对待之，便是敬畏。

值得人类敬畏的事已经不多了，却更有质量了。

比如法律，人类每曰之为“神圣的法律”。法律无情，故人畏之；法律公正，故人敬之；法律的天平一旦歪斜，全社会的心理平衡便紊乱了。所以人需要对法律保持敬畏，这种敬畏符合普遍之人的理性。

但世界上所有的法典加在一起，也还是不能尽然解决人类社会的全部是非问题。有相当多归不进法律的是非问题，依然和人类的心是怎样的有关。

所以除了法律，人类的文化主张还要敬畏良心的谴责。良心者，好的心。善为好，故良心首先是善良的心。倘不善良，一颗搏动了80年的心，即使还像运动健将的心一般跳得强劲有力，那也只能说是一颗好的心脏而已。这样的人，是没良心可言的。没良心可言的人好难以长久，虽不好但也不至于坏的人，其坏是迟早之事。因为，他以为他没犯法，而实际上，他已站在法律电网的边沿，任何一阵诱惑的风，都极可能使他跌入犯法的罪过坑里。并且，站在法律边沿之人，每有一种试探法律权威的冒险念头，以及擦边而过的侥幸者的沾沾自喜，这也都是最终导致其跌下去的原因。

良心不在法律的边上。良心在法律的上空，无时无刻地照耀着法律。故良心又叫“天良”，虽无形，但有质。倘无良心的照耀，连法官也会成为坏法官，结果导致法律腐败。故，人类也要敬畏天良之谴责。生命不仅对人只有一次，对一切生物也只有一次。故生命对一切使地球现象丰富的、美好的、有趣的生物，不但是宝贵的，而且具有神圣性。除了不仅有害于人类，同时也有害于绝大多数别种生物的害虫、病菌，人也应对一切生命予以珍视。爱一物之生，怜一物之死，此曰敬畏生死。敬生不等于畏死，畏死乃指不敢于轻生。既不轻人类自己的生，也不轻别种生物的生。并且，连对尸体也当尊重。

“天地有定律，四季有成规，万物有法则。”人还应敬畏于自然界的秩序。急功近利地或无端地破坏自然秩序的行为，将使人类受到严厉惩罚。所幸，今日之人类，对此有共识。

敬畏非是由畏而敬。害怕的心理，其实不能油然转化为敬意。敬畏乃指由敬而生的尊重，不是畏别的，畏己之冒犯之念也。一个人也罢，一个民族也罢，一个国家也罢，倘几乎没有什么敬畏，是很可怕，最终也将是很可悲的。

我们中国，时至今日，是有敬畏之心的人多呢，还是无敬畏之心的人多呢？

这是一个我们中国人必须正视，并且必须作出诚实回答的问题。由而想到——有轻生少女犹豫于高楼，我同胞围观“白相”者众，且有人喊：“姐们儿快跳啊，别让大家等急了！”

由而想到——七八个大学学子为救溺水儿童，其中三人献出宝贵生命，所谓“捞尸船”上的人，竟以铁钩钩肤、绳索系腕，任几小时前还是朝气青年的尸体浸泡江中，却指手画脚，狮子大张口，在船头、岸上抬高其价！

那三名大学生孩子，真是死得让人心疼，死后还让人心疼！那些个“捞尸人”，那样子对待同胞，那样子对待同胞中的殉身的孩子，还有半点儿天良吗？这等事，我敢说，除了发生在中国，在二十一世纪的今天，断不会再发生于别的任何国家。鲁迅说：“救救孩子！”而我要说：“救救大人！”谁帮中国的某些大人们，找回敬畏之心，找回天良？！连大人都越来越丧失了的，又凭什么指望我们的孩子们会自然而然地有？！

13. 俯瞰商业时代

世界的历史始终是一个人寻找面包和黄油的记载。

——洛思《人类的历史》

红盖头，“新娘子”

红盖头已然由自己的手替“新娘”掀去了。它还拿在自己手里。自己一时间愕异地瞪着那一张浓妆艳抹的脸儿——“她”的漂亮显而易见地是超出了自己的企盼和想象。“她”诱惑意味儿十足地向自己媚笑着。分明地，“她”极其性感，称得上是一个勾魂摄魄的美人儿……

但——“她”的漂亮又似乎那么的妖冶，使自己不禁地对“她”的品德究竟怎样产生大的怀疑。何况此前，也就是在“她”没被娶进家门的时候，对“她”的那些风流韵事，自己早就耳闻多多了。于是凝视“粉面桃腮”、“花容月貌”，一切怀疑仿佛便都非是无根据的了。事实上“她”也的确够虚荣，够放荡的，水性杨花而且势利眼，而且还是个彻底的拜金主义者。将“她”调教成贤妻良母，明摆着需要一个相当长的“过渡时期”。需要充满了矛盾、争吵和冲突的“磨合阶段”。需要高超的驾驭“她”的能力和心理承受方面的实力。有时甚至需要取悦于“她”。为了最终达到能够驾驭“她”调教“她”成为可敬的贤妻良母的目的，也需要放弃许多以前的原则，改变许多以前的思想方法。哪怕在以前看来那都是足可引为自豪的，足可流芳百世的好原则好思想的典范。

于是“她”的诱惑显出邪狞来……

于是“她”的笑靥在自己看来伪若妩媚的陷阱……

性感自然便性欲旺盛。性欲旺盛自然便也会刺激和鼓舞起自己的性能力……

后悔了吗？不！

谁会面对一个风情百种正值芳龄的妇人而后悔不该娶了“她”呢？

只不过在以下几方面实在是没多大把握——自己真的能驾驭得了“她”么？真的能管束得住“她”那放荡的不贞不专的性情么？真的能靠其实并不丰厚的家业笼络住“她”那一颗贪图荣华嫌贫爱富的心么？真的可以指望“她”和自己组建成一个和睦的家庭举案齐眉白头到老么？真的可以指望“她”以身作则教诲出有作为有教养的下一代和下几代么？倘驾驭不了“她”管束不住“她”笼络不住“她”可如何是好呢？“她”肚子里是不是已经暗怀着别人们的“杂种”了呢？一旦生出些完全不像自己，一长大就离家出走，从此忘家弃父背祖对家对父对祖丝毫也没有责任感义务感和起码亲情的不肖子孙，自己将会落得个什么样的下场呢？……

我凝视商业时代，常感到中国和它的关系，正如同一个“再婚”的男人和自己已娶进了家门，已由自己替“她”掀去了红盖头，看着又爱又心存种种疑虑，又陌生又受到着诱惑，又抱有莫大的希望又没法儿完全信赖的妇人的关系一样。

这一种关系，使中国和商业时代的“洞房花烛夜”，不免地忧喜参半。有心欲道：“娘子，‘愿为双鸿鹄，奋翅起高飞’。又恐伊人那厢‘沉恨细思，不若桃杏，犹得嫁东风’。”

在中国这一个男人业已五千余岁的漫长经历中，一九四九年十月一日乃是他刻骨铭心的一次“婚姻”。“前妻”的音容笑貌给他留下的记忆是那么的难以磨灭。“她”有着美好的“理想主义”的基因。因为“她”是从一个叫马克思的很伟大的犹太人以毕生的精力所从事的关于“共产主义”的思想之中孕生出来的，是半个多世纪以前，一些中国的有志青年去西方为中国父亲寻访到的。马克思是“她”和中国的“月下老人”。青年周恩来的一首诗则能表达他们当年的宏愿大志。诗曰：

大江歌罢掉头东，
邃觅群科济世穷。
面壁十年图破壁，
难酬蹈海亦英雄。

他们要为中国父亲迎娶回一位前所未有的“理想伴侣”。要为中华儿女们恭请回一位伟大的母亲。“她”堪称是划时代的。“她”那无比年轻的、丝毫也不沾染有人类历史污迹的，并因此而感到无比自豪的风采，使当年的中华儿女极易联想到中国古代传说中炼石补天的神母女娲。“她”那毫不动摇毫不畏惧地向自己“横空出世”以前的一切世纪宣战的，不战胜毋宁死的雅典娜般的精神气概，使一切贫穷的、落后的、以严酷的剥削和压迫制度为统治手段的国家的儿女膜拜顶礼，甘于为“她”而破釜沉舟，而赴汤蹈火，而前仆后继，而肝胆涂地，而粉身碎骨。

“她”有一半儿的俄国——不，准确地说是“苏联”血统。因为“她”是在“苏联”向全世界证明了“她”存在的划时代的伟大意义的。中国人将“她”迎娶到中国，付出了半个多亿的儿女们的生命的代价。其中许多是中国父亲最优秀最卓越的儿女。与此相比，中国历史上一切求新生、求富国、求强民、求“永远站起来”的悲壮奋斗，都显得黯然失色了！与此相比，世界上一切国家一切民族同样性质的奋斗，似乎也都显得容易了。

中国这一古老的男人，曾怎样地喜悦于感奋于此一次“婚姻”所带来的十年“蜜月”啊！

中国的的确确地“从此站起来了！”

“她”曾使中国显得多么的朝气蓬勃啊！

但是，“她”在“苏联”的划时代的成功，使“她”的思维方式难免地“苏维埃模式”化了。其后“她”便引导中国变成为“苏联”的另一个拷贝。从政治到经济，“苏联”发生过的，中国无一例外地重演了。“苏联”没发生的，中国也惯性式地发生了。“她”使中国患了“苏联综合征”。“斯大林神话”的破灭，使“苏联综合征”在“苏联”总体爆发，这对中国意味着是巨大的危机。“文化大革命”是毛泽东为了避免类似事件在中国发生所采取的应急手段，其目的当然是出于自救意识，但手段于目的缘木求鱼，结果无异于自贱和自虐，使中国陷入了十年之久的一场“浩劫”。

于是中国与“教条社会主义”或曰“书本社会主义”的“婚姻”难以为继。

于是中国告别传统的教条的书本的“社会主义”，转向改革开放。这也好比“休妻”，休掉加于中国身上的旧模式。

“休妻”也是出于自救意识。如果说“人民公社”、“大跃进”、“文革”是“她”由于“更年期”作祟导致“内分泌紊乱”导致“中枢神经系统障碍”的结果，那么“文革”告终之际的“她”，则就分明地显出“更年期后”的病态恹恹力不从心了。

“休妻”之举乃势在必行的选择，也是唯一明智的选择。然而毕竟地，“她”对于中国“站起来了”是功不可没的。如果“她”真的是人，将最有资格唱光荣“有你的一半儿，也有我的一半儿”。

十几年前，当中国知识分子在天安门广场扯开写有“小平你好！”的字幅时，那意味着向那一位铁腕政治人物发出紧急呼吁——“为了中国，拜托了，赶快做！”

鲁迅日记的最后几页中，也曾记下过“赶快做”三个字。

当时之中国内乱方息，百废待兴，不但需要做，而且的确需要刻不容缓“只争朝夕”地“赶快做！”

八十年代初，我曾积极而又自觉地充当“改革开放”的马前卒。尽管在中国这个古老的大棋盘上，本无须我起什么作用。我是一颗自行地从棋子盒里蹦上棋盘硬充“车、马、炮”的卒子。热忱，真诚，义无反顾，一往无前，被言行谨慎胆小怕事的中老年人视为“异端”也不在乎。非是为了实现什么个人野心，而纯粹是受一种时代使命的感召和驱使。当年我才三十几岁，正是热血男儿之年龄。觉得经历了一些大事件，其实并没有什么异于我的同代人的不寻常经历。觉得已经相当成熟了其实头脑仍简单得很。“天下兴亡，匹夫有责”——还有比积极自觉地充当中国“改革开放”之马前卒更能体现兴国责任和时代使命的么？

新中国成立以后的中国运动频繁。去年运动，今年运动，朝也运动，夕也运动，每一场运动，又似乎总是和国家命运紧密相关。因而中国人的头脑中渐渐形成了一条逻辑，仿佛只要有一场运动搞对了而不是搞错了，搞好了而不是搞糟了，搞到底了而不是半途而废了，那么中国肯定就从此国泰民安兴旺发达了。

所以，当年“思想解放”叫“运动”，“改革开放”也是被当成一场“运动”来理解的。中国知识分子“文革”后第一次评职称那一年，许多朋友曾请我帮他们起草过“自我申报鉴定”。现在回想起来，他们不分年轻年老，无一例外地要求我一定别忽略了重要的一条，即在“改革开放”运动中的表现云云。不久前我去单位资料室翻阅旧报，发现当年的报上经常抢眼夺目的通栏大标题也是“改革开放运动”。既曰运动，时间总不至于太长吧？“运动”二字，使普遍的中国人对于“改革开放”的时间性的估计是短暂的。普遍的中国人绝没有想到它会延续十几年之久。绝没有想到在十几年后的今天看来，分明地，它似乎只不过依然处在刚刚开始似的阶段。

当年的报刊上、电台电视台里，官员和知识分子和文化人乃至国有企业的管理者们口中，所说最多的话语之一是“阵痛”。其实当年中国人说“痛”的时候，还并没有谁真的被“改革开放”弄伤了。当年说“痛”是非常夸张的，起码当年的腐败没有到如今这么严重的程度，当年贫富悬殊没有到如今这么咄咄逼人的程度，当年工人下岗也没有到如今这么多的程度，当年说“痛”是由于心理承受力实在太脆弱。如今真的使许许多多的人感到很痛却不言“痛”了，“欲说还休，欲说还休，却道天凉好个秋”。的的确确可以被认为各方面的承受力都增强了。

当年，许许多多的中国人在“改革开放”这面大旌旗下，站在距中国政治大舞台极远极远的边缘为自己的国家击鼓呐喊，不遗余力，其实呼唤的不是未来，而是过去。是中国和它的“前妻”那一段朝气蓬勃又喜气洋洋的短暂的“蜜月”。是的，那乃是中国梦中最美好的回忆。它在普遍的中国人的思想中留下了一种乌托邦式的迷幻的光彩。许许多多的中国人的希望其实只不过是——在他们的不遗余力的击鼓呐喊声中，由某一位或某几位自己最信赖的，对中国之命运最具主宰能力和权威的人物，高明地将保留在自己头脑中的那一段美好的回忆，直接剪辑在八十年代初的“改革开放”的后面，从而那么着组成一部历史和现实巧妙连接天衣无缝的“中国故事”。

这个期望值似乎一点儿也不高，但是历史将注定了会重演一遍。

当年便知道“改革开放”这位中国的“再婚”之“新娘”居然还有另一个名字叫“商业时代”的中国人，实在是不太多的。

然而如今“她”已经被迎娶进中国的“洞房”了！

“她”的红盖头已经被中国的手替“她”缓缓掀掉了！

“她”正坐在喜床沿儿诱惑意味儿十足地向中国媚笑着……

“她”似乎在默默地问——中国，我的真名叫“商业时代”，“改革开放”那不过是你一厢情愿的叫法。我随便，入乡随俗，任你怎么叫我都成。你这五千余岁的“二婚头”男人究竟打算不打算和我从此以后长过下去？长过下去你得听我的！按你以前的过法那可不成！

中国放眼世界，在二十世纪的最末一页，“商业时代”是它唯一能“娶”的“新娘”。而且，迄今以后，世界“婚姻介绍所”的档案库中，也只存在“商业时代”这一种类型的“待嫁女”了。一切国家，无论奉行怎样的主义，无论坚持怎样的体制，无论情愿或不情愿，最终都是要与“商业时代”“结婚”的。早早晚晚而已。早“娶”了“商业时代”的，非但并未被“她”搅得国无宁日，“四邻不安”，反而受益多多。这一点，也是中国放眼世界看得分明的。中国其实已没了别种样的选择。除非打算与“前妻”破镜重圆，再立山盟海誓。而这又不符合最广大的中国人的意愿。

说过去好的，回到过去，

说现在好的，留在现在，

说将来好的，随我前去！

中国当然知道——这是鲁迅的话……

历史，曾定商人声名狼藉

商业活动是人类史的基本内容。

“地球村”这一个词是一个舶来词。

在宇宙中，地球实在是太渺小了。尽管称地球为“村”，开始体现出人类对自身存在意义这一最基本的问题的极度谦虚的美德，但若按照《时间简史》的天才作者，杰出的理论物理学家史蒂芬·霍金的观点看来，这极度谦虚的美德无疑仍意味着是极度的夸张。说是“村”至少将地球夸大了几十亿倍。

我常想，如果我是历史教师——小学的也罢，中学的也罢，大学的也罢，在第一节课上，我将告诉学生些什么呢？

我肯定会这样说——人类历史所记载的一切最重大的事件，尤其那些最惊心动魄的事件，比如改朝换代，比如战争，其实都只不过是人类史中最微小的章节罢了。相比于漫长的人类历史，正如同“地球村”和整个宇宙的关系。

好比一个人所能记住的，往往是他或她生命历程中极特殊的日子和极特殊的事件。对于时间概念而言，对于具体的某个人，那些日子和那些事件，可能意味着便是他或她生命历程的大部分乃至全部内容。一个人在二十岁那一年被判了无期徒刑的结果就是这样。但是连上帝也不能将整个人类关进监牢，也不能对整个人类判处无期徒刑。

那么人类更多更多的时间里在做什么呢？

我觉得一个学生如果将他所学过的历史中那些大事件发生的原因、年代以及结束的时间背得滚瓜烂熟，却对以上的问题懵懂不知所答，那真是白学历史了。

人类更多更多的时间里在做什么？

我觉得一位教历史的教师，如果日复一日年复一年地只管在课堂上倒背如流绘声绘色地讲述某些大事件，而根本忽略了对以上问题的解答，那么几乎是在做着“篡改”历史真相的事了。

因为这起码会导致一种最为简单可笑同时当然也是极其荒唐极其错误的理解——仿佛只要将一个又一个大事件“剪辑”起来，便是人类社会发展的全部了似的。而所有那些大事件加起来，可能也不会超过人类历史时间总和的百分之一。

那么我们可以得出这样的结论——百分之九十九的时间里，人类历史的真相其实是，并没有发生什么惊心动魄的大事件。不是情节跌宕的章回小说，而是从容不迫地进行着的极为寻常的状态。

正是这一点，既被一切形成文字了的历史所摈除和排斥，又最接近着人类的真的历史的真相。

托尔斯泰对“历史”二字有过相当贴切的解释。

他说：“历史是国家和人类的传记。”

伏尔泰则认为：“古代的历史只是些脍炙人口的寓言罢了。”

艺术讲述人们体现了什么。文学讲述人们感受了什么。宗教讲述人们信仰什么。哲学讲述人们思考什么。

历史讲述人们曾做了什么。

休谟在此一点上对历史持最不以为然的态度。他说：“人类在一切时代和一切地方都是非常相同的，历史在这个特殊的方面并没告诉我们什么新奇的东西。”看得出，他不满于历史对人类“非常相同的”方面被隐去了，避而不提，讳莫如深。洛思回答了休谟的质疑。他说：“世界的历史始终是一个人如何寻找面包和黄油的记载。”我觉得他的话有一定的道理。只不过俄国人寻找的是“土豆加牛肉”。中国人寻找的简单朴素一些，是“大米干饭炒豆芽”。同时“安得广厦千万间，大庇天下寒士俱欢颜”而已。小时候，我常见一些女孩儿们一边跳皮筋一边这么唱：

姥姥问，吃的啥？

大米干饭炒豆芽！

爷爷问，香不香？

半月一顿咋不香！

而民歌中所体现的中国农民们的温饱要求，比城里女孩儿们“大米干饭炒豆芽”的向往还要简单还要朴素：

家有二亩地呀，种上那大地瓜，

一家人吃饭全都靠着它！

到了秋天，地瓜熟了，

大轱辘车呀，轱辘轱辘转呀，

转到了咱的家，

一家人笑哈哈！……

只不过洛思“看到”的，仅仅是人类在物质方面的“寻找”。而且，这“寻找”的“内容”，早已超出了“面包和黄油”的初衷。人类几乎变成了地球上最凶猛的腔肠怪物，不停地耗费资源，不停地创造商品，不停地消费商品。在百分之九十九的时间里，人类生生死死，代代繁衍，事农，事工，操百业，行为最终都纳在“商”的“调控”之下。

所以我又常想，肯定的，“商”若非是人类历史最基本的最重要的活动，起码也是最基本的最重要的活动之一。

以人类商业发展的脉络和轨迹梳理人类历史，阐述人类历史的沧桑进退，与以阶级斗争的观点，以宗教的观点，以文化的观点，和以改朝换代的大事件演绎历史的方法相比，倒可能是更符合规律的。阶级斗争和改朝换代，无疑影响着阶级矛盾的缓激和改朝换代的成败。前者对后者的影响，要比后者对前者的影响深远得多。区别在于，后者对于前者的影响，有时好比台风对海洋的影响；而前者对后者的影响，却好比是季节变化对气象的影响。归根结底，台风仍只不过是气象反应之一种。

在人类历史上，商曾是最声名狼藉的一业。古今中外，许许多多的伟人和名人，都是非常厌恶商业鄙视商人的，比如柏拉图，比如亚里士多德，比如培根。他们由厌恶商业而厌恶贸易厌恶商人进而厌恶金钱以及财富，或也可反过来说，他们在他们各自所处的时代，眼见人们疯狂地贪婪地不择手段地完全不顾道德谴责地追求金钱聚敛财富的现象比比皆是，于是由对金钱和财富的厌恶与鄙视，进而导致厌恶和鄙视一切商人，厌恶和鄙视贸易乃至商业。有趣的是，在他们的言论中，有过一个共同的比喻，那就是都曾将商人比作“富有的白痴”。以他们的修养和教养，这比喻证明了的厌恶和鄙视已无须多说。

但是也有和他们差不多同样伟大的人物并不赞同他们。

比如孟德斯鸠。

他说：“贸易和商业使纯朴的风俗腐败，这是柏拉图的责难之点；但我们又几乎经常看到相反的事实，贸易和商业正在使野蛮之邦日趋典雅与温厚。”

比如爱默生。

他说：“我们都咒骂商业，但今后的历史学家们将会看到，商业建立了美国，摧毁了封建制。它还将消灭奴隶制。”

他对商业的高度赞美，是与培根们对商业的厌恶和鄙视程度一样的。

他甚至说：“这个世界最伟大的进步，就是自私自利的、讨价还价的商业的出现。”

他甚至还赞美被普遍的世人斥为万恶之源的金钱。

他公然说：“金钱，这个在生活中被虚假地认为是最无聊的东西，这个在公开场合谈起来脸就红的东西，它的实际作用和它的规律却像玫瑰花一样美丽。”

最厌恶商业的声音的确发自于一些知识者之口。

《无原则的生活》的作者梭罗曾大发牢骚地说：“这是一个商业的世界，这里是永无止境的喧闹。我每夜几乎都被汽车的喷气声吵醒。它打断了我的睡梦。这个世界上已没有了休息，你如果能有一次看到一个人在休息那也是好的啊！这世上除了工作，工作，工作，别的什么也没有了。我简直不能容易地买个本子把我的思想记录下来。到处都被金钱统治着。有个人看到我在路边停了会儿，他就会理所当然地认为我正在计算我的工资呢！如果谁从阳台上摔了下来致残，造成了痴呆，那么他终生最大的遗憾肯定是他从此无法经商了。在这个世界上，没有任何东西能比不断地发展商业与诗歌、哲学，甚至与生活本身相对立的了！”

他说得不错，诗歌这一最悠久最古典的文学体裁，几乎就要在全世界绝迹了。这不能说和商业的迅猛的发展完全没有关系。虽然一九九六年的诺贝尔文学奖授给了一位写了一辈子诗的爱尔兰女性，却似乎鼓励不了已属“珍奇动物”的诗人们的没落心情。

梭罗不是上帝。如果他是，我想他会毫不犹豫地将他所处的商业时代判处无期徒刑，投入监狱。假如世界上有关押时代的监狱的话。

正因为他做不到，所以他用自己的一本书，将商业时代宣布为“无原则的生活”。

但是另一个人针锋相对地说：“我不知道任何其他什么事情比商业更与革命的态度截然对立了。商业天生就与那种暴力的感情无缘。它热爱温和，喜好握手，有意识地避免争端。它是忍让的，折中的。除非在一些绝对必要的情况的迫使之下，它从不寻找极端的解决办法。商人使人们互相独立，使人们对私人的重要性予以极高的评价和重视；它引导人们去处理自己的事情，并教会人们怎样才能处理好这些事情。它必然使人们寻求友好关系并谨慎地避免战争。”

说这番话的人是托克维尔，他的《论美国的民主》是比《无原则的生活》更著名的一本书。

梭罗在《无原则的生活》中还说：“人能够获得超出自己需要的金钱的各种方式，几乎毫无例外地导致了堕落。有时使自己堕落，有时使别人堕落。”

而普鲁塔克说：“正确地使用金钱是比使用武器更高的成就。”

梭罗的人生观、世界观，看来是与中国的道家思想、佛家思想灵犀相通的。

他还说：“中国古代哲学家都是一些在金钱和财富方面几乎一无所有，而内心精神生活博大丰富的人物。我们如果能多理解他们，多学习他们，人们就会明白，一个人活着并不需要太多的东西。世界也根本不需要那么多的财富。”

这个“老外”是非常主张人应该安贫乐道的。

他满怀激情地教导世人：“视贫穷如园中之花草而像圣人一样地耕植它吧！”

他认为：“一个人甚至在济贫院里，也要爱那一种生活。因为生活在济贫院里的人，肯定也有愉快、光荣和尊严的时候。夕阳反射在济贫院的窗上，是和照在富人家的窗上一样明亮的。济贫院门外的积雪，也肯定会和富人家门外的积雪一样地在早春融化……”

但是这位终生思想激情不泯的“老外”似乎大智若愚地避开了这样一个前提——世人不可能都成为老子、庄子或梭罗。那样的话，十之七八的世人也许早就饿死了，或者又集体地归隐回祖先栖生过的山洞里去了。当和平持久，商业时代自然孕成。当一个商业时代已经孕成，大多数世人的状态，除了按照商业时代的价值观念去生活，去作为，还能够按照另外的什么状态去生活去作为呢？

他还说：“寻找旧的吧！回到那里去！万物不变，是我们自己在变。只要你保留住你的思想，上帝保证你不需要社会。如果我得整天躲在阁楼的一角，像一只蜘蛛一样，但只要我还能思想，世界对于我不是一样的大么？”

比之一切厌恶商业时代的思想家，梭罗是最极端也最激烈的一个。

如果他地下有灵，知道他所推崇和隔洋喜欢的中国，也正紧紧地搂抱住“商业时代”这个在他看来简直是娼妓一样的时代狂亲狂吻呜咂有声，他肯定会十分难过的吧？

这是他的错。因为他不清楚，普遍的中国人和西方人一样，也是非常爱享受、爱奢侈、爱金钱和爱财富的。“商业时代”其实也很符合绝大多数中国人对时代的选择。一个中国人如果沦落到了济贫院里，并不会像他隔洋想象的那么热爱济贫院的生活。

但我们无须过分认真地批驳他。

因为爱默生有一番话，似乎正可以援引了说给梭罗听——“教士和某些道德家在斥责人们渴求财富方面有着共同之处。但是，如果人们按他们的话来理解他们，并且真的停止对财富的追求，这些道德家们将不顾一切地在人们之中重新燃起另一种欲望之火——而那很可能是权欲之火。如果人类毫无欲望，文明就衰败了。”

在爱默生和梭罗之间，我更能接受爱默生的思想。尽管我实在没法儿像他那么坚定不移旗帜鲜明甚至不无赞美意味地宣讲商业时代的伟大之处，但是我也并不反感梭罗。只不过觉得他率真得过于迂腐，偏执得过于简单罢了。他的率真的偏执之中，不失极可爱的成分。他毕竟是思想家，另外许多话是很智慧的。

比如："多余的财富只能买多余的东西。"

比如："人的灵魂必需的东西，是不需要花钱买的。"

比如："奢侈生活产生的果实都是奢侈的。"

同样，对商业时代一向持理智的温和的批判态度的培根，也有许多极为精辟极为深刻的名言。

比如他说："金钱和财富好似肥料，如能使民众受益则像施在了土地里。"土地缺少肥料仍不失为土地，肥料不作用于土地却只不过散发出臭气而已。

亚里士多德在他所处的那个商品货币时代已相当发达的古希腊现实中，对于贫富悬殊现象的深深忧虑，对于贵族和富人们豪奢极欲的生活的尖锐无情的批判，今天看来对于中国依然具有警醒的意义。

他说："这就是富人——过度浪费，庸俗无节制，为了一件小小的事件而耗资巨大，安排阔绰乏味的场面。这样做的目的仅仅是为了炫耀他的富有，认为会被人羡慕……"

他说："富人目空一切，拥有财富使他丧失了理智，似乎人间一切快乐都属于他所有，财富和金钱成了他衡量一切事物的唯一价值标准。而且还幻想金钱可以买到一切。总之，由富有而导致的典型特征是——富有的白痴。"

今天，在与商业时代拥抱亲吻的中国，我们不是也几乎随时随处可以看到亚里士多德所辛辣讽刺的富人么？

后世的史学家们，在分析强盛一时、商业繁荣一时的古希腊帝国灭亡的原因时，指出社会财富分配的极端不公，贵族和富人的穷奢极欲也是主要的一条，显然根据是相当充分的。

萧伯纳对商人的刻薄辛辣也是当年在英国出了名的。

在一次宴会上，一位大腹便便的富商走到萧伯纳跟前，没话找话地说："萧伯纳先生，您为什么总是这么瘦啊？看了您这副样子，外国人一定会以为我们英国一直在闹饥荒呢？"

萧伯纳瞥了他的大肚子一眼，冷冷地回答："那么看了您这副样子，外国人一定就同时明白我们英国闹饥荒的真正原因了！"

还有一次，萧伯纳在海滩上遇到了一位家财万贯的房地产商。他倒是对萧伯纳挺崇拜的，希望萧伯纳能给他签个名留作纪念。萧伯纳用手杖在沙上写下自己的名字，冷冷地说："那么请收下吧。最好能让我领教领教，你是怎样连地皮一起刮走的！"

以上两件事，不仅在当年几乎人人皆知，而且在后世广为流传。

萧伯纳曾经这样说过："全部文明的记录，就是一部金钱作为更有力刺激而失败的记录。"

他的话包含有这样两重意思：一、商业与人类文明，尤其资本主义文明的关系是密不可分的，前者几乎贯穿于后者的"全部记录"；二、但这一种关系在本质上又是失败的。

为什么又是失败的呢？

他接着说："大多数的普通百姓并没有平等的机会去致富，而少数利欲熏心的家伙却在极有限的机会下轻而易举地成为百万富翁。使人们大为惊奇的是他们的德行和他们的财富形成鲜明的反衬。使我们不得不认真地思考并加以怀疑，商业时代究竟是不是我们找到的一个救世主？"

在萧伯纳所处的时代，他的怀疑，包括他的愤慨的指责与批判自有道理与根据。

相比于富人们对社会财富的贪婪的占有和聚敛，他"统计过，培养一个穷孩子的费用，包括破衣服在内，只不过需要二先令"。

我对外币缺乏常识。

一英镑是否等于十先令呢？

他当年的统计使我不禁地联想到了今天中国咄咄逼人的贫富悬殊的现象，以及今天中国那千千万万因为难以支付极少的钱便上不起学的穷孩子。

所幸我们毕竟有一个"希望工程"。

萧伯纳们，和亚里士多德和梭罗们，在他们所处的世纪和时代，目睹的是原始的"商业"。原始的商业的的确确具有邪恶性。

爱默生们对商业时代的歌功颂德，却更是以他们的预见性为自信的。

而我们看到的事实是，商业这个资本主义文明的"配偶"，如今又的的确确在许多方面改邪归正，由当初那妖冶放荡、虚荣贪婪的"新娘"，修炼成了一个善于抚养资本主义文明，有不可轻视和低估的能力呵护整个资本主义体制的“贤妻良母”。

正是“她”的这一种嬗变，使二十世纪的世界，开始以乐于接受的态度对待之了。

商业将更加紧密地贯穿于世界文明记录的未来……

“俱往矣，数风流人物，还看今朝！”

今天，在商业时代的深远“海域”里“弄潮”的，已是另一类“新生代”了。

他们年轻却见多识广，从商经验极其丰富。他们以文质彬彬的外表，不动声色地掩饰着也许只有自己才清楚到底有多大的勃勃雄心。他们起码有大学学历，甚至是博士、“博士后”，或者是“洋插队”回来的外企外商全权代理人什么的。他们精通外语，善于“包装”自己，广为结交对自己的事业有助之人，尤善走上层路线。他们谙熟商业法律，谁企图骗他们上当门儿都没有。而他们钻商业法规空子的行为，又能做得那么的不显山不露水天衣无缝。他们双手紧紧按住自己的钱袋儿，双眼每时每刻都在商界扫描着。一旦盯住了时机，其反应之快宛如矫鹰擒兔一般。他们中更有的人本身即是科研后起之秀，并是一纸抵万金的某项专利的拥有者。比起他们的科研前辈，他们将科研与市场经济紧密结合的头脑，灵活得前辈们脑筋急转弯也还是望尘莫及。

他们的综合素质之高，根本不是十年前那些“骑着摩托背着秤”的人所能匹比的。

正是他们的涌现，无情地从商域排挤和淘汰了前者们，确立并巩固了自己们的主角地位。使前者即使存在着，也只不过变为一些“大群众”的角色罢了。

正是他们的涌现，促推着中国的商业时代进入了第二阶段——从“猪往前拱，鸡往后刨”、鱼龙混杂、泥沙俱下到混沌渐分、层次渐清的阶段；从主要是以“倒”和“贩”激活市场到主要是以新商品新材料新技术丰富市场的阶段；从满足基本商品需求到满足名优商品需求的阶段；从无序到开始有序的阶段。新技术、新材料、新产品，乃是确保商业生命力强盛的三大要素。八十年代末九十年代初的几年里，中国的商业时代曾呈现出最乌烟瘴气的现象。商业不择手段只顾赚钱其他似乎什么都不顾了的贪婪性，也暴露得最为淋漓尽致。“假冒伪劣”商品正是在那几年里泛滥成灾，比比皆是，仿佛到了无法可治的地步。

某某领导在电话里生气地指责：将我当成什么了？难道我们的同志们现在不分什么人的钱都一概照接了么?！这还是为公。那中饱私囊的官员，对商的亲爱有加，与对百姓的冷漠无情，早已形成极鲜明的对照了。

又据报载，一位经商大款，席间当着些社会名流一语惊人——某某副市长算什么，我一个电话，让他半小时内出现在我面前，他不敢三十五分钟才到！

言罢掏出手机拨号下达“指示”，副市长果然半小时内超前到达！

我的在电视台工作的记者朋友告诉我：一次他出差外地，在歌舞厅消遣，适逢一大款向一歌星小姐献花，还未下台，有人却又向他献花，朗朗曰：“这一束花，是在座的××副市长命我献给您的！并为您点歌一首……”

世界的丑陋在全世界，卖淫、走私、贩毒、色情业的方兴未艾，文化的色情化，贿赂的丑闻，无不与商业瓜葛甚密。十之八九，是在合法经商的招牌之下进行的。连昔日韩国的总统，也东窗事发，原来曾被商所俘过，在全世界的睽睽注视之下站在了被告席上，并且被判处过死刑。

那些日子里韩国是多么的举国激愤啊！出租汽车司机大瞪着两眼将车摇摇晃晃地开上了人行道。警察发现他滴酒未沾。他是由于心理被刺激成那样儿。他接受不了他们的前总统原来是一个勒索巨贿的家伙这样一个铁证如山的事实。

而一个月薪一百万韩元的政府较高级官员，于头脑清醒之时算了一笔账，结论是他若想挣到他们的前总统受贿那么大数目的一笔钱，得工作四十余年。他算完这笔账倒不愿意清醒着了。于是跑去酒馆里喝得酩酊大醉，并用酒瓶子击碎了酒馆的玻璃，当众搂抱住女招待非礼无忌起来……

但是谁若问韩国人还要不要商业时代了？回答将是肯定的——当然还要！

一个理智的国家理智的民族，明白商业时代再有一百条一千条不好，却仍有另外一百条一千条别的任何时代所不可能带给人们的好处，却仍是人类唯一最好的选择。

总统索贿巨款，将他绞死就是了么！

韩国人尽可以许多许多次地选出一个总统，而对商业时代的选择却是不容反复的。一旦动摇了它的基础再要重新恢复它的基础，最短大约也需二十年。韩国人是明白这一点的。世界上几乎所有高度民主的国家的大多数公民，也都是明白这一点的。一个繁荣的商业局面光临的时代，对于这些国家的普遍的人们来说，不啻是上帝对世间的一次巡礼。而总统对他们算什么呢？不过是比较认可的一名公仆罢了！

诚如托克维尔在《论美国的民主》第二卷中所言："民主社会中我们不知道还有什么其他东西能比商业更伟大、更辉煌了。它吸引了大众的注意力，丰富了大众的物质和精神需求的想象，把所有的旺盛精力都吸引过来。无论是谁，无论是任何偏见，都不能阻止人们通过商业而致富的愿望。民主社会中，所有大笔财富的取得都要靠商业的增长。"

然而商业这支"玫瑰"，对于与之久违了的中国人而言，却未免太是光怪陆离、杂乱无章、浮华而又浮躁了。它使人欲膨胀，人心贪婪。它使腐败现象如同倒片机将蝴蝶变成毛毛虫的令人厌恶的过程放映给人看。它使一小部分人那么不可思议地暴发，使他们中某些人暴发之后为富不仁……

所希冀的和已经面临的似乎根本不是一码事，于是许许多多的中国人迷惘、困惑、失落、痛心疾首而且愤懑了。开始以娼妓般的语言诅咒商业时代。

但这似乎主要是几年前的情况。

几年前商业在中国的混浊的初级阶段，确实是"刺"多"蕾"少的。

现在它的"刺"已被共和国的法修剪掉了一些。现在它当年的一些"蕾"开花了。

现在，普遍的中国人，已经能够比较冷静比较明智比较客观比较平和地凝视商业时代了。

谁若问普遍的中国人——我们是否应该将商业时代这看起来总有点儿离经叛道的"新娘子"再一次逐出国门？

普遍的中国人寻思一下，大约会宽容地这样回答：让"她"留下吧！世上哪有没毛病的"媳妇"，我们日后慢慢调教"她"吧。

这么想和这么说，都无疑意味着一个民族的成熟。

而这一种成熟，又完全可以认为，是对商业时代改变了太理想主义的期望。

中国是一个动辄容易陷入理想主义思维怪圈的民族。

而西方人却早就对商业时代的本质有所洞察了。

《民主和教育》一书的作者杜威说："认为商业的事情在它自身的范围内可以'自觉'地成为一种理想的文化，认为它可以把为社会服务作为自身的宗旨，并让它来代表社会的利益和良心——这样的想法是极其荒谬的。先生们，我们在承认商业的贡献的同时，绝对不可以把它想象得很温良。因为这不符合事实。我们要给它套上鞍镫。我们跨在它背上的时候，要穿带马刺的靴子。只有在这一种情况下，它才能收敛它自私自利原则之下的欲望，满足自己的同时也对社会作些回报。"

杜威的这段话，对当前的中国人，尤其当前的中国首脑们，是非常有参考意义的。

一切有关商业的法规、法令，都是为了更好地驾驭它，使它更大限度地造福于社会的"鞍镫"和"缰辔"。同时也是不断激励它按照社会福利的总目标奋进的"马刺"。优秀的骑手和坐骑之间，常常达到一种"合二为一"似的最佳境界。这也是国家和商业时代之间的最佳境界。

税法是商业法规、法令中最重要的一条。

密尔在《功利主义》一书中说："买卖人对一切顾客买一样的东西收一样的价钱，并不随顾客出钱能力的大小而高低他的价目，世人都认为这是公道的，而不是不公道。但是若以此原则制定税法，就与人的人道主义和社会利便的感觉太不相容了。国家应对富人特别制定某几项高税。因为我们冷静分析不得不承认，国家这台机器，历来为富人的效劳比为穷人的效劳多。"

卢梭在他的《政治经济学》中则说得更明白："如果富人显示阔绰的虚荣心可以从许多奢侈之物中获得极大的满足，那么让他们在享受奢侈时增加一些开支，正是征收这种税的充分的理由。只要世界上有富人存在，他们就愿意使自己有别于穷人。而国家也设计不出比以这种差别为根据的税源更公平更可靠的税源。"

世界上许多商业发达的国家都早就这样做着了。

中国将如何开始呢?

再给它点儿时间吧。

如果,一个时代为了“造”出一个富人,不惜以产生三个甚至数个穷人为代价,那么不管它是不是商业时代,不管多少有思想的人极力加以赞颂,它总是要完蛋的。

罗斯金在《到此为止》一书中说:“既然穷人无权占有富人的财产久为人知,我同样也希望,富人无权占有穷人的财产这一事理明昭天下。”

一切鲸吞、瓜分、巧取豪夺、挥霍浪费国家财产的人,都既不但对国家犯罪,同时也对人民犯罪,犯有制造贫穷罪和占有穷人财产罪。因为道理是那么的明白——那一部分财产原本是靠劳动者积累的。国家原本是可以用它救助一部分穷人,消灭一部分贫穷现象的。

萧伯纳在他的小说《巴巴拉少校》前言中说:“金钱大量地聚积在一部分人手里,对他们来说多得没有什么价值了,而对另一部分人来说则少得可怜难以为生时,它就变成该诅咒的东西了。”

这样的现象往往是由于——“给四个人每天三先令,让他们干十到十二小时的艰苦劳动;而却常常向另一个人提供不劳而获的机会,使其轻而易举地便会得到一千或一万英镑”。

这绝不是一个健康的、成熟的、人人衷心拥护的商业时代的特征。

健康的、成熟的商业时代的基本特征应该是——普遍的人们为了挣到使自己过上丰衣足食的生活的钱其实并不太难;某些个人企图挣比这更多的钱其实很不容易。

在中国,目前相反的现象还随处可见。

但是要消除这一种现象,中国又只有万桨齐动,中流击水。回头恰恰无岸。

商业时代的一切负面弊端,只有通过商业的进一步发展才能疗治。这一点是走过来了的国家向我们证实了的。好比一个在冰天雪地中决定何去何从的人,思考必须变得极为简单——哪里升起着炊烟哪里就是继续前行的方向。而商业的炊烟,一向袅袅升起在时代的前面。商业不在其后插路标。它不但一向一往无前,而且总是随之带走火种。你需要火,那么就只有跟随它。国家是人类的公产,就像个人是国家的公民一样。人类进入了商业时代，任何一个国家“公民”都只能“跟着感觉走”，迁移不到外星球去。中世纪的罗马教堂曾发放过“赎罪券”——这意味着上帝也曾集资。宗教经商，赎罪靠钱，古今中外，莫不如此。商人是商业的细胞。商业是人类社会的动脉。商业其实从来不仅是人类的表象活动，也不仅是由它影响着人类的意识形态。它本身便是一种最悠久的最实际的意识形态的变种。它使政治像经济。它使外交像外贸。它使经济学像发财经。它使我们几乎每一个人的灵魂都有一半儿像商人。它使商人像马克·吐温说的那一种人——“如果金钱在向我招手，那么无论是《圣经》、地狱，还是我母亲，都绝不可能使我转回身去。”它使道德观念代代嬗变。它使人文原则更弦易张。它给一切艺术随心所欲地标价。不管是最古典的还是最现代的，最俗的还是最雅的。它使法绕着它转。今天为它修正一款，明天为它增加一条。以至于法典最厚的美国，律师们喟叹当律师太难了。它殷勤地为我们服务，甚至周到至千方百计净化我们每天所吸的空气和每天所饮的水的地步，但同时一点儿也不害臊地向我们伸手要钱。你不需要几万元一套的马桶，但是有别人需要。有需要便有利润，于是商便合法地生产之……你不需要全金的水龙头，但是有别人需要。有需要便有利润，于是商便合法地生产之……

它还制造格林童话里的国王才睡的黄金床……

它还在月球上开发墓地。将来肯定也要在月球上开发旅游热线。人觉得地球上的商品已经太多太多，但明天商业还会向人提供令人感到新奇的东西。商业早已开发到了人的头脑里，人的心灵里。人的思想人的精神其实早已入股商业了。人还敢嘴硬说人拒绝商业时代么？人有什么资格拒绝有什么资本拒绝？人每天的心思一半左右与商业时代有关。它本身微微地摇摆一次，万亿之众的命运和生活就不复再是原先的状态了！物理学家说：人是熵的减少者。化学家说：人是碳原子的产物。生理化学家说：人是核酸与酸的相互作用器。生物学家说：人是细胞的聚体。天文学家说：人是星际的孩子。而商业时代说：我是人类的奶娘。过去是，现在是，将来仍是。谈到将来，便确实产生了一个终极关怀的话题。人类不再吮“她”的乳汁行不行呢？这话题太沉重，也太遥远。还是不讨论吧！邓小平同志的一种思想方法，不失为很实际的方法——如果我们的智慧不够，不妨留给下一代人去解决……

商业的本质是寂寞

我凝眸注视商业时代，渐悟它的本质其实是寂寞的。

像我这一代中的许多人一样，在大学时期——亦即一九七四年至一九七七年“四人帮”被一举粉碎之前，我已经是一名彻底的“文化大革命”的思想抵牾分子了。在当时的复旦校园，谁思想上若是这样，一旦被揭发或自我“暴露”，个人命运的后果是不堪设想的。“文革”后期的专制政治对于“思想异类”分子的惩办是冷酷无情的，从教师到学生，任谁都不得不更加言行谨慎地自我保护。我的表现也毫不例外，只不过与别人相比，常因口舌放纵招致政治嫌疑罢了。我十分感激我的老师们，没有他们当年遮挡着我，我也许注定了会做牺牲品的。而实际情况乃是——十之七八的人，都和我一样，早已是彻底的“文化大革命”的背叛者了。又好比一幕大戏，在接近尾声的紧锣密鼓中，众多的角色都渐显出了背叛的意识。“凤头、象肚、豹尾”，形容大文章的这六个字，用以形容“文革”最恰当不过了。它的开始是那么的独特，它的过程所包容的事件是那么的复杂丰富，它的结尾又是那么的精彩，典型的“史笔”风格。

而二十世纪七十年代末八十年代初，我曾积极自觉地充当“思想解放”的马前卒。我是一颗企图自行地从棋子盒里蹦上棋盘硬充马前卒的棋子。这当然很可笑，但也很真诚。非是为了实现什么个人野心，是受一种政治热忱的驱使。当年哪一个三十多岁的中国小知识分子不曾受过这一种政治热忱的激励呢？这难道不也是中国小知识分子的一份儿时代荣耀么？如果说当年也有杂念的话，那杂念的成分分析一百遍，不过便是这样罢了……

我和我这一代中的许多人，站在距中国政治大舞台最远最远的边缘击鼓呐喊，不遗余力，自是为了能对中国的“改革开放”稍微起一点儿推波助澜的作用。那时我并不能明了，“改革开放”最终要呼唤来的乃是一个商业时代。我想我的许多同代人也不能明了。其实我们呼唤的不是未来，而是过去，是新中国成立以后“反右”之前那一段短暂的中国梦的片断。它在我们的思想中留下了一种乌托邦的美好光彩。我们希望在我们不遗余力的击鼓呐喊声中，由某些主宰中国历史进程的人物，高明地将它剪辑在二十世纪八十年代初的“思想解放”运动的后面。这是我这一代中不少人的思想局限性。我是头脑里残存着这一种局限性的他们中的一个。

然而如今中国的一只脚已经迈入了商业时代。它如同大潮过后，从海底渐渐隆起的又一块大陆。它使我们陌生使我们愕然的同时，我们已经随潮被推到它的脊背上了，已不可能退回到原先的陆地上。商业时代！它光怪陆离，它浮华而又浮躁，它使人欲膨胀，它使人心贪婪，它使官员腐败的现象如同倒片机使蝴蝶从银幕上变成毛虫一样令人厌恶，它使一小部分人暴发，暴发之后甚至为富不仁，它砸烂了许多人的“铁饭碗”，砸烂之后甚至使他们懵懂无措地陷入不知出路在何方的窘况……

所要的和已面临的根本不是一码事！

这恐怕便是相当一部分中国人迷惘、困惑、失落与愤懑的原因吧。我和他们一齐诅咒过它。我诅咒时，甚至并不能明了，我所诅咒的究竟是商业时代本身，还是它有时被以简单得不能再简单的方式移置在中国的现代历史进程中所发生的种种溃烂……

但是，现在我已经能极冷静地凝视商业时代了。

首先我终于明白，将二十世纪五十年代初期的短暂而又充满憧憬的早期中国梦的片断，剪辑在经过“思想解放”运动的二十世纪八十年代的后面，构成的将依然是一部“剪辑错了的故事”。

其次我终于明白了这样一个道理——当时代宣布改变了以后，绝大多数人是只能也随着改变的。若时代变而人不变，那得有极其雄厚的资本和异乎寻常的资格。你如果企图超脱于商业时代之外，那你必得有祖传的产业足够养活你和你的家。果而有之，你消费祖业的方式，也必是商业时代的方式。你的消费倾向，也必受商业时代的影响。你如果不得不以商业时代的规则谋职谋薪，不管你思想上以多么激烈的姿态抵抗它，你实际上已经屈服于它了。最广大的工人，包括那些失业的下岗工人，最终是注定了都不得不归依于它的。农民也是。几乎百分之百的大小知识分子也是。我也根本没有与之抗衡的资本和资格。我的“抗衡”，倘非用“抗衡”一词的话，恐怕也只能体现在如下方面——远避它的奢华一面，因为那非是为我营造的风景。控制住自己所从事的文学创作的倾向不过分的商业化，因为那我自己便会觉得我变成了一个专门糟蹋文学的人。但同时又必须容忍艺术、文学包括我自己的作品被某种程度地蒙上商业色彩的现象。

谈到我自己的作品，这是有时连我自己也做不了主的。“某种程度”，应以不辜负广大喜爱文学的读者的期望为前提，而不仅仅以发表或出版的官方限制为前提。后一种前提是对自己的低标准要求而非高标准要求。在这一种情况之下，我将原谅自己的“偶尔失足”，我自己对自己的原谅无疑会比广大读者对我的原谅稍微宽厚点儿，但我一定约制自己不由“偶尔”滑到“再三再四”的程度。因为我所坚持的是现实主义。现实主义的主要宗旨是面对现实的文学性“发言”，包括文学性的指判式“发言”。我清楚，我若再“失足”，我的现实主义“发言权”也就由自己取消了。纵观世界，非商业色彩的艺术和文学已属凤毛麟角。我不想声明我一定加入凤毛麟角，因为我做不到，还因为我不认为只要带有商业色彩了，艺术便不再艺术，文学便不再文学了。清高如郑板桥者，也是为自己的画明码标价过的。更因为我开始意识到，一个商业时代的小说家，靠稿费尽家庭经济责任，而又能相对严肃地进行长久的创作，乃是很“诚实的劳动”之一种。比之不能这样，而不得不向国家伸手讨索，讨索不到就牢骚满腹怨天尤人强。比我年轻的一批作家、编剧，某些人是很善于经营自己的。他们理当更善于经营自己。因为我这个年龄的作家从国家获得到的，比如房子、基本工资、职称，他们将不再那么容易获得到了。我到上海时，李子云大姐问我是否已是作家中的富翁，我只有笑笑，问她何以会这样想。她说都在传你《年轮》拿了几十万，《浮城》一书又拿了几十万，那你不已是百万富翁了么？我只好又笑。我创作《年轮》电视剧，每集含税二千五百元。我交《浮城》稿时，编辑说每千字八十元，我吓了一大跳。因为闻所未闻。自己主动提出不要比国家规定的稿酬标准高出那么多，高出一点儿，每千字四十元就满足了。发行得好，愿补就再给补些。发行得很好。但我的稿酬是按每千字四十元外加印数稿酬算的。当时我甚至分不清印数稿酬和版税有什么区别，还曾打电话去向张抗抗请教。此前我的三四百万字的作品，乃是由每千字七元、十元、十三元、十五元、二十元至三十元出版的。

我真的不希望比我年轻的作家们向我说，这除了是“迂”不再是别的什么。他们以后的命运将和我们大为不同。他们中的大多数将不得不变为脱离体制的自由职业者，他们不比我多些商品意识情形将会很糟糕……

一个成熟的商业时代也许是世界上大多数国家最理性最明智的选择，起码目前是这样。成熟的商业社会，需要一个国家与周边国家的和平友好关系的保障，需要国内政治稳定的保障。这两个商业时代的保障，其实首先已是与老百姓利益相关的重要保障。

我凝眸注视商业时代，渐悟它的本质其实是寂寞的，是一种大寂寞。和平使国际外交主要成为外交家们的事，政治意识淡薄使政治主要成为政治家们的事。商业时代的惊心动魄的大决策，几乎无一不与商业相关，而且仅仅反映在极小一部分人之间。有钱的开始有闲，有闲最能生出寂寞之感。缺钱的疲于奔命地挣钱，也就顾不上寂寞。连寂寞都顾不上的活法，无疑简单乏味到极点了。商业社会的特征，的的确确乃是金钱支配许多社会方面许多人命运的特征。它有时太令人厌恶。但细想想，又不见得比政治支配许多社会方面许多人的命运更不堪承受到哪儿去。全民政治化是庸俗的政治，全民商业化恰恰是成熟的商业时代的标志。商业时代的文学也将是寂寞的，因为成熟的商业时代将善于调解和处理许许多多社会问题社会矛盾，给文学剩下的仅仅是“社会题材”的“边角料”。文学不屑于咀嚼这些“边角料”，因而归于人的心灵。但面对寂寞的人的心灵，文学还没形成文学以前，便先自倍感寂寞了。成熟的商业时代是断难产生史诗性文学的时代……

现在的中国，当然非是成熟的商业时代。一部分人仿佛被摈弃在它们的门外，进不去，又退回不到原来的社会坐标上，这是它趋向成熟，还是夭折在混沌状态的大问号。进不去又退不回的人越来越多，它的混沌状态将越持久。而持久对它是危险的……

目前文学针对现实发出的种种感应之声，是中国的另一足也迈入商业时代之前的尴尬的诉说乃至呼号。而之后，几乎一切艺术和文学的品格，都必须或深或浅地印上商业的编号。当中国也果真成熟为一个商业时代了，文学对现实的感应之声也就越来越微弱了。那时它不那样是不可能的。正如目前要求它对时代本身的尴尬性放弃诉说和呼号是不可能的。

那时的作家将比文学更其寂寞。但是人民却会渐渐安于一个成熟的商业时代的寂寞。归根结底，对某一时代的优劣的评估，主要是以人民而非作家们的感觉来判断。相对于人民，时代甚至可以完全忽略作家们的感觉不予理睬，而且不丧失它什么最基本的原则。

中国人对玫瑰的刺究竟领教多少？

诚如爱默生所言——“商业是像玫瑰花一样美丽的。”

但他的话意味着——你要玫瑰，就得同时连它的刺一起要。

这世界上还没培育出无刺的玫瑰。

这世界上还没有一个国家的商业时代“美丽”到像爱默生所盛赞的程度。

商业这支玫瑰的刺，有时确实是含有毒素的。它蜇人之后，人的疼痛的后果，比被马蜂蜇了一下严重得多。它的气味儿充满社会，社会仿佛就变成了一个大批发市场或交易所了。而许许多多的人，其实并不甘愿生活在一个类似大批发市场或交易所的社会里。这的确也是商业时代令人厌恶的一面。

韩非子曾说过：“妇人拾蚕，渔者握鳝，利之所在，忘其所恶。”

意思是——鳝似蛇，蚕似蚕，人见蛇则惊骇，见蚕则毛乍，然而因利，“皆为孟贲”，都成了勇士。

古文中又曾说过：“匠人成棺，不憎人死，利之所在，忘其丑也。”

饲蚕养鳝，劳动者谋生之计，其实无可厚非。何况，对于见惯了蚕的妇女，见惯了鳝的渔夫，并不觉得蚕和鳝很可怕。蚕还被南方的女人们叫作“蚕宝宝”呢。百姓的谋生，和商人的谋利，是有极大区别的。所以我虽引用了韩非子的话，倒并不赞同他的观点，只不过算作介绍中国古代知识分子对利的看法罢了。

我的观点是——人为谋生而勇，只要不犯法，不害人，其实是可敬的。

商人为谋利而勇，是不是同样可敬，就得具体分析了。

比如开棺材铺的老板，如果整天都在巴望着闹瘟疫，世人死得越多越好，我内心里就难以对他有什么好印象了。当然那古文的原意，指的不是这样的老板，而是做棺材的匠人。“不憎人死”，也不过是不在乎自己的行当与死人的紧密关系罢了。

但现实生活中，许多商人的心理，又确确实实和某些开棺材铺的老板是一样的，又确确实实整天都在巴望着闹瘟疫，世人死得越多越好。莎翁的名剧《威尼斯商人》就对他们进行了入骨三分的写照。

利己是商业的原则。

投机是商业的智谋。

昨兮今兮，亘古如兹。

一八六一年，一个移居英国的日本人某天早晨读报时，看到了英国王子病情恶化的消息，于是大喜过望，他知道发财的机会来了，他奔走于伦敦和附近的城市，低价抢购黑衣服黑布。几天后，王子去世了，在全英国的悲痛气氛中，他高价抛卖黑衣服黑布，一转手赚了约合九千万日元。

商业的利润几乎总是伴着商人的投机行为源源不断滚入他们的钱柜。一个不善于投机的商人几乎不配是一个商人，起码不配是一个好商人。

商业的利己原则往往是与社会和人心的情理原则背道而驰的，它有时伤害社会和人心的情理原则，确实像流氓强奸少女一样。

文明的“玫瑰”的“刺”，有时也如此这般地令他人反感令社会不齿，不能不说商业确有“恶习难改”的一面。在中国，从商业时代的初级阶段到现在，闹剧、俗剧、丑剧更是不胜枚举。

比如从动物园里租了老虎囚于店堂招徕顾客便是一例。报载，某省某市商场开张大吉之日。为了营造轰动效应，意租用一架直升机，打算来个“天女散花”，自空中撒下数万元人民币。其他拉大旗作虎皮的事例也屡屡出现。

我知道这样一件事：某“个体企业家”为了高攀上层人物，赞助某社会公益活动一百五十万。条件只有一个——名字见报，形象上电视，但一定要坐在某某领导身旁。一切疏通就绪，他却在头一天晚上因嫖娼被公安机关拘留，此时他的衣袋里还揣着第二天上午的请柬。于是活动不得不取消。

····● 第五章 做立体的中国人

我愿我们未来的中国，“纸板人”少一些，再少一些；“立体人”多一些，再多一些。我愿“纸板人”的特征不成为不良的基因传给他们的下一代。我愿“立体人”的特征在他们的下一代身上，有良好的基因体现。

1. 地质局长和一顶帐篷

十五六年前，我曾改写过一部上下两集的电视剧本《荒原》，内容反映两名年轻的地质工作者艰苦的野外工作——它由中央电视台影视部直接组稿，形成初稿以后，请我再给“影视化”一下。导演叫黄群学，我的一位后来在广告拍摄业很有成就的朋友。而女主角，则是当年因主演了电视连续剧《外来妹》而深受电视观众喜爱的陈小艺。

《荒原》是在甘肃省境内拍摄的。

剧名既然叫《荒原》，所选当然是很荒凉的外景地。它的拍摄，受到了从地质部到甘肃省地质局的热情支持。

地质局长专程从某驻扎野外的地质队赶回兰州接见了摄制组的主创人员，亲切地对他们说——你们就把地质局当成自己的家吧！遇到什么困难，只管开口。地质局能直接帮助你们解决的，我们义不容辞。不能直接帮助你们解决的，我们一定替你们尽力协调，争取顺利和方便。

这一位地质局的局长，给摄制组的主创人员们留下了很深的印象。

导演黄群学在长途电话里向我大谈对他们的好印象，而我忍不住问：“简短点儿，概括一下，那局长究竟是一个怎样的人?”

导演说：“真诚。一个真诚的人！特别注意细节的人。”

我在电话这一端笑了，说你的话像剧本台词啊！一个人真诚不真诚，不能仅凭初步印象得出结论；一个人是否特别注意细节，那也要由具体的例子来证明。

导演在电话那一端说：他们将需要向地质局租借的东西列了一份清单。那位局长当着他们的面让秘书立刻找出来，亲自过目。清单上所列的东西中，包括一台发报机、一套野外饮具、几身地质工作服、一盏马灯、地质劳动工具和一顶帐篷等。

局长边看边说：“这些东西，都是我们地质局有的，完全可以无偿提供给同志们。省下点儿钱用在保证艺术质量方面，不是更好吗？为什么只列了一盏马灯呢？玻璃罩子的东西，一不小心就容易碰坏。一旦坏了，那不就得派人驱车赶回兰州再取一盏吗？耽误时间，分散精力，浪费汽油，还会影响你们的拍摄情绪，是不是呢，同志们？有备无患，我们为你们提供两盏马灯吧，再为你们无偿提供柴油。你们只不过是拍电影，不是真正的野外驻扎，无须多少柴油燃料，对吧？至于发报机，就不必借用一台真正能用的了吧？我们为你们提供一台报废的行不行？反正你们也不是真的用来发报，是吧同志们？能用的万一搞得不能用了，不是就造成不必要的损失了吗？现在已经是十一月份了，西部地区的野外很寒冷了。你们还要在野外的夜间拍摄，一顶单帐篷不行。帐篷也可以无偿借给你们，但应该改为一顶棉帐篷。你们在野外拍摄时冷了，可以在棉帐篷里暖和暖和嘛……”

于是那位地质局的局长，亲自动笔，将他认为应该无偿提供的东西，都一概批为无偿提供了。

一位在场的处长低声对局长说：后勤仓库里只剩一顶帐篷了，而且是崭新的，还没用过的——那样子，分明是有点儿舍不得。

局长沉吟片刻，以决定的口吻说：“崭新的帐篷那也要有人来开始用它，就让摄制组的同志们成为开始用它的人们吧！”

听了导演在电话那一端告诉的情况，我对甘肃省地质局的局长，也顿时心生出一片感激了。

之后，在整个野外拍摄过程中，那一顶由地质局长特批的崭新的棉帐篷，在西部地区的野外，确确实实起到了为摄制组遮挡寒冷保障温暖的不可替代的作用。

但也正是因为那一顶崭新的棉帐篷，导演黄群学受到了甘肃省地质局长的批评。而我，是间接受教育的人——剧中有一段很重要的情节，就是帐篷失火了，在夜里被烧成了一堆灰烬。制片人员的拍摄计划表考虑得很合理，安排那一场戏在最后一天夜里拍摄。拍毕，全组当夜返回兰州。

拍摄顺利，导演兴奋，全组愉快。

导演忍不住给局长拨通了电话，预报讯息。

不料局长一听就急了，在电话里断然地说："那一顶帐篷绝对不允许烧掉！我想一定还有另外的办法可以避免一顶只不过才用了半个多月的帐篷被一把火烧掉。"

导演说那是根本没有别的办法可想的事。因为帐篷失火那一场戏，如果不拍，全剧在情节上就没法成立了。导演还说："我们已经预留了一笔资金，足够补偿地质局一顶棉帐篷的损失。"局长却说："不是钱不钱的问题，是另外的办法究竟想过没想过的问题。"最后，局长紧急约见导演。导演赶回兰州前，又与在北京的我通了一次电话，发愁地说：

"如果就是不允许烧帐篷，那可怎么办？那可怎么办？"我说："我也没办法啊！那么现在你对他这个人有何感想了呀？"导演说："难以理解。说不定我此一去，就会因一顶帐篷和他闹僵了。反正帐篷是必须烧的，这一点我是没法不坚持到底的。"然而导演并没有和局长闹僵，他反而又一次被局长感动了。局长对导演的态度依然真诚又亲切。在局长简陋的办公室里，局长说出了如下一番话："我相信你们已经预留了一笔资金，足够补偿地质局的一顶新帐篷被一把火烧掉的损失。此前我没看过剧本，替剧组预先考虑得不周到，使你们的拍摄遇到难题了，我向你们道歉。但是和你通话以后，我将剧本读了一遍。烧帐篷的情节不是发生在夜晚吗？既然是在夜晚，那么烧掉的究竟是一顶什么样的帐篷，其实从电视里是看不出来的。为什么不可以用一顶旧帐篷代替一顶新帐篷呢？"

导演嘟哝："看不出来是看不出来，用一顶旧帐篷代替一顶新帐篷当然可以。但，临时上哪儿去找到一顶烧了也不至于令您心疼的旧帐篷呢？找到它需要多少天呢？我们剧组不能在野外干等着啊！……"

局长说："放下你们的剧本，我就开始亲自打电话联系。现在，一顶一把火烧了也不至于让人心疼的帐篷已经找到了，就在离你们的外景地不远的一支地质队的仓库里。我嘱咐他们：将破了的地方尽快修补好，及时给你们摄制组送过去，保证不会耽误你们拍摄今天夜里的戏……"

这是导演没有料到的，他怔怔地望着地质局长，一时不知说什么好。局长又说出一番话是——我们地质工作者的职业性质决定了我们不是物质产品的直接生产者。我们在野外工作时，所用一切东西，无一不是别人们生产出来的。他们保障了我们从事野外工作的必备条件，直接改善了我们所经常面临的艰苦环境，这就使我们对于一切物质产品养成了特别珍惜的习惯。你们也可以想象，在野外，有时一根火柴、一节电池、一双鞋垫都是宝贵的。何况，我们是身在西部的地质工作者，西部的老百姓，太穷、太苦了啊！你们若烧掉一顶好端端的帐篷，跟直接烧钱有什么两样呢？那笔钱，等于是一户贫穷的西部人家一年的生活费还绰绰有余。这一笔钱由你们节省下来了，不是可以在别一方面的社会经济活动中，起到更有意义和价值的作用吗？我们中国目前还是一个经济欠发达的国家。我们中国人应该长期树立这样的一种意识——物质之物一旦成为了生产品，那就一定要物尽其用。不要轻易一把火把它烧掉了。而我们中国人做事情，尤其是做文化之事的时候，能省一笔钱那就一定要省一笔钱。中国的文化之事，理应启示我们中国人——对于中国，物质的浪费现象那无疑是罪过的……

当导演后来在电话里将地质局长的话复述给我听时，远在北京的我，握着话筒，心生出种种的感慨。

感慨之一那就是——中国委实需要一大批像那一位地质局长一样的人民公仆。

2. 做立体的中国人

一

二十几年前，倘有人问我——在中国，对文学以及与之紧密相关的姊妹艺术的恰如其分的鉴赏群体在哪里？我会毫不犹豫地回答：在大学。

十几年前我开始怀疑自己的这一结论。尽管那时我被邀到大学里去讲座，受欢迎的程度和二十几年前并无区别，然而我与学子们的对话内容却很是不同了——二十几年前学子们问我的是文学本身，进言之是作品本身的问题。我能感觉到他们对于作品本身的兴趣远大于对作者本身，而这是文学的幸运，也是中文教学的幸运；十几年前他们开始问我文坛的事情——比如文坛上的相互攻讦、辱骂，各种各样的官司，飞短流长以及隐私和绯闻。广泛散布这些是某些媒体的拿手好戏。我与他们能就具体作品交流的话题已然很少。出版业和传媒帮衬着的并往往有作者亲自加盟的炒作在大学里颇获成功。某些学子们读了的，往往便是那些，而我们都清楚，那些并不见得有什么特别之处。

现在，倘有人像我十几年前那么认为，虽然我不会与之争辩什么，但我却清楚地知道那不是真相。或反过来说，对文学以及与之紧密相关的姊妹艺术的恰如其分的鉴赏群体，它未必仍在大学里。

那么，它在哪儿呢？

对文学以及与之紧密相关的姊妹艺术的恰如其分的鉴赏群体，它当然依旧存在着。正如在世界任何国家一样，在二十一世纪初，它不在任何一个相对确定的地方。它自身也是没法呈现于任何人前的。它分散在千人万人中。它的数量已大大地缩小，如使它的分散变成聚拢，乃是一件不容易的事。它是确乎存在的。而且，也许更加的纯粹了。

他们可能是这样一些人——受过高等教育，同时，在社会这一个大熔炉里，受到过人生的冶炼。文化的起码素养加上对人生、对时代的准确悟性，使他们较能够恰如其分地对文学、电影、电视剧、话剧乃至一首歌曲、一幅画或一幅摄影作品，得出确是自己的，非是人云亦云的，非是盲目从众的，又基本符合实际的结论。

当然，他们也可能由于这样那样的原因，根本没迈入过大学的门槛。那么，他们的鉴赏能力，则几乎便证明着人在文艺方面的自修能力和天赋能力了。

人在文艺方面的鉴赏能力，检验着人的综合能力。

卡特竞选美国总统获胜的当晚，卡特夫人随夫上台演讲。由于激动，她高跟鞋的后跟扭断了，卡特夫人扑倒在台上。斯时除了中国等少数几个国家（当年我们的电视机还未普及），全世界约十几亿人都在观看那一实况。

卡特夫人站起后，从容走至麦克风前说："先生们，女士们，我是为你们的竞选热忱而倾倒的。"

能在那时说出那样一句话的女性，肯定是一位具有较高的文艺鉴赏能力的女性。

迄今为止，法国历史上唯一的一位海军女中将，当年曾是文学硕士。对于法国海军和对于那一位女中将，文学鉴赏能力高也肯定非属偶然。

丘吉尔在第二次世界大战中的历史作用是举世公认的，他后来获得了诺贝尔文学奖。细想想，这二者之间的关系是深刻的。

是的，我固执地认为，对文艺的鉴赏能力，不仅仅是兴趣有无的问题。这一点在每一个人的人生中所能说明的，肯定比“兴趣”二字大得多。它不仅决定人在自己的社会位置和领域做到了什么地步，而且，决定人是怎样做的。

二

前不久我所在大学的同学们举办了一次“歌唱比赛”——二十七名学生唱了二十七首歌，只有一名才入学的女生唱了一首民歌，其他二十六名学生唱的皆是流行歌曲。而且，无一例外的是——我为你心口疼你为我伤心那一类。

我对流行歌曲其实早已抛弃偏见。我想指出的仅仅是——这一校园现象告诉了我们什么？

告诉我们——一代新人原来是在多么单一而又单薄的文化背景之下成长的。他们从小学到中学，在那一文化背景之下“自然”成长，也许从来不觉得缺乏什么。他们以相当高的考分进入大学，似乎依然仅仅亲和于那一文化背景。但，他们身上真的并不缺乏什么吗？欲使他们明白缺失的究竟是什么，已然非是易事。甚而，也许会使我这样的人令他们嫌恶吧？

到目前为止，我的学生们对我是尊敬而又真诚的。他们正开始珍惜我和他们的关系。这是我的欣慰。

三

大学里汉字书写得好的学生竟那么的少。这一普遍现象令我愕异。

在我的选修生中，汉字书写得好的男生多于女生。

从农村出来的学生，反而汉字都书写得比较好。他们中有人写得一手秀丽的字。

这是耐人寻味的。

我的同事告诉我——他甚至极为郑重地要求他的研究生在电脑打印的毕业论文上，必须将亲笔签名写得像点儿样子。

我特别喜欢我班里的男生——他们能写出在我看来相当好的诗、散文、小品文，等等。

近十年来，我对大学的考察结果是——理科大学的学生对于文学的兴趣反而比较有真性情。因为他们跨出校门的择业方向是相对明确的，所以他们丰富自身的愿望也显得由衷；师范类大学的学生对文学的兴趣亦然，因为他们毕业后大多数是要做教师的。他们不用别人告诉自己也明白——将来往讲台上一站，知识储备究竟丰厚还是单薄，几堂课讲下来便在学生那儿见分晓了；对文学的兴趣特别勉强，甚而觉得成为中文系学子简直是沮丧之事的学生，反而恰恰在中文系学生中为数不少。

又，这么觉得的女生多于男生。

热爱文学的男生在中文系学生中仍大有人在。

但在女生中，往多了说，十之一二而已。是的，往多了说，十之八九，“身在曹营心在汉”，学的是中文，爱的是英文。倘大学里允许自由调系，我不知中文系面临的是怎样的一种局面。倘没有考试的硬性前提，我不知他们有人还进入不进入中文课堂。

四

中文系学子的择业选择应该说还是相当广泛的。但归纳起来，去向最多的四个途径依次是：留校任教，做政府机关公务员，做大公司老总文秘，或是做报刊编辑、记者及电台、电视台工作者。

留校任教仍是中文系学子心向往之的，但竞争越来越激烈，而且，起码要获硕士学位资格，硕士只是一种起码资格。在竞争中处于弱势，这是中文系学子们内心都清楚的。公务员人生，属于仕途之路。他们对于仕途之路上所需要的旷日持久的耐心和其他重要因素望而却步。做大公司老总的文秘，仍是某些中文系女生所青睐的职业。但老总们选择的并不仅仅是文才，所以她们中大多数也只有暗自徒唤奈何。能进入电台、电视台工作，她们当然求之不得。但非是一般人容易进去的单位，她们对此点不无自知之明。那么，几乎只剩下了报刊编辑、记者这一种较为可能的选择了。而事实上，那也是最大量地吸纳中文毕业生的业界。但，另一个不争的事实乃是，报刊编辑、记者早已不像十几年前一样，仍是足以使人欣然而就的职业。尤其“娱记”这一职业，早已不被大学学子们看好，也早已不被他们的家长们看好。岂止不看好而已，大实话是——已经有那么点儿令他们鄙视。这乃因为，“娱记”们将这一原本还不至于令人嫌恶的职业，在近十年间，自行地搞到了有那么点儿让人鄙视的地步。尽管，他们和她们中，有人其实是很敬业很优秀的。但他们和她们要以自己的敬业和优秀改变“娱记”这一职业已然扭曲了的公众形象，又谈何容易。

这么一分析，中文学子们对择业的无所适从、彷徨和迷惘，真的是不无极现实之原因的……

五

“学中文有什么用?”

这乃是中文教学必须面对，也必须对学子们予以正面回答的问题。可以对“有什么用”作多种多样的回答，但不可以不回答。

我原以为这只不过是一个当代问题，后来一翻历史，不对了——早在二十世纪二十年代时清华学校文科班的“闻一多”们，便面临过这个问题的困扰，并被嘲笑为将来注定了悔之晚矣的人。可是若无当年的一批中文才俊，哪有后来丰富多彩的新文学及文化现象供我们今人津津受用呢?

中文对于中国的意义自不待言。

中文对于具体的每一个中国人的意义，却还没有谁很好地说一说。

学历并不等于文化的资质。没文化却几乎等于没思想的品位，情感的品位也不可能谈得上有多高。这类没思想品位也没情感品位的中国人我已见得太多，虽然他们却很可能有着较高的学历。所以我每每面对这样的局面暗自惊诧——一个有较高学历的人谈起事情来不得要领，以其昏昏，使人昏昏。他们的文化的全部资质，也就仅仅体现在说他们的专业，或时下很流行的黄色的“段子”方面了。

一个人自幼热爱文学，并准备将来从业于与文学相关的职业无怨无悔，自然也就不必向其解释“学中文有什么用”。但目前各大学中文系的学生，绝非都是这样的学子，甚而大多数不是……

六

那么他们怎么会成了中文学子呢？

因为——由于自己理科的成绩在竞争中处于劣势，而只能在高中分班时归入文科；由于在高考时自信不足，而明智地选择了中文，尽管此前的中文感性基础几近于白纸一张；由于高考的失利，被不情愿地调配到了中文系，这使他们感到屈辱。他们虽是文科考生，但原本报的志愿是英文系或“对外经济”什么的……那么，一个事实是——中文系的生源的中文潜质，是极其参差不齐的。对有的学生简直可以稍加点拨而任由自修，对有的学生却只能进行中学语文般的教学。

七

不讲文学，中文系还是个什么系？

八

中文系的教学，自身值得反省处多多。长期以来，忽视实际写作水平的提高，便是最值得反省的一点。若中文的学子读了四年中文，实际的写作水平提高很小，那么不能不承认，是中文教学的遗憾。不管他们将来的择业与写作有无关系，都是遗憾。

九

在全部的大学教育中，除了中文，还有哪一个科系的教学，能更直接地联系到人生?

中文系的教学，不应该仅仅是关于中文的“知识”的教学。中文教学理应是相对于人性的“鲜蜂王浆”。在对文学做有品位的赏析的同时，它还是相对于情感的教学，相对于心灵的教学，相对于人生理念范畴的教学。总而言之，既是一种能力的教学，也是一种关于人性质量的教学。

十

所以，中文系不仅是局限于一个系的教学。它实在是应该成为一切大学之一切科系的必修学业。

中文系当然没有必要被强调到一所大学的重点科系的程度，但中文系的教学，确乎直接关系到一所大学一批批培养的究竟是些“纸板人”还是“立体人”的事情。

我愿我们未来的中国，“纸板人”少一些，再少一些；“立体人”多一些，再多一些。我愿“纸板人”的特征不成为不良的基因传给他们的下一代。我愿“立体人”的特征在他们的下一代身上，有良好的基因体现。

3. 拒做儒家思想的优秀生

文化是一个内涵极其广泛极其丰富的概念。我想仅就中国文化中的思想现象，而且主要是关于国家、民族、民主和知识分子们亦即古代文人们与权力、权势关系的某些思想现象，向诸位汇报我自己的一点儿浅薄之见。

夏朝是中国历史上第一个传说和古人追述之中的朝代，始于公元前二〇七〇年，距今四千余年了。商朝是中国第一个有文字记载的朝代，那么商朝应该说是中国真正意义上的思想史、文化史的端点。其后一概思想现象，皆由此端点发散而存。到了公元前五百年左右，就应该是春秋战国时代了，那是一个大动荡、“大改组”的历史阶段，统治权分分合合，合合分分，可谓波澜动魄，时事惊心。也许正是因为那样一种局面，促使和刺激中国古代的思想者们积极能动地思考统一与统治的谋略。他们相互辩论，取长补短，力争使各自的思想更加系统、成熟，具有说服力。那是中国古代思想者们自发贡献思想力的现象，后人用“诸子百家”来形容。而孔子当之无愧地成为那一时期的思想家。

以当时而谈，孔子们的思想确乎是博大精深的。政治、军事、经济、民生、文化、风俗、人和自然、家庭、人以及自身的关系，如生老病死，我们古代的思想家们当时都想到了。

我们的古代思想家们，是特别重视思想美感的，这一点是非常值得我们后人学习的。比如“天道酬勤，天行健，君子以自强不息；地势坤，君子以厚德载物”这一句古代名言，道理并不深奥，但与天与地进行了修辞联系，语境宏大开阔，不仅具有思想美感，而且具有极为亲和的说服力。因为其修辞暗示显然是——且不论你能否做到，只要你愿意接受此思想，你仿佛就已经是君子了。而是君子的感觉，当然是人人都愿有的令人愉快的感觉。正确的思想，以美的语言或文字来传播，才更有利于达到其教化作用。我们古代的思想家们，既不但重视思想力的美感，分明还深谙并尊重接受心理学。

看我们的当下，有些官员的话语，即使在宣传很正确的思想时，也往往是令人打瞌睡的，有时甚至是令人极其反感的。他们宣传思想的语言表达能力是难以令人恭维的，缺乏形象生动的词汇，仿佛一旦撇开人人耳朵都听出老茧来了的那一套“政治常用词”，便不会以自己的语言来表达了。还每以一种高高在上的思想特权者的盛气凌人的语势训人，使别人感到思想压迫。

我认为，他们尤其应该向我们古代的思想家们学习。我们古代思想家们的思想，还是很精粹的。

比如“治大国若烹小鲜”这一绝妙比喻，即使从文学角度来看，也堪称佳句经典。“苛政猛于虎”，则一针见血。

曾经有一段时间，简单粗鄙的思想方式特别流行，比如“不破不立，破字当头，立在其中”。应该说这句话的本意是不错的。但“破”字，无论在古代还是当代，都更应该是一个包含智慧性的动词才对，是指尽量采取智慧性的主动态度。好比一盘看起来的死棋，也许并非真的每一个棋子都没有活步了。也许发现了哪一个棋子的一步活步，便全盘僵局改变，所以才有一个词叫“破局”。在做文章方面叫“破题”，数学、几何里叫“破解”。而在某些人士那里，“破”的意思似乎便是彻底“破坏”掉，以摧毁为能事。

我个人认为，铲倒性的思想力，难免更是思想冲动力。思想冲动力也是浮躁之思想力。目的纵然达到，代价往往巨大。中国古代思想家们，在方法和目的之关系方面，是很重视代价大小的。

我觉得，中国古代思想家们的思想遗产有如下特征：一、农耕时代以农为纲的思想；二、渴望明君贤主的抱负寄托思想；三、求稳抑变的保守主义思想，这里指的是后来成为历朝历代主流思想的儒家思想，法家思想现象另当别论；四、道德理想主义思想；五、文人实现个人功利前途的特质；六、唯美主义的思想力倾向。

总而言之，中国古代思想家或思想力这一概念，同时也必然是封建时代思想家和思想力的概念。既然是封建时代的，再博大再精深，那也必然具有封建时代的杂质，存在有服务于封建秩序的主观性。所以，我个人绝不是所谓“传统文化思想”的崇拜者。中国古代思想家们之思想的一大兴趣点，往往更在于为帝王老师。这是我不崇拜的主要原因。好为帝王老师，难以做到在思想立场上不基本站在帝王者们一边。

当然，站在帝王身侧的一种思想立场，也往往贡献出有益于国泰民安的思想。比如孔子说：“大道之行也，天下为公，选贤与能，讲善修睦。”——这样的思想，帝王们若不爱听，其实等于自言自语。

中国古代思想家们，比较自信只要自己们苦口婆心，是完全可以由他们教诲出一代代好的帝王的。

而西方古代思想现象的端点，却是从古希腊和古罗马时期发散开来的。古罗马帝国是形成过民主政体的雏形的，故在西方古代思想的成果中，“天下为公”是不需要谁教诲谁的，是人类社会的公理，像几何定义一样不必讨论。

两种端点是很不同的，所谓“种子”不一样。

帝王统治不可能完全不依靠思想力。儒家思想乃是帝王们唯一明智选择的思想力，所以他们经常对儒家思想表现出半真半假的礼遇和倚重。这就形成一种王权对社会思想的暗示——于是后来的中国知识分子，或曰中国文人，越来越丧失了思想能动力，代代袭承地争当儒家思想的优秀生，做不做帝王老师都不重要了，能否进入“服官政”的序列变得唯一重要了。当前，“儒家文化”似乎渐热，对此我是心存忧虑的。

在二十一世纪，对于一个正在全面崛起的泱泱大国，当代思想力并未见怎样的发达，却一味转过身去从古代封建思想家们那儿去翻找思想残片，这是极耐人寻味的。而如此一种当代中国的思想现象究竟说明了些什么，我还没想清楚，待想清楚了再作汇报……

4. 推荐《资本主义文化矛盾》

这一本书，我是在别人的推荐之下读过的。现在，我将它推荐给更多的人读。它是由三联书店出版的，作者是当代美国人，名字叫丹尼尔·贝尔。它不是“小册子”，也不是“大部头”，二十九万字，厚薄适中。但如去掉“中译本绪言”、“一九七八年再版前言”、“初版序言”、“初版说明”等四十余页，实际上本文仅有二十五万字左右。它当然不是一部小说，因而除小说不再读其他任何书的人，也就不必碰它了。分明地，它会使这样的人感到读它简直意味着是一种惩罚。

它也不是那类写得很有趣儿的，妙笔生花的，通俗的社会学书籍。这本书的行文绝少比喻，绝少形容，全书没有调侃之词，没有辛辣的讽刺或机智的辩论色彩。甚至，也完全没有幽默。

这本书写得太冷静了，太理性了，太缺少激情太不具备影响力了，一言以蔽之——四平八稳。但是，在一行行一页页四平八稳的、近乎枯燥的文字中，我们不难感到作者那种大气的从容和镇定的自信。它正是以这样一种思想的魅力引导我读下去的。中国目前少有这样的书，少有这样的思想者。中国的情形恰恰相反——我们的某些被认为或自认为有理想，或仅仅有一点点思想的写书的人，在研究了一点点历史以后，在分析了一点点现实以后，在只不过有了一点点新的发现以后，甚至在那发现实际上并不新，前人或别人早已论说过的情况之下，便会大大地冲动起来。凭着那一种大大的冲动，将“一点点”喧腾腾地发酵成书。以为仅靠行文的花哨，定能将空虚的内容打扮为充实似的。

所以中国的学理类新书、社科类新书，大抵都善于写得很有意思，却无多少有价值的思想，更不要说个人的思想魅力了。

我本人虽然不写那一类书，但写过那一类长短文章。在我本人身上，我以上指出的毛病，也是很明显地存在着的。

读贝尔的《资本主义文化矛盾》，对我本人的写作态度是一种有益的教育。

这不是一本从反对资本主义的立场出发而写的书。

因为贝尔实际上不是偏激的资本主义的反对者。他相当透彻地洞察了文化在资本主义背景下的矛盾，尤其洞察到了文化与高速发展的资本主义经济形态之间的矛盾。贝尔以自己的话语方式指出这种矛盾存在的普遍性，分析这种矛盾产生的原因，也批判使这种矛盾加剧的时代因素，但是他并不据此否定资本主义。因为他似乎明白，否定某种存在的积极的前提，最好是寻找到足以替代的另一种存在。这位美国当代思想家清楚自己做不到，更清楚自己做不到的，当代的别的地球人也未见得做得到。因而他不硬装出能做到的样子，他不幼稚地扮演上帝的可笑角色。他只“修正”资本主义，起一位思想家对自己所处的时代的医生的作用。而这，我认为，是思想家难能可贵之处。

贝尔在他的这一本书中，也谈到马克思主义，谈到社会主义。他不轻蔑马克思主义，但他绝不是马克思主义的信徒。他在尊重马克思主义的某些思想贡献的同时，毫不讳言自己的思想与马克思主义的冲突与背逆。他不敌视社会主义，但他批判社会主义革命的暴力方式与共产主义的“乌托邦”倾向，主张循序渐进的政治改革和经济平等原则的实现。

他是“当代美国重要的学者与思想家。在战后西方的社会学、未来学与发达资本主义研究诸领域据有领先地位”。“一九七二年全美知识精英普测时，也曾以最高票名列二十位影响最大的著名学者之首。”其后他成为美国艺术与科学院“二〇〇〇年委员会”主席。

贝尔在他此书一九七八年的再版前言中写道：“我在经济问题上持社会主义立场。我所谓的社会主义不是中央集权或生产资料集体所有制，它所论及的是经济政策的优先权问题。为此我相信，在这个领域里，群体价值超过个人价值，前者是经济政策合法的依据。所以社会资源应该优先用来建立‘社会最低限度’，以便使每个人都能过上自尊的生活，成为集体的一分子。这意味着应有一套劳动者优先的雇佣制度，有对付市场危机的一定的安全保障，以及足够的医疗条件和防范疾病的措施。”

贝尔的这段话，惊人地符合马克思主义关于共产主义的某些论述，也惊人地符合中国目前进行的“改革开放”所要达到的目标，与我们的“改革开放”最终要使“大多数人”都富起来的原则相一致。

只不过，不知为什么，在一个时期内，中国大谈特谈“先使一部分人富起来”太多太久了，谈“改革开放”的最终原则太少太不够了。

如果我们还承认共同富裕是最终原则，那么，“使一部分人先富起来”显然只不过是方法。

谈方法多了，谈目的少了，方法就容易给人某种错觉，仿佛已经实际上成了目的本身。真正的目的，也就难以被深入人心地相信。当人们开始怀疑目的之时，方法的说服力也就随之丧失。

贝尔的书，间接地告诫了我们这一点。

贝尔在他的书中又着重谈到了“需要”和“欲求”的区分。

他指出——“社会的首要义务是满足必需要求，否则个人便不能成为社会的完全‘公民’。”

他引用凯恩斯的话接着说——“人类的需要可能是没有边际的，但大体能分作两种——一种是人们在任何情况下都会感到必不可缺的绝对需要；另一种是相对意义上的，能使我们超过他人，感到优越自尊的那一类企求。第二种需要，即满足人的优越感的需要，很可能永无止境……但绝对的需要不是这样。”

贝尔在此书中坦率自白：“我反对把财富转换成与之无关领域内的过分特权。我坚称这是不公正现象。比如在人人有权看病的医疗机构里，财富却能换来超常的特殊治疗。”

“我坚持政治应当把公众和私人区别对待，以避免共产主义国家里将一切行为政治化的倾向，或防止传统资本主义社会中对个人行为毫无节制的弊端。”

“我相信个人成功的原则，而不赞成对社会地位实行遗传或规定性的指派。”

贝尔自称是政治上的“自由主义者”。

但他亦被看成是一位“后马克思主义者”。贝尔自己并不反对这一种指谓。事实上他欣然接受。我觉得，在中国，其实有相当多的一部分知识分子，就思想信仰而言，是接近于贝尔式的“后马克思主义”的。我觉得，我自己在思想上便是这样。我从贝尔的这一本书中，读到了许多我愿意接受的观点。我认为，所谓“后马克思主义者”，其实就是一种思想上更为现实的，克服“乌托邦”倾向，但对社会进步又仍抱有理想追求，不满足于现状，尤其不向现实中的不公平不合理现象妥协的思想者。我愿成为这样的思想者。我想，在美国这样的“后资本主义”国家，产生贝尔这样的“后马克思主义”者，是非常必然的。

我想，在美国这样的“后资本主义”国家，不但产生了贝尔这样的“后马克思主义”者，不但未被当成异端剪除，而且被尊为当代影响最大的著名学者，而且被推选为美国艺术与科学院“二〇〇〇年委员会”主席，是非常值得我们中国人思考的。

这一点似乎说明了——一个国家在其社会发展的过程中，完全采取肆水自流的态度是不可取的，还是要多多少少注入一些理想的目标成分为好。而那理想的目标成分，说到底，又几乎可概括为一条——从广大民众的利益出发。

5. 法理与情理

中国人的法制观念正在提高着，这是一件极好的事。提高的标志之一，就是“官司”多了。

有次一位法制报的记者问我——“在法理与情理之间，你更看重法理还是情理?”我说：“涉法言法，涉情言情。”他说：“法理情理纠缠不清呢?”我想了想，向他举了三个例子：

一、报载三名小学生，凑了十元钱——甲五元、乙三元、丙二元，合买了五张彩券。当他们分撕五张彩券时，仅出二元钱的那孩子手中的三张彩券，有一张中了奖。

他喜呼：“哈，我中彩啦!”

于是跑回家去。于是家长也跟着兴奋。奖品是一套组合音响、一台冰箱、一台洗衣机。

出了五元钱的孩子和出了三元钱的孩子，心中非常失落，回家与各自父母细说一遍，父母听后，都觉于情理不通，于是相约了去到那个仅出二元钱的孩子家，对其家长提出分配的要求。那家长不情愿。于是闹到法庭上。

一审判决——谁中了彩，东西归谁。不支持另外两位家长的分配要求。他们不服，上诉。二审判决——既然当时是凑钱合买，足以认定共同中彩。以法律的名义，支持分配要求。并强制执行分配。

三个孩子的关系，原本是很友好的。三家的关系也曾很亲密。经两次上法庭，孩子们反目了，大人们相恶了。

此一俗例，不可效也。法理固然权威，固然公正，但总该也给情理留存点儿现实空间吧？不就是独自获得一样东西与三人各得一样东西的区别么？不就是三千多元的事么？三千多元，真的比三个孩子之间的友好与三个家庭的亲密关系重要得多么？

我认为此事之不通情理，体现在孩子丙的家长身上。主动一点儿，请另两个孩子的家长来，相互商量着分配，图个共同的喜兴，是多么好的事呢？从此孩子大人的关系，岂不更加相敬相亲了么？

“哈，我中彩啦！”此话差矣。三人合买的彩券，只不过由你撕的一张中彩了。那是“我们中彩啦”啊！“我”与“我们”，一字之差，情理顿丧。

究竟什么原因，在利益面前，使我们的孩子变得心中只有“我”，而全没了“我们”的概念呢？

究竟什么原因，在利益面前，使我们的家长们，也变得和自私的孩子一个样，全没了半点儿情理原则了呢？

以法理的名义裁决违背情理的事情，证明着这样的一种现象——人心中已快彻底丧失了情理原则。在这种情况下，法理再权威，再公正，人的法制观念再强，人在现实中的生存质量却显然地下降着。

二、报载山东省招远市九曲村党支部书记，出面召集几位村委委员拟定一纸协议，“裁决”他的亲侄子、持枪杀人致死的凶犯赔偿死者家属二十万元，死者家属不得向司法机关起诉。“协议”由那村党支部书记、镇党委委员、市人大常委亲笔拟定，在几位村委委员的软硬兼施之下，强迫死者家属接受……

此事件本身已毫无情理可言，非向法理呼吁，而难有正义的伸张。倘弃法理而收钱款，不足取也。人或可忍，法不能容。法本身和人一样，亦有原则，不可破也。

三、美国有一部电影，片名我忘了，内容是——一名单身青年，与一对夫妇为邻。那对夫妇有一男孩儿，青年爱那孩子如爱自己的孩子。他与他们的关系，当然也就亲如一家。青年为那孩子买了一艘玩具艇，准备在孩子的生日相送。两家之间的隔墙有一狗洞，那孩子常从狗洞钻来钻去。一天孩子又钻过青年家这边来，进到屋里，发现了玩具艇，便捧出放在游泳池中玩，一失足落入池中，不幸淹死。而那青年当时正在锄草，浑然不知。孩子死后，那青年和孩子的家长一样痛不欲生……

而孩子的父母去向法院告了那青年，理由是——你既然发现过我的孩子从狗洞钻来钻去，为什么不砌了那洞？如果砌了那洞，我的孩子会死么？法院判定那青年有责任罪。

那青年也感到自己确有责任罪，不上诉，服判七年，并将自己的一份二十几万美元的人身保险，主动赔偿给那失去孩子的父母，以表达自己的痛悔……

青年服刑后，那一对父母却不感觉任何安慰，想想既痛失爱子，又使朋友成了犯人，伤心更甚。后来，他们主动退了那青年的赔偿，并撤诉，使那青年重获自由。他们认为，他们死了的爱子，一定希望他们能够纠正前一种做法——如果有所谓天堂的话……此法理与情理纠缠不清之一例也。影片是根据真事改编的。

法的条文再周全，也难以包括一切公正。法乎情乎，有时完全取决人心。所以，一句名言是——“普通的良知乃法律的基础”。在民事案中，法理与情理，纠缠不清之时颇多。在民事案中，情理是法理的不在卷条文。故有人在法理上胜诉了，在情理上却“败诉”了。依我看来，此亦不可取也。这种情况之下，我的立场，倒宁愿站在情理一边的……

6. 不能保护，难以文明

谈到文明，人们每言构建。所以，我们的地球家园，构建之成果比比皆是，但文明缺憾，同样比比皆是。而这一反差，在我们中国，分明更是不争的事实。

近年，情况确乎好转了不少。普遍的我们的同胞，都渐渐开始明白自然生态环境、历史遗址、野生动物需要加以保护的道理了。这是值得欣慰的。单说在保护野生动物方面，我国制定的法律法规越来越多、越来越细了；监管的力度，也越来越大了。但保护它们，是否真的成为我们的本能了呢？我不敢妄下结论。

不久前的一天，偶然听到几个孩子在争论，引起了我的思考。一个孩子说：“你属蛇的，我顶怕蛇了，你叫我怎么能跟你成为好朋友呢？”属蛇的孩子说：“别怕我，世界上如果没了蛇，老鼠就成灾了……”“那又怎么样？用药把老鼠都药死!”“要是没有了老鼠，蛇吃什么？连蛇也没有了!”“谁在乎世界上有没有蛇了呀!”“没有了蛇，以后的人连蛇的印象都没有了!”“没有就没有！你有龙的印象吗？你有凤的印象吗？你不照样活得好好的？影响你什么了呢?”“对人类有影响，生物链会断掉的!”“又扯什么生物链了！恐龙都灭绝了，人类少点儿什么了呀……”这些个孩子争论不休。

于是我又联想到了另一件事，几位朋友相聚，其中一人知道我也是野生动物保护协会的特邀作家，不无挖苦意味地说：“野生动物当然是应该保护的，但我最烦夸大其词的宣传，仿佛少了某一物种，人类就会灭绝似的！至于吗？我问你，少了鳄鱼，人类的命运真就大难临头了吗?”

我一时不知该怎么回答。

“对于那些死于黑矿井、黑砖窑的农民工，你们这种人多一些悲天悯人的情怀不是更好吗?”他的第二句话，令我面红耳赤，许久哑口无言。

接连数日，我一直在想那些孩子们的争论和那位朋友的挖苦。现在，终于思考出了一点儿心得，便是生物链之学说，我个人是信服的，但那是生态学方面的很专业的道理。许许多多我们的国人，其实是半信半疑的。要使一个生活在北京的中国人相信非洲草原上如果消失了猎狗对自己会直接构成多大危害，个中道理肯定是大费口舌的。即使信了，那也不过是由于对自然法则的一种害怕，害怕报复而已。人心有敬畏，当然比没有好。

但仅仅有畏惧，似乎还不够，还不足以证明文明。因为远古的我们的先祖，其实内心对自然界种种现象的敬畏，比今人多得多。但他们不仅互相残杀，还人吃人。

我的意思是——对自然生态环境的保护，如果于害怕报复的心理之外，再加上“感恩”二字来认识，也许才更容易成为深深植根于心的本能意识。而对野生动物的保护，我们的认识其实也应更丰富一些。“关爱生命”这句话不应仅仅理解为关爱自己的生命，理解为关爱同类的生命也还是有局限的。

人类完全可以通过对野生动物的关爱来提升人作为人的爱心和情怀。那么，爱自己的同胞，也就不必再是道德律条，而是自然而然之事了。同时，也不会再有人将爱护同胞和爱护野生动物孰重孰轻的问题当成一个现实的问题了……

7. 文明的尺度

某些词汇似乎具有无限丰富的内涵，因而人若想领会它的全部意思并非一件简单的事情。比如宇宙，比如时间。不是专家，不太能说清楚。即使听专家讲解，没有一定常识的人，也不太容易真的听明白。但在现实生活之中，却仿佛谁都知道宇宙是怎么回事，时间是怎么回事。

为什么呢？因为宇宙和时间作为一种现象，或曰作为一种概念，已经被人们极其寻常化地纳入一般认识范畴了。大气层以外是宇宙空间。一年十二个月，一天二十四小时，每小时六十分钟，每分钟六十秒。

这些基本的认识，使我们确信我们生存于怎样的一种空间，以及怎样的一种时间流程中。这些基本的认识对于我们很重要，使我们明白作为单位的一个人其实很渺小，“人生寄尘世，奄忽若飙尘”。也使我们明白，“人生易老天难老”，时间即上帝，人类应敬畏时间对人类所做的种种之事的考验。由是，我们的人生观价值观大受影响。

对于普通的人们，具有如上的基本认识，足矣。

“文明”也是一个类似的词。

东西方都有关于“文明”的简史，每一本都比霍金的《时间简史》厚得多。世界各国，也都有一批研究文明的专家。

一种人类的认识现象是有趣也发人深省的——人类对宇宙的认识首先是从对它的误解开始的，人类对时间的概念首先是从应用的方面来界定的。而人类对于文明的认识，首先源于情绪上、心理上，进而是思想上、精神上对于不文明现象的嫌恶和强烈反对。当人类宣布某现象为第一种“不文明”现象时，真正的文明即从那时开始。正如霍金诠释时间的概念是从宇宙大爆炸开始。

文明之意识究竟从多大程度上改变了并且还将继续改变我们人类的思想方法

和行为方式，这是我根本说不清的。但是我知道它确实使别人变得比我们自己可爱得多。

二十世纪八十年代我曾和林斤澜、柳溪两位老作家访法。一个风雨天，我们所乘的汽车驶在乡间道路上。在我们前边有一辆汽车，从车后窗可以看清，内中显然是一家人。丈夫开车，旁边是妻子，后座是两个小女儿。他们的车轮扬起的尘土，一阵阵落在我们的车前窗上。而且，那条曲折的乡间道路没法超车。终于到了一个足以超车的拐弯处，前边的车停住了。开车的丈夫下了车，向我们的车走来。为我们开车的是法国外交部的一名翻译，法国青年。于是他摇下车窗，用法语跟对方说了半天。后来，我们的车开到前边去了。

我问翻译："你们说了些什么?"

他说，对方坚持让他将车开到前边去。

我挺奇怪，问为什么。

他说，对方认为，自己的车始终开在前边，对我们太不公平。对方说，自己的车始终开在前边，自己根本没法儿开得心安理得。

而我，默默地，想到了那法国父亲的两个小女儿。她们必从父亲身上受到了一种教育，那就是——某些明显有利于自己的事，并不一定真的是天经地义之事。

隔日我们的车在路上撞着了一只农家犬。是的，只不过是"碰"了那犬一下。只不过它叫着跑开时，一条后腿稍微有那么一点儿瘸，稍微而已。法国青年却将车停下了，去找养那只犬的人家。十几分钟后回来，说没找到。半小时后，我们决定在一个小镇的快餐店吃午饭，那法国青年说他还是得开车回去找一下，说要不，他心里很别扭。是的，他当时就是用汉语说了"心里很别扭"五个字。而我，出于一种了解的念头，决定陪他去找。终于找到了养那条犬的一户农家，而那条犬已经若无其事了。于是郑重道歉，主动留下名片、车号、驾照号码……回来时，他心里不"别扭"了。接下来的一路，又有说有笑了。

我想，文明一定不是要刻意做给别人看的一件事情。它应该首先成为使自己愉快并且自然而然的一件事情。正如那位带着全家人旅行的父亲，他不那么做，就没法儿"心安理得"。正如我们的翻译，不那么做就"心里很别扭"。

中国也大，人口也多，百分之八九十的人口，其实还没达到物质方面的小康生活水平。腐败、官僚主义、失业率、日愈严重的贫富不均，所有负面的社会现象，决定了我们中国人的文明，只能从底线上培养起来。二十世纪初，全世界才十六亿多人口。而现在，中国人口只略少于一百年前的世界人口而已。

所以，我们不能对我们的同胞在文明方面有太脱离实际的要求。无论我们的动机多么良好，我们的期待都应搁置在文明底线上。而即使在文明的底线上，我们中国人一定要改变一下自己的方面也是很多的。比如袖手围观溺水者的挣扎，其乐无穷，这是我们的某些同胞一向并不心里“别扭”的事，我们要想法子使他们以后觉得仅仅围观而毫无营救之念是“心里很别扭”的事。比如随地吐痰，当街对骂，从前并不想到旁边有孩子，以后人人应该想到一下的。比如中国之社会财富的分配不公，难道是天经地义的吗？我们听到了太多太多堂而皇之天经地义的理论。当并不真的是天经地义的事被说成仿佛真的是天经地义的事时，上公共汽车时也就少有谦让现象，随地吐痰也就往往是一件大痛其快的事了。

中国不能回避一个关于所谓文明的深层问题，那就是——文明概念在高准则方面的林林总总的“心安理得”，怎样抵消了人们寄托于文明底线方面的良好愿望？

我们几乎天天离不开肥皂，但肥皂反而是我们说得最少的一个词；“文明”这个词我们已说得太多，乃因为它还没成为我们生活内容里自然而然的事情。

这需要中国有许多父亲，像那位法国父亲一样自然而然地体现某些言行……

8. 时常想起方志敏

是的，时常想起方志敏，想起他的《可爱的中国》——他在狱中写的《可爱的中国》。

我在小学五年级时知道了方志敏这个名字，语文课本中有他的《囚歌》，并且配有他的一幅照片——修长的身材，消瘦的脸，头发很厚，两颊有胡碴儿，目光镇定而又坚贞，脚和手都戴着镣铐……那是典型的志士囚的形象。

后来，长大了的我发现，画家们所画的苏武、文天祥、屈原，基本都是那么一种形象。徐悲鸿的《八百壮士》，个个都有那样的脸和那样的目光。赵丹所饰演的《在烈火中永生》中的许云峰，更是像极了照片上的方志敏。少年时期的我，还收藏过一幅俄罗斯画家的油画《拒绝忏悔》，其上就义前的俄国革命者，也有那样的脸和那样的目光。

任何与人发生既长久又密切之关系的事情，几乎全可使人形成独特气质，革命尤其如此。依我想来，在十八九世纪的俄国和法国，也许只有民主主义革命者的眼里，才具有镇定又坚贞的目光。除了他们，另外还有什么别种男人的眼里，会有那样的目光呢？那男人的精神的告白，即：

威武不能屈，
富贵不能淫，
贫贱不能移……

生命诚可贵，
爱情价更高。
若为真理故，
两者皆可抛。

曾有翻译家予以纠正，指出裴氏原诗中是“若为自由故”；正如有翻译家指出，俄罗斯民歌中“你看那匹可怜的老马”一句，其实应为“你看那可怜的姑娘”。究竟是否真的都是错误，我至今也不清楚。但相对于裴氏的诗，即使确是错译，我也还是宁愿将错就错，更接受那错了的译句。尽管，“真理”二字太空洞了，不像自由那么容易理解。但所谓“真理”，却肯定是包含着自由的。无自由，毋宁死，那么真理也便没了意义。

为人进出的门紧锁着，
为狗爬出的洞敞开着，
一个声音高叫着，
爬出来吧，给你自由！
我渴望自由，
但我深深地知道——
人的身躯怎能从狗洞子里爬出？
……

读这样的诗，于是不需要老师解释“浩然正气”一词了……

记得语文老师还讲了这样一则关于方志敏的故事：他被俘虏时，国民党的两名士兵看出他是共产党的大官，希望从他身上搜出金银珠宝，却仅得两枚大洋。不甘心，逼问他将金银珠宝藏在哪儿了。方志敏冷笑道：“不要异想天开，革命者不是为了金银珠宝才革命的，我的军饷并不比我的士兵们多……”

语文课堂一片肃然。上中学以后，从校图书馆借了一册《可爱的中国》，字大，书薄，算编者写的方志敏生平才五万多字。方志敏在《可爱的中国》中，将我们的中国比作儿女众多的母亲，将侵华的帝国主义列强比作恶魔。

恶魔们用它们的刀，在母亲的身体上砍出伤口，把各式各样粗粗细细的管子，从那些伤口插到母亲的身体里，争先恐后地贪婪地吸吮母亲的乳汁、血液和膏脂……它们还不肯罢休，还要生生地砍下母亲的手臂和腿足，打算将母亲彻底肢解……同胞们，我们母亲的儿女们，救救我们的母亲呀！……

如果有谁今天仍保留有《可爱的中国》这篇文章并且重读的话，那么一定会从中看到以上一段文字的。我不敢说烙印在我十三岁时的头脑里的记忆一定句句准确，岁月总是会冲淡许多记忆的，哪怕是很深刻的记忆。但是我敢发誓，那段文字肯定不是我的头脑臆生出来的……

而我现在之所以时常想起方志敏，乃因有人仍在我们祖国母亲的身体上弄出许多或深或浅或大或小的伤口来，仍把各式各样粗粗细细的管子从那些伤口插到母亲的身体里，仍偷偷摸摸甚至明目张胆地，贪婪地吸吮母亲的乳汁、血液和膏脂……

那些家伙，已不再是帝国主义列强分子，他们是我们中国人。和我们一样，他们也是我们祖国母亲的儿孙们。和我们不一样的是，他们对我们的祖国母亲毫无亲情可言，只拿她当成自己财富链上的“阿里巴巴的山洞”。他们对自己的同胞，像以前的外国资本家雇用的监工对我们的同胞一样凶恶……

我们祖国的有些地方，被他们弄得千疮百孔。为了钱，对于我们祖国母亲，对于自己的同胞，他们是什么可恶之事都干得出来的。比如一起起的“黑煤矿”、“黑砖窑”事件……比如某些“豆腐渣工程”造成的伤亡惨剧……比如一处处环境破坏环境污染给国家给百姓造成的严重危害……他们可是我们中国人中的人啊！夫复何言？夫复何言！每当我想起方志敏时，我的心也会像当年的方志敏在狱中写《可爱的中国》时那么猛烈地疼一下。

我当然不在狱中。我是改革开放的受益者。我也明明白白——相比于中国改革开放的伟大成果，那些负面现象绝不是中国发展过程的主流现象。

但，我的心还是会疼一下。有时疼得很猛烈，有时也不仅仅微疼一下，还有时连微疼也不疼。比如报载，区区一个县，居然有二十六位之多的副县长！比如报载，满打满算十二个公务员的县一级单位，却要盖两千余平方米的大办公楼……比如报载，某县局以上干部，人人在县城以外都拥有三百平方米以上的豪华别墅，而那个县还是经济欠发达省份的贫困县……我的心，将更不容易再有什么疼的感觉了。但，还是禁不住偶尔想起方志敏……

9. 父　亲

关于父亲，我写下这篇忠实的文字，为一个由农民成为工人阶级的一员“树碑立传”，也为一个儿子保存将来献给儿子的记忆……

小时候，父亲在我心目中，是严厉的一家之主，绝对权威，靠出卖体力供我吃穿的人，恩人，令我惧怕的人。

父亲板起脸，母亲和我们弟兄四个，就忐忑不安，如对大风暴有感应的鸟儿。

父亲难得心里高兴，表情开朗。

那时妹妹未降生，爷爷在世，老得无法行动了，整天躺在炕上咳嗽不止，但还很能吃。全家七口人高效率的消化系统，仅靠吮咂一个三级抹灰工的汗水。用母亲的话说，全家天天都在“吃”父亲。

父亲是个刚强的山东汉子，从不抱怨生活，也不叹气。父亲板着脸任我们“吃”他。父亲的生活原则——万事不求人。邻居说我们家：“房顶开门，屋地打井。”

我常常祈祷，希望父亲也抱怨点什么，也唉声叹气。因为我听邻居一位会算命的老太太说过这样一句话：“人人胸中一口气。”按照我的天真幼稚的想法，父亲如果能唉声叹气，则会少发脾气了。

父亲就是不肯唉声叹气。

这大概是父亲的“命”所决定的吧？真很不幸！我替父亲感到不幸，也替全家感到不幸。但父亲发脾气的时候，我却非常能谅解他，甚至同情他。一个人对自己的“命”是没办法的。别人对这个人的“命”也是没办法的。何况我们天天在“吃”父亲，难道还不允许天天被我们“吃”的人对我们发点脾气吗？

父亲第一次对我发脾气，就给我留下了终生难忘的印象。一个惯于欺负弱小的大孩子，用碎玻璃在我刚穿到身上的新衣服背后划了两道口子。父亲不容我分说，狠狠打了我一记耳光。我没哭，没敢哭，却委屈极了，三天没说话。在拥挤着七口人的不足十六平方米的空间内，生活绝不会因为四个孩子中的一个三天没说话而变得异常。全家都没注意我三天没说话。

第四天，在学校，在课堂，老师点名，要我站起来读课文。那是一篇我早已读熟了的课文。我站起来后，许久未开口。老师急了，同学们也急了。老师和同学，都用焦急的目光看着我，教室的最后一排，坐着七八位外校的听课老师。

我不是不想读，我不是存心要使我的班级丢尽荣誉，我是读不出来，读不出课文题目的第一个字。我心里比我的老师，比我的同学们还焦急。

“你怎么了？你为什么不开口读？”老师生气了，脸都气红了。

我哇的一声大哭起来。

从此我们小学二年级三班，少了一名老师喜爱的“领读生”，多了一个“结巴磕子”，我也从此失掉了一个孩子的自尊心……

我的口吃，直至上中学以后，才自我矫正过来。我变成了一个说话慢言慢语的人。有人因此把我看得很“成熟”，有人因此把我看得“胸有城府”。而在需要“据理力争”的时候，我往往成了一个“结巴磕子”，或是一个“理屈词穷”者。父亲从来也没对我表示过歉意。因为他从来也没将他打我那一耳光和我以后的口吃联系在一起……

爷爷的脾气也特火爆。父亲发怒时，爷爷不开骂，便很值得我们庆幸了。

值得庆幸的时候不多。

母亲属羊，像只羊那么驯服，完全被父亲所“统治”。如若反过来，我相信对我们几个孩子是有益处的。因为母亲是一位农村私塾先生的女儿，颇识一点文字。遗憾的是，在家庭中，父亲的自我意识，起码比“工人阶级领导一切”这条理论早形成二十年。

中国的贫穷家庭的主妇，对困苦生活的适应力和忍耐力是极可敬的。她们凭一种本能对未来充满憧憬。虽然这憧憬是朦胧的，盲目的，带有浪漫的主观色彩的。期望孩子长大成人后都有出息，是她们这种憧憬的萌发基础。我的母亲在这方面的自觉性和自信心，我以为是高于许多母亲的。

关于“出息”，父亲是有他独到的理解的。

一天，吃饭的时候，我喝光了一碗苞谷面粥，端着碗又要去盛，瞥见父亲在瞪我。我胆怯了，犹犹豫豫地站在粥盆旁，不敢再盛。

父亲却鼓励我：“盛呀！再吃一碗！”

父亲见我只盛了半碗，又说：“盛满！”接着，用筷子指着哥哥和两个弟弟，异常严肃地说：“你们都要能吃！能吃，才长力气！你们眼下靠我的力气吃饭，将来，你们都是要靠自己的力气吃饭的！”

我第一次发现，父亲脸上呈现出一种真实的慈祥，一种由衷的喜悦，一种殷切的期望，一种欣慰、一种光彩、一种爱。

我将那满满一大碗苞谷面粥喝下去了，还强吃掉半个窝窝头。为了报答父亲，报答父亲脸上那种稀罕的慈祥和光彩。尽管撑得够受，但心里幸福。因为我体验到了一次父爱。我被这次宝贵的体验深深感动。

我以一个小学生的理解力，将父亲那番话理解为对我的一次教导，一次具有征服性的教导，一次不容置疑的现身说法。我心领神会，虔诚之至地接受这种教导。从那一天起，饭量大了，觉得自己的肌肉也仿佛日渐发达，力气也似乎有所增长。

“老梁家的孩子，一个个都像小狼崽子似的！窝窝头，苞谷面粥，咸菜疙瘩，瞧一顿顿吃得多欢，吃得多馋人哟！”这是邻居对我们家的唯一羡慕之处。父亲引以为自豪。

我十岁那年，父亲随东北建筑工程公司支援大西北去了。父亲离家不久，爷爷死了。爷爷死后不久，妹妹出生了。妹妹出生不久，母亲病了。医生说，因为母亲生病，妹妹不能吃母亲的奶。哥哥已上中学，每天给母亲熬药，指挥我们将家庭乐章继续下去。我每天给妹妹打牛奶，在母亲的言传下，用奶瓶喂妹妹。

我极希望自己有一个姐姐。母亲曾为我生育过一个姐姐。然而我未见过姐姐长得什么样，她不满三岁就病死了。姐姐死得很冤，因为父亲不相信西医，不允许母亲抱她去西医院看病。母亲偷偷抱着姐姐去西医院看了一次病，医生说晚了。母亲由于姐姐的死大病了一场。父亲却从不觉得应对姐姐的死负什么责任。父亲认为，姐姐纯粹是因为吃了两片西药被药死的。

“西药，是治外国人的病的！外国人，和我们中国人的血脉是不一样的！难道中国人的病是可以靠西药来治的吗?！西药能治中国人的病，我们中国人还发明中医干什么?!”

父亲这样对母亲吼。

母亲辩驳：“中医先生也叫抱孩子去看看西医。”

“说这话的，就不是好中医！”父亲更恼火了。

母亲，只有默默垂泪而已。

邻居那个会算命的老太太，说按照麻衣神相，男属阳，女属阴，说我们家的血脉阳盛阴衰，不可能有女孩。说父亲的秉性太刚，女孩不敢托生到我们家。说我夭折的姐姐，是被我们家的阳刚之气“克”逃了，又托生到别人家中去了。

一天晚上，我亲眼看见，父亲将一包中草药偷偷塞进炉膛里，满屋弥漫一种苦涩的中草药味。父亲在炉前呆呆站立了许久，从炉盖子缝隙闪耀出的火光，忽明忽暗地映在父亲脸上。父亲的神情那般肃穆，肃穆中呈现出一种哀伤。

我幼小的心灵，当时很信服麻衣神相之说。要不妹妹为什么是在父亲离家，爷爷死后才出生的呢？我尽心尽意照料妹妹，希望妹妹是个胆大的女孩，希望父亲三年内别探家。惟恐妹妹也像姐姐似的，“托生”到别人家中去。妹妹的“光临”，毕竟使我想有一个姐姐的愿望，某种程度上得到了一种补偿性的满足。

父亲果然三年没探家，不是怕“克”逃了妹妹，是打算积攒一笔钱。

父亲虽然身在异地，但企图用他那条“万事不求人”的生活原则遥控家庭。

“要节俭，要精打细算，千万不能东借西借……”父亲求人写的每一封家信中，都忘不了对母亲谆谆告诫一番。父亲每月寄回的钱，根本不足以维持家中的起码开销。母亲彻底背叛了父亲的原则。我们家“房顶开门，屋地打井”的“自力更生”的历史阶段，很令人悲哀地结束了。我们连心理上的所谓“穷志气”都失掉了……

父亲第一次探家，是在春节前夕。父亲攒了三百多元钱，还了母亲借的债，剩下一百多元。

“你是怎么过的日子？啊？！我每封信都叮嘱你，可你还是借了这么多债！你带着孩子们这么个过法，我养活得起吗？！”父亲对母亲吼。他坐在炕沿上，当着我们的面，粗糙的大手掌将炕沿拍得啪啪响。

母亲默默听着，一声不吭。

“爸爸，您要责骂，就责骂我们吧！不过我们没乱花过一分钱。”哥哥不平地替母亲辩护。

我将书包捧到父亲面前，兜底儿朝炕上一倒，倒出了正反两面都写满字的作业本，几截手指般长的铅笔头。我瞪着父亲，无言地向父亲声明：我们真的没乱花过一分钱。

“你们这是干什么？越大越不懂事了！”母亲严厉地训斥我们。

父亲侧过脸，低下头，不再吼什么。许久，父亲长叹了一声，那是从心底发出的沉重负荷下泄了气似的长叹。

那是我第一次听到父亲叹气。

我心中倏然对父亲产生了一种怜悯。

第二天，父亲带领我们到商店去，给我们兄弟四个每人买了一件新衣服，也给母亲买了一件平绒上衣……

父亲第二次探家，是在三年自然灾害期间。

“错了，我是大错特错了！……”

一一细瞧着我们几个孩子因吃野菜而浮肿不堪的青黄色的脸，父亲一迭声说他错了。

“你说你什么事错了？……”

母亲小心翼翼地问。

父亲用很低沉的声音回答：“也许我十二岁那一年就不该闯关东……我想，如今老家的日子兴许会比城市的日子好过些？就是吃野菜，老家能吃的野菜也多啊……”

父亲要回老家看看。果真老家的日子比城市的日子好过些，他就将带领母亲和我们五个孩子回老家，不再当建筑工人，重当农民。

父亲这一念头令我们感到兴奋，给我们带来希望。我们并不迷恋城市。野菜也好，树叶也好，哪里有无毒的东西能塞满我们的胃，哪里就是我们的福地。父亲的话引发了我们对从未回去过的老家的向往。

母亲对父亲的话很不以为然。但父亲一念既生，便会专执此念。那是任何人也难以使他放弃的。

母亲从来也没有能够动摇过父亲的哪怕一次荒唐的念头。母亲根本不具备这种妇人之术。母亲很有自知之明，便预先为父亲做种种动身前的准备。

父亲要带一个儿子回山东老家。

在我们——他的四个儿子之间，展开了一次小小的纷争。最后，由父亲作出了裁决。父亲庄严地对我说：“老二，爸带你一块儿回山东！”

老家之行，印象是凄凉的。对我，是一次大希望的大破灭。对父亲，是一次心理上和感情上的打击。老家，本没亲人了，但毕竟是父亲的故乡。故乡人，极羡慕父亲这个挣现钱的工人阶级。故乡的孩子，极羡慕我这个城市的孩子。羡慕我穿在脚上的那双崭新的胶鞋。故乡的野菜，还塞不饱故乡人的胃。我和父亲路途上没吃完的两个掺面馒头，在故乡人眼中，是上等的点心。父亲和我，被故乡一种饥饿的氛围所促使，竟忘乎所以地扮演起“衣锦还乡”的角色来。

父亲第二次攒下的三百多元钱，除了路费，东家给五元，西家给十元，以“见面礼”的方式，差不多全救济了故乡人。我和父亲带了一小包花生米和几斤地瓜干离开了故乡……

到家后，父亲开口对母亲说的第一句话是：“孩子他妈，我把钱抖搂光了！你别生气，我再攒！”

这是我第一次听到父亲用内疚的语调对母亲说话。

母亲淡淡一笑：“我生啥气呀！你离开老家后，从没回去过，也该回去看看嘛！”仿佛她对那被花光的三百多元钱毫不在乎。

但我知道，母亲内心是很在乎的。因为我看见，母亲背转身时，眼泪从眼角溢出，滴落在她衣襟上。

那一夜，父亲翻身不止，长叹接短叹。

两天后，父亲提前回大西北去了。假期内的劳动日是发双份工资的……

父亲始终恪守自己给自己规定的三年探一次家的铁律，直至退休。父亲是很能攒钱的。母亲是很能借债的。我们家的生活，恰恰特别需要这样一位父亲，也特别需要这样一位母亲。所谓“对立统一”。

在我记忆的底片上，父亲愈来愈成为一个模糊的虚影，三年显像一次；在我的情感世界中，父亲愈来愈成为一个我想要报答而无力报答的恩人。

报答这种心理，在父子关系中，其实质无异于溶淡骨血深情的稀释剂。它将最自然的人性、最天经地义的伦理平和地扭曲为一种最荒唐的债务。而穷困之所以该诅咒，不只因为它造成物质方面的债务，更因为它造成精神上和情感上的债务。

父亲第三次探家那一年，正是哥哥考大学那一年。父亲对哥哥想考大学这一欲望，以说一不二的威严加以反对。

“我供不起你上大学！”父亲的话，令母亲和哥哥感到没有丝毫商量余地。

好心的邻居给哥哥找了一个挣小钱的临时活——在菜市场卖菜。卖十斤菜可挣五分钱。父亲逼着哥哥去挣小钱。哥哥每天偷偷揣上一册课本，早出晚归。回家后交给父亲五角钱。那五角钱，是母亲每天偷偷塞给哥哥的。哥哥实则是到公园里或松花江边去温习功课的。骗局终于败露，父亲对这种“阴谋诡计”大发雷霆，用水杯砸碎了镜子。

父亲气得当天就决定回大西北。我和哥哥将父亲送到火车站。

列车开动前，父亲从车窗口探出身，对哥哥说：“老大，听爸的话，别考大学！咱们全家七口，只我一个挣钱，我已经五十出头了，身板一天不如一天了，你应该为我分担一点家庭担子了啊！”父亲的语调中，流露出无限的苦衷和哀哀的恳求。

列车开动时，父亲流泪了。一滴泪水挂在父亲胡碴儿又黑又硬的脸腮上。我心里非常难过。却说不清究竟是为父亲难过，还是为哥哥难过。我知道，哥哥已背着父亲参加了高考。母亲又一次欺骗了父亲。哥哥又一次欺骗了父亲。我这个“知情不举”者，也欺骗了父亲。我因无罪的欺骗感到内疚极了。我，很大程度上是为自己难过……

几天后，哥哥接到了大学录取通知书。母亲欣慰地笑了。哥哥却哭了。

我又送走了哥哥。

哥哥没让我送进站。

他说：“省下买站台票的五分钱吧。”

在检票口，哥哥又对我说：“二弟，家中今后全靠你了！先别告诉爸爸，我上了大学……”

我站在检票口外，呆呆地望着哥哥随人流走入火车站，左手拎着行李卷，右手拎着网兜，一步三回头。

我缓慢地走在回家的路上，手中紧紧攥着没买站台票省下的那五分硬币，心中暗想：为了哥哥，为我们家祖祖辈辈的第一个大学生，全家一定要更加省吃俭用，节约每一分钱……

我无法长久隐瞒父亲哥哥已上了大学这件事。我不得不在一封信中告诉父亲实情。

哥哥在第一个假期被学校送回来了。

他再也没能返校。

他进了精神病院——一个精神世界的自由王国——一个心理弱者的终生归宿。一个明确的句号。

我从哥哥的日记本中，翻出了父亲写给哥哥的一封信。一封错字和白字占半数以上的信。一封扫盲并不彻底的文化程度的信：

老大！你太自私了！你心中根本没有父母！根本没有弟弟妹妹！你只想到你自己！你一心奔你个人的前程吧！就算我白养大你！就算我没养你这个儿子！有朝一日你当了工程师！我也再不会认你这个儿子！

每句话后面都是"！"号，所有这些"！"号，似乎也无法表达父亲对哥哥的愤怒。父亲这封信，使我联想到了父亲对我们的那番教导："将来，你们都是要靠自己的力气吃饭的！"我不由得将父亲的教导作为基础理论进行思考：每个人都是有把子力气的，倘一个人明明可以靠力气吃饭而又并不想靠力气吃饭，也许竟是真有点大逆不道的吧？哥哥上大学，其实绝不会造成我们家有一个人饿死的严峻后果。那么父亲的愤怒，是否也因哥哥违背了他的教导呢？父亲是一个体力劳动者，我所见识过的体力劳动者，大致分为两类。一类自卑自贱，怨天咒命的话常挂在嘴边上："我们，臭苦力！"一类盲目自尊，崇尚力气，对凡是不靠力气吃饭的人，都一言以蔽之曰："吃轻巧饭的！"蕴含着一种藐视。

父亲属于后一类。

如今想起来，这也算一件极可悲的事吧！对哥哥抑或对父亲自己，难道不都可悲吗？

父亲第四次探家前，我到北大荒去了。以后的七年内，我再没见过父亲。我不能按照自己的愿望和父亲同时探家。

在我下乡的第七年，连队推荐我上大学。那已是第二次推荐我上大学了。我并不怎么后悔地放弃了第一次上大学的机会。哥哥上大学所落到的结果，远比父亲对我的人生教导在我心理上造成更为深刻的不良影响。然而第二次被推荐，我却极想上大学了。第二次即最后一次。我不会再获得第三次被推荐的机会。那一年我二十五岁了。

我明白，录取通知书没交给我之前，我能否迈入大学校门，还是一个问号。连干部同意不同意，至关重要。我曾当众顶撞过连长和指导员，我知道他们对我耿耿于怀。我因此而忧虑重重。几经彻夜失眠，我给父亲写了一封信，告之父亲我已被推荐上大学，但最后结果，尚在难料之中，请求父亲汇给我二百元钱。还告知父亲，这是我最后一次上大学的机会。我相信我暗示得很清楚，父亲是会明白我需要钱干什么的。信一投进邮筒，我便追悔莫及。我猜测父亲要么干脆不给我回音，要么会写封信来狠狠骂我一通。肯定比他写给哥哥那封信更无情。按照父亲做人的原则，即使他的儿子有当皇上的可能，他也是绝不容忍他的儿子为此用钱去贿赂人心的。

没想到父亲很快就汇来了钱。二百元整。电汇。汇单的附言条上，歪歪扭扭地写着几个错别字："不勾（够），久（就）来电。"

当天我就把钱取回来了。晚上，下着小雨。我将二百元钱分装在两个衣兜里，一边一百元。双手都插在衣兜里，紧紧攥着两叠钱。我先来到指导员家，在门外徘徊许久，没进去。后来到连长家，鼓了几次勇气，猛然推门进去。我支支吾吾地对连长说了几句不着边际的话，立刻告辞。双手始终没从衣兜里掏出来，两叠钱攥湿了。

我缓缓地在雨中走着。那时刻一个充满同情的声音在我耳边说："老梁师傅真不容易呀，一个人要养活你们这么一大家子！他节俭得很呢，一块臭豆腐吃三顿，连盘炒菜都舍不得买……"

这是父亲的一位工友到我家对母亲说过的话。那时我还幼小，长大后忘了许多事，但这些话却忘不掉。

我觉得衣兜里的两叠钱沉甸甸的，沉得像两大块铅。我觉得我的心灵那么肮脏，我的人格那么卑下，我的动机那么可耻。我恨不得将我这颗肮脏的心从胸膛内呕吐出来，践踏个稀巴烂，践踏到泥土中。

我走出连队很远，躲进两堆木料之间的空隙，痛痛快快地大哭了一场。我哭自己，也哭父亲。父亲他为什么不写封信骂我一通啊?! 一个父亲的人格的最后一抹光彩，在一个儿子心中黯然了，就如同一个泥偶毁于一捧脏水。而这捧脏水是由儿子泼在父亲身上的，这是多么令人悔恨令人伤心的事啊！

第二天抬大木时，我坚持由三杠换到了二杠——负荷最沉重的位置。当两吨多重的巨大圆木在八个人的号子声中被抬离地面，当抬杠深深压进我肩头的肌肉，我心中暗暗呼应的却是另一种号子——爸爸，我不，不！……

那一年我还是上了大学。连长和指导员并未从中作梗，而且还把我送到了长途汽车站。和他们告别时，我情不自禁地对他们说了一句："真对不起……"他们默默对望了一眼，不知我说这句话是什么意思。

那个漆黑的，下着小雨的夜晚，将永远永远保留在我记忆中……

三年大学，我一次也没有探过家，为了省下从上海到哈尔滨的半票票价。也为了父亲每个月少吃一块臭豆腐，多吃一盘炒菜。

毕业后，参加工作一年，我才探家，算起来，我已十年没见过父亲了。父亲提前退休了。他从脚手架上摔下来过一次，受了内伤，也年老了，干不动重体力活了。

三弟返城了。我回到家里时，见三弟躺在炕上，一条腿绑着夹板，吊在半空。小妹告诉我，三弟预备结婚了。新房是傍着我们家老屋山墙盖起的一间"偏厦子"。我们家的老屋很低矮，那"偏厦子"不比别人家的煤棚高多少。

我进入"新房"看了看，出来后问三弟："怎么盖得这么凑凑合合？"三弟的头在枕上侧向一旁，半天才说："没钱。能盖起这么一间就不错了。"

我又问："你的腿怎么搞的？"

三弟不说话了。

小妹看了他一眼说："铺油毡时，房顶木板太朽了，被踩塌掉进了屋里……"

我望着三弟，心里挺难受。我能读完三年大学，全靠三弟每月从北大荒寄给我十元钱。

吃过晚饭后，我对父亲说："爸爸，我想和你谈件事。"

父亲看了我一眼，默默地等待我说。父亲看我时的目光，令我感到有些陌生。是因为我们父子分别了整整十年吗？是因为我成了一个大学毕业生吗？我不得而知。他看我那一眼，像一匹老马看一头小牛。

我向父亲伸出了一只手："爸爸，把你这些年攒的钱都拿出来，给三弟盖房子用吧!”

父亲又用那种有些陌生的目光看了我一眼，低下头，沉默半晌，才低声说：“我……不是已经给了吗?……”

我说：“爸爸，你只给了三弟二百五十元钱呀！那点钱能够盖房子用吗?”

“我……再没钱……”父亲的声音更低。

我大声说：“不对！爸爸，你有！我知道你有！你有三千多元钱！……”

父亲腾地从炕沿上站了起来，脸色涨得紫红，怒吼道：“你！……你简直胡说！我什么时候攒下过三千元?!”

躺在炕上的三弟插嘴说：“二哥，你何必为我逼爸爸呢！爸爸一辈子都想攒钱，如今总算攒下了，能舍得拿出来为我盖房子?”口吻中流露出一个儿子内心对父亲的极大不满。

我生气了，提高嗓门说：“爸爸，你这样做不对！三弟能在那样一间煤棚似的破屋里结婚吗？那里出生的，将是你的孙子，或是你的孙女！你将在子孙后代面前感到羞愧的！……”我心中倏然对父亲鄙视起来。

“住嘴！……”父亲举起了一只拳头。拳没落到我身上，在空中僵了片刻，沉重地落在了父亲自己的脑门上。

母亲、四弟和小妹赶紧从里间屋出来，把我往里间屋拉。

“你！……十年没见我，一见我就教训我吗?!好一个儿子啊！你就是这样给你弟弟妹妹们做榜样的吗？你可算念成了大学了！你给我滚！……”父亲脸腮抽搐着，眼中喷射出怒火。他那凶暴的语言中，有一种寒透了心的悲凉成分。他用手朝我一指，又吼出一个“滚”字，再说不出别的话来。

我一下子挣脱了母亲和四弟拉住我的手，大声说：“爸爸，我永远不再回这个家！……”说完，冲出了家门。

我一口气走到火车站，买了一张三个小时后开往北京的火车票，坐在候车室的长凳上，一支接一支吸烟。

不知过了多久，听到有人轻轻叫我，抬起头，见母亲和四弟站在面前。

四弟说：“二哥，回家吧!”

母亲也说：“回家吧，妈求你!”

“不……”我坚决地摇摇头。

母亲又说：“你怎么能那样子跟你父亲争吵呢？他的确是没攒下那么多钱呀！他攒下的一点钱，差不多全给你三弟了……下个月初就要给你哥哥交住院费……”

几个好奇的男人女人围住了我们，用各种猜疑的目光注视我。

我听到一个上了年纪的女人离开时叹了口气，说：“可怜天下父母心啊！”

我分明是被看成了一个不孝之子了。

我打断母亲的话，说：“妈妈，您别替我父亲辩护了！我在大学时，您求人写信告诉过我，父亲已积攒下了三千元钱。他怎么能对他的儿子那么吝啬？”

母亲怔了一下，说：“傻孩子，是妈不好，妈那是骗你的呀！为了让你在大学里安心读书，不挂虑家中的生活……”

听了母亲的话，我呆呆地望着母亲那张憔悴的脸，发愣许久，说不出话来。

“听妈的话，回家吧！回家向你爸认个错……”母亲上前扯我。

我低下头哭了……

我跟着母亲和四弟回到了家里。我向父亲认了错。父亲当时没有任何原谅我的表示。

小妹那时已中学毕业，在家待业两年了，一直没有分配工作。母亲低眉下眼地去找过街道主任几次，街道主任终于给了一个话口说：“下一次来指标，我给使把劲试试看吧！”

母亲将这话学给父亲，对父亲说：“为了孩子，这人情，管多管少，无论如何也得送啊！”

父亲拉开抽屉，取出一个牛皮纸钱包，递给母亲，头也不抬地说：“我这个月的退休金，刚交了老大的住院费，剩下的，都在里边了……”

牛皮纸钱包里，大票只有两张十元的了。母亲犹豫了一阵，将其中一张交给妹妹。妹妹就用那十元钱买了点不成体统的东西，当天拎着去街道主任家“表示表示”。怎么拎去的，又怎么拎回来了。

母亲诧异地问：“怎么拎回来了？”

小妹沮丧地回答：“人家不肯收。”

母亲又问："嫌少？"

"人家说，多年住在一条街上，收了，就显得不好了。人家说，要是咱们非愿意表示表示，她家买了一吨好煤，咱们帮忙给拉回来……"小妹说罢，怯怯地瞟了父亲一眼。

父亲始终没抬头，听罢小妹的话，头更低下去了。过了好一会儿，父亲才开口说："我和你四哥……一块儿去给拉回来……"

四弟刚巧从外面回来，问明白后，为难地对父亲说："爸，我们厂的团员明天要组织一次活动，我是团支部书记，我不能不去呀！"

小妹急了："什么破团支部书记，你当得那么上瘾?！明天不给拉回来，人家的煤票就过期了！"

这一切话，我都在里屋听到了，我跨出里屋，对小妹说："明天我和爸去拉。"

父亲突然莫名其妙地火了："谁都用不着你们！我明天一个人去拉！我还没老得不中用，我还有力气！"

头天晚上就下起了大雨。第二天白天，雨下得更大了。我和父亲借了辆手推车，冒雨去拉煤。路很远。煤票是在一个铁道线附近的大煤厂开的，距我们住的街区，有三十来里。一吨煤，分三趟拉。天黑才拉回第三趟。拉第三趟时，一只车轮卡在铁轨岔角里。无论我和父亲使出多大的力气，车轮都纹丝不动，像被焊住了。我和父亲一块儿推，一块儿拉，一个推，一个拉，弄得浑身是泥，双手处处是伤，始终一筹莫展。在暴雨中，我听得见父亲像牛一样的呼哧呼哧的喘息声。

我抹了一把脸上的雨水，对父亲大声喊："爸爸，你在这儿看着，我去值班房找个人来帮帮忙！"

"你的力气都哪去了?！"父亲一下子推开我，弯下腰，用他那肌肉萎缩了的肩膀去扛车。

远处传来了火车的吼声。一列火车开过来了。在闪电亮起的刹那，我看见一块松弛的皮肤，被暴雨无情地鞭打着。是一个老年人的丧失了力气的脊梁。

车头的灯光从远处射了过来。

父亲仍在徒劳无益地运用着微不足道的力气。

我拔腿飞快地朝道班房跑去。

道班工人发出了紧急停车信号。

列车停住了。

道班工人和我一块跑到煤车前。

父亲还在用肩膀扛煤车。他仿佛根本没有发现有火车开过来。

“你他妈的玩命啊！”道班工人恶狠狠地骂了一句。

火车车头的光束正照着煤车。父亲的肩膀，终于离开了煤车。父亲缓缓抬起了头。我看清了父亲那张绝望的脸，那张皱纹纵横的脸。每一条皱纹，都仿佛是一个“！”号，比父亲写给哥哥的那封信中还多……

雨水，从父亲的老脸上往下淌着。

我知道，从父亲脸上淌下来的，绝不仅仅是雨水。父亲那双瞪大的眼睛空洞的眼神，那抽搐的脸腮，那哆嗦的双唇，说明了这一点……

这个雨夜，又使我回想起了几年前那个雨夜。我躲在我们连队木料堆之间大哭过一场的那个雨夜……

今年四月的一天，我收到一封电报，电文——“父即日乘十八次去京，接站。”我又几年没探家了。我与父亲又几年没见面了。我已经三十五岁了，可以说是一个中年人了。电报使我心中涌起了一个中年人对自己老父亲的那种情感。那是一种并不强烈的，撩拨回忆的情感。人的回忆，是可以随着年龄的增长而改变“焦距”的，好像照片因着时间改变颜色一样。回忆往事，我心中对父亲的谴责少了，对自己的谴责反而多了。我毕竟没有给过父亲多少一个儿子对父亲的爱啊！

电报没能在头一天交到我手里，却被从门底缝塞进了我的办公室。我头一天熬夜，第二天上班很迟。看看手表，离列车到站时间，仅差一小时十五分。马上动身，完全来得及接站。我手中拿着电报，心里倏忽产生了一个念头——租一辆小汽车去接站。这念头产生得很随便，就像陕西人想吃一顿“羊肉泡馍”。父亲生平连一次小汽车也没坐过，我要给予父亲“生平第一次”。我给几处出租汽车站打电话，都没车。二十多分钟在电话机前过去了。乘公共汽车接站，已根本来不及。只有继续拨电话。又拨了十多分钟，终于要到了一辆车。说很快就到，却并不很快，半小时以后才到。一路红灯，驶驶停停。到火车站，早已过时。

我打开车门就往下跳，司机一把揪住我："车费！"我一摸衣兜，钱包没带！

只好向司机赔笑脸，告诉他我是来接人的，接到了再给他车费。说了不少好话，最后将工作证押给他，他才算松开了手。

站内站外，都没寻找到父亲。

我沮丧地回到出租汽车跟前，央求司机再送我回家，来去车费一块付。

司机哼了一声，将车开走了。我见方向不对，赔着笑脸问："你要把我拉哪儿去呀？"

司机冷冰冰地回答："出租汽车总站。我饿了，该吃午饭了。你在总站再要一辆车吧！"

我自认理亏，不便再说什么。

在出租汽车总站，又等了一个多小时，才终于坐进了另一辆小汽车里。回来倒是一路飞快，算账时，可把我吓了一大跳——二十三元！

我不由得问了句："怎么二十三元啊？"

司机瞪了我一眼："加上从火车站到出租汽车总站的那一段车费！"

"那一段路也要车费？！"

"笑话！你想白坐啊？"

一进家门，见父亲已在家中了。

我埋怨道："爸爸，你怎么不在火车站多等会儿啊？让我白接了你一趟！"

父亲说："等了一会儿，没见着你，我心想你不会来接了……"

"拍了电报，我能不去接吗？真是的！"

"我心想，大概你工作忙，脱不开身……"

我说："爸，先给我二十三元钱！"

刚见面，伸手要钱，父亲奇怪，疑惑地瞧着我。

我只好解释："爸爸，我是租了一辆小汽车去接你的，司机在下边等着呢！我的钱包放在办公室了。"

仿佛为了证实我的话，司机按了几声喇叭。

父亲当时那种表情，就好像听说我是租了一艘宇宙飞船去接他似的。他缓缓解开衣扣，拆开缝在衣里儿的一块布，用手指捻出三张十元的纸钞，默默递给了我。

我从父亲的目光中看出了他心里想说的一句话："你摆的什么谱啊！"

"爸爸，这钱我会还你的……"我接过钱，匆匆奔下楼去。

当我回到屋里，见父亲脸色变得很阴沉，也不瞧我，低头吸烟。

我省悟到，我刚才说了一句十分愚蠢的话……

父亲，不再是从前那个身强力壮的父亲了，也不再是那个退休之年仍目光炯炯、精神矍铄的父亲了。父亲老了，他是完完全全地老了。生活将他彻底变成了一个老头子。他那很黑的硬发已经快脱落光了，没脱落的也白了。胡子却长得挺够等级，银灰间黄，所谓"老黄忠式"，飘飘逸逸的，留过第二颗衣扣。只有这一大把胡子，还给他增添些许老人的威仪。而他那一脸饱经风霜的皱纹，凝聚着某种不遂的夙愿的残影……

生活，到底是很厉害的。

我家住在一幢筒子楼内，只一间，十三平方米，在走廊做饭，和电影《邻居》里的情形差不了多少。走廊脏黑，苍蝇多，老鼠肆无忌惮，特肥大。

父亲到来的第一天，打量着我们家在走廊占据的"领地"，不无感触地说："老二，你有福气啊！你才参加工作几年呀，就分到了房子！走廊这么宽，还能当厨房……你……比我强……"

这话从父亲口中说出，以那么一种淡泊的自卑的语调说出，使我心中有些凄凉之感。

父亲当了一辈子建筑工人，盖了一辈子楼房，却羡慕我这筒子楼里的十三平方米……他是被尊称为主人翁的人啊……

编辑部暂借给我一间办公室。每天晚上，我和父亲住在办公室，妻子和孩子住在家中。我虽没有让父亲生平第一次坐上小汽车，父亲却沾了我的光，生平第一次住上了楼房。

父亲每天替我们接孩子，送孩子，拖地板，打开水，买菜，做饭，乃至洗衣服，拆被子，换煤气。一切的家务，父亲都尽量承担了。

我不希望父亲，我的老父亲沦为我的老勤杂员。我对父亲说：“爸爸，你别样样事都抢着做。你来后，我们都变懒了！”

父亲阴郁地回答：“我多做点，倒累不着。只要能在你们这儿长住下去，我就很知足了……你妹妹结婚后，家中实在住不开了，我万不得已，才来搅扰你们……”

父亲的性格也变了，变成一个通情达理的，事事处处，家里家外都很善于忍让的，毫无脾气的老头了。

除了家务，父亲还经常打扫公共楼道、楼梯、厕所、水池。他不久便获得了全楼人的称赞和敬意。父亲初来乍到时，人们每每这么问我：“那个大胡子老头就是你父亲吗?”以后我听到的问话往往是：“你就是那个大胡子老头的儿子呀?”在我意识中，父亲是依附于我的人格而存在的。但在不少人心目中，我则开始依附于父亲的人格而存在了。一些从不到我家中走动，大有“老死不相往来”趋势的工人们，也开始出现在我家了，使我同一种更普遍的生活贴近了。

我惊奇地发现，不是家属洗澡的日子，父亲也可以公然到厂内浴室洗澡；没票，父亲也可以从容不迫地进入厂内礼堂看电影；忘带食堂饭菜票，父亲也可以从食堂里先端回饭菜来。而人们还都对他很客气，很友好。这些“优待”，是连我也没受到过的。父亲终于以他所能采取的方式，获得了和我并存的独立人格。我不再阻止他打扫公共卫生。我理解，人们注意到他，承认他的独立存在，如今对他来说是何等需要，何等重要！这是一个没机会受过文化教育的、丧失了健壮和力气的、自尊心极强的老父亲，在一个受过大学文化教育的、有了一丁点小名气的儿子面前保持心理平衡的唯一砝码。我告诫自己，我要替父亲珍视它，像珍视宝贵的东西一样。

父亲身上最大的变化，是对知识分子表现出了由衷的崇敬。以前，他将各类知识分子统称为“耍笔杆子的”。靠“耍笔杆子”而不是靠力气吃“轻巧饭”的人，那是他所瞧不起的。每天接踵而来找我的，十有八九是地地道道“耍笔杆子”的。我将他们介绍给父亲时，父亲总是臂微垂，腰微弯，很不自然地做他所不习惯的鞠躬状，脸上呈现出似乎不敢舒展的恭而敬之的笑容。随后，便替我给客人沏茶、点烟。当我和客人侃侃而谈时，父亲总是静默地坐在角落，一会儿注意地瞧着我，一会儿注意地瞧着客人，侧耳聆听。倘我和客人谈到该吃饭时，父亲便会起身离去悄然做饭。倘我这个主人有时竟忘了吃饭这件事，父亲便会走进屋，低声问我："饭做好了，你们现在要吃吗？还是再过一会儿？"饭后，照例抢着刷洗碗筷。

一次，送走客人后，我对父亲说："爸爸，你不必对客人过分恭敬，过分周到，他们大多数是我的同事、朋友，用不着太客气。"

"我……过分了吗？……"父亲讷讷地问，仿佛我的话对他是一种指责……

几天后，我收到了友人的一封信。信中写道："昨天我到你家找你，你不在，我和你的老父亲交谈了两个多小时。他真是一位好父亲，好老人。但我感到，他太寂寞了。他对我说，连和你交谈几句话的机会都没有。你真那么忙吗？……"

这封信使我无比惭愧，无比自责。是的，父亲来后，我几乎没同父亲交谈过。即使一次不太长久的，半小时以上的，父与子之间的随随便便的交谈也没有过。父亲简直就像我雇的一个老仆役，勤勤恳恳，一声不吭，任劳任怨地为我做着一切一切的家务。

而我每天不是在写、写、写，就是和来客无休止地谈、谈、谈……

第二天晚饭后，我没到办公室去抄那篇亟待发出的稿子，见妻抱着孩子到邻居家玩去了，我便坐到了父亲面前。

我低声说："爸爸，跟我聊几句家常话吧！"

父亲定定地看了我片刻，用一种单刀直入的语调问："老二，你为什么不争取入党啊？"

我怔住了。我预先猜想三天三夜，也料不到父亲会向我提出这样的问题。难道这就是父亲最想同我交谈的话题吗？

我低头沉默了一会儿抬起头又说："爸爸，聊几句家常吧！"

"你们兄妹五个，你哥呢，就不提他了……比起来，顶数你有了点出息，可你究竟为什么不入党啊？听你们同事讲，你说过要入也不现在入共产党的话？你是说过这话的吗？"父亲的目光仍定定地看着我，揪住这个话题不放。

我默默地点了点头。是的，我说过。而且是在某个会议上当众说的。我并不想欺骗父亲。我对党的信仰是萌发于一种朴素的感恩思想的。这种感恩思想，毕竟不是建立在切身体会的基础之上，而是间接灌输的成果。是不稳固的，是易于坍塌的，也是肤浅的，不足以长久维系下去的。动摇过的事物，要恢复其原先的稳固性，需要比原先更稳固的基础。信仰不像小孩子玩积木，扰乱一百次，还可以重搭一百次。信仰的恢复需要比原先更深刻的思想观和认识观。这比给表上弦的时间长得多。

父亲的话，使我的自尊心受到了挫伤。我故意用冷漠的语调反问："爸爸，你为什么对我入不入党这么在乎呢？你希望我能入党，当官，掌权，而后以权谋私吗？"

父亲听出来了，我的话对他的愿望显然是嘲讽。父亲缓缓站起，一只手撑着椅背，像注视一个冒充他儿子的人似的，眯起眼睛，眈眈地瞪着我。他突然推开椅子，转身朝外就走。椅子倒在地上，发出很响的声音。

父亲在门口站住，回过头，瞪着我，大声说："我这辈子经历过两个社会，见识了两个党，比起来，我还是认为新社会好，共产党伟大！不信服共产党，难道你去信服国民党?！把我烧成了灰我也不！眼下正是共产党振兴国家，需要老百姓维护的时候，现在要求入党，是替共产党分担振兴国家的责任！……你再对我说什么做官不做官的话，我就揍你！……"说罢，一步跨出了房间。

在那一时刻，站在我面前的，又是从前那威严而易怒的父亲了。

我怀着复杂的心情离开家，来到了办公室。

我坐在办公桌前，双手捧着脸腮，陷入了静静的思考。

我理解父亲对共产党的感情。他六岁给地主放牛，十二岁闯关东，亲眼看到过国民党怎样残害老百姓。他被日本人抓过劳工。要不是押劳工的火车被抗联伏击，很难想象他今天还活着，也不知这个世界上会不会还有我这位"青年作家"……

但写一份入党申请书，这需要比创作一篇小说更大的严肃性。而且，在我心灵中，还有许多腌臜得没勇气告人的欲念，还时时受到个人名利的诱惑，还潜藏着对享乐的向往，还包裹着对虚荣的贪婪，还……

"全心全意为人民服务"，这句话是庄严地写在中国共产党的党章上的。我不能够怀着一颗极不干净的灵魂在一张雪白的纸上写下：我要求加入……

人可以欺骗别人，但无法欺骗自己。

我在心中说："爸爸，原谅我！我不，现在还不……"

办公室的门被突然推开了。

父亲来了。他连看也不看我，径直走到他的那张临时支起的钢丝床前，重重地坐了下去。钢丝床发出一阵吱吱嘎嘎的声响。

我转过身去瞧着父亲。

他又猛地站了起来，用手指着我，愤愤地大声说："你可以瞧不起我，你的父亲！但我不允许你瞧不起共产党！如果你已经不信服这个党了，那么你从此以后也别叫我父亲！这个党是我的救星！如果我现在还身强力壮，我愿意为这个党卖力一直到死！你以为你小子受了点苦就有资格对共产党不满啦？你受的那点苦跟我在旧社会受的苦一比算个屁！"

我想对父亲解释几句什么，却一句适当的话也寻找不到。我一言不发地望着父亲，心想：爸爸，你说得不对，不对，我并不像你认为的那样啊！……

我觉得委屈极了，直想哭。

……

父亲对我教训了这一次之后，接连几天不理我，不跟我说一句话。

一天傍晚，有一个外地的陌生姑娘来到我家中。她自称是位文学青年，读过我的几篇作品，希望能同我谈谈。

我带她来到了办公室。

她很漂亮。身材很好，又高，又窈窕。一张白净的鹅蛋形的脸，容貌端庄娴雅。眼睛挺大，闪耀着充满想象的光彩。剪得整齐的乌黑的短发，衬托着她那张动人的脸，像荷叶衬托着荷花。她穿一件五彩缤纷的花外衣，只有三颗扣子，好像是骨质的，月牙形，非常别致。半敞的衣襟露出里面深红色的毛衣，裤角带有古铜色镶边的牛仔裤，奶黄色的坡底高跟鞋。她端坐在沙发上，修长的双臂微向前探，双手习惯地揽住两膝。她从头到脚焕发着浪漫气质，举止文静而有教养。

我沏了一杯茶端给她。

她接过去，看了一眼，欠身轻轻放在桌上，说："我不喝绿茶。我从小就是喝花茶的。”

我说：“请便。”将椅子搬到她斜对面，瞧着她问：“你想和我谈些什么呢?”

她妩媚地一笑：“当然是谈文学啦……不过，也希望不仅仅限于文学。”

我说：“那么就请谈吧！不过，我也许会令你失望，我不是个理想的交谈者。”

儿子有些发高烧。走出家门时妻正在给儿子灌药。而父亲在给我洗衣服。我尽量排除思路上的干扰，集中精力。我想她一定会首先向我提出什么问题。但她没有。她用悦耳的音调向我讲述起她自己来。

她说她离开家已经一个多月了。从南到北，旅游了不少大城市，拜访过了许多颇有名气的青年作家。接着，便依次向我说出他们的名字。有人是我认识的，有人是我没见过面的。还说她崇拜某某及其作品，难以忍受某某及其作品，欣赏某某的作品但不喜欢作者本人。她很坦率。

我愿意同坦率的人交谈。

我问：“你此行是出差吗?”

“噢！不，”她摇摇头，又是那么博人好感地一笑，“就是为了玩，散散心。”

“你的单位竟会给你这么长一段假期?”

“我现在不受任何单位管束，自由公民!”

“你是个待业青年?”

“我想有工作时便可以有份工作，腻烦了就当自由公民。”

我迷惑不解地望着她。

她揽住两膝的双手放开了，身体舒展地靠在沙发上，目光迅速地在我的办公室内环视一番，说：“你的办公室可以容得下五对人跳舞。”

我说：“我不会跳舞。大概是可以的。”

这回轮到她迷惑不解了，怀疑地盯着我，要看出我说的是不是真话。

我惭愧地笑笑。

她的目光移开了，落在写字台上，又问：“自由市场上买的吧?”

我点点头：“是的。”

“样式太老。”

“不，是太俗气。但便宜。”

她的目光又盯在了我脸上，那模样仿佛我对她承认了我是一个下流坯子似的。

我说：“请接着谈下去吧，你刚才谈到自己的话还使我有些不明白。”

“是吗？”怀疑的神态，怀疑的口吻。接着，她轻轻叹了口气，平平淡淡地说：“报考过电影学院、音乐学院，都没考上。在外贸局工作了三个月，在旅游局工作了半年，这两个单位都没能更长久些地吸引住我。在省图书馆混了一年，因为那儿有书，才拴住我一年。看书也看腻烦了，于是就辞职了……回去以后，也许会到省电视台，看我那时心情好不好，乐不乐意……”

我终于明白，她是来自另一个天地的。

“你出来这么长时间，父母放心吗？”

“他们也没什么不放心的。每座城市都有父亲当年的老战友。或者住他们家中，或者住宾馆……”

我觉得没有必要再问什么了，期待着她说。

她沉默了一会儿才又开口：“你一定无法理解我……小时候，我和姐姐，觉得世上任何好吃的东西我们都吃过了，我们就将糖和盐拌在一起，再浇点辣椒油……现在，我的心境就跟小时候似的，我觉得我丢了。我觉得我对什么都腻烦了，对生活失去了热情，就好像我小时候对食物失去了味觉一样……”

我依旧望着她那张漂亮的脸，心中对她产生了一种同情。类似对一只将要溺死在蜜中的小昆虫的同情。

她见我在很认真地听，继续说下去：“本想离开家散散心，但结果心境反而愈来愈不好。每座城市都到处是人、人、人，愚昧的，没文化的，浑浑噩噩的人，许许多多的人，每天都在谈论房子问题、待业问题……”

我平静地问：“你无法忍受这样一些人们吗？”

“难道你能够忍受这样一些人吗？”她坐端了身子，目光又盯在我脸上，现出一种对我的麻木不仁开始感到失望的表情。

我没有立即回答她。

我又想起了我躲在木料堆间痛哭过一场的那个雨夜。也想起了我和父亲为了妹妹早日分配工作给街道主任拉煤那个雨夜。小雨，大雨，都是下雨的夜……

为什么保留在我记忆中的都是雨夜呢？

我毕竟从我生活中的两个雨夜度过来了。我毕竟扯着父亲的破衣襟，扯着一个没有受过文化教育的，头脑中有着狭隘的农民意识的父亲的破衣襟，一步步从生活中走过来了，一岁岁长大了……

“古老的国家，古老的民族，生活在这么一种氛围中，每个人都将要被窒息而死！……”那姑娘的悦耳的声音，使我的注意力不能从她身上过久地分散。

我要求说：“让我们谈谈文学吧！”

“文学？……”她嘴角浮现一丝嘲讽，大声说，“中国目前不可能有文学！中国的实际问题，就在于人口众多。如果减少三分之二，一切都会变个样子！”

我冷冷地回答她：“好主意！减少的当然应该是那些愚昧的，没文化的，浑浑噩噩的，每天都在谈论房子问题和待业问题的人……”

我情绪的变化并没有引起她的注意。她皱起眉头，用一种忧国忧民的语调说：

“就在今天，就在你们北影厂门口，我看到一个白胡子老头，抱着一个傻乎乎的孩子，在围观一辆外国小汽车，我心里真是悲哀极了！我要写一篇心理小说，将我内心这种悲哀表述出来！这就是我们的人民，我作为一个中国人真感到羞耻！……”她那样子悲哀得快要哭了。或者说，她是想将我感动哭了。然而我并没有丝毫感动。我已不再像从前那么易于动感情了。我在想，她那颗心一定很渺小，因此也只能产生这么一点渺小的悲哀。我已经不再同情她。

我告诉她，那白胡子老头，肯定就是我的父亲。而抱在他怀中那傻乎乎的孩子，是我的儿子。

“是你……父亲？……”她的脸微微红了，显出动人的窘态，讷讷地说，“请原谅！我……还以为你是……”

“这不值得请求原谅！因而我也不想对你表示原谅！我并不想否认，我的父亲没有文化，他在扫盲时所认识的字，绝不会比你这件花外衣上的花朵多！他还很愚昧，由于他的愚昧，由于他的农民意识的狭隘，给我们的家庭造成了重大的不幸！因为他不相信医生的话而相信算命先生的话，我的姐姐夭折了！我的哥哥，因为他鄙薄文化而崇尚力气，疯了！我原谅了他，但却不能忘记这些。我要比你更加憎恨愚昧！我要比你更加明白文化对于一个国家一个民族意味着什么！我诅咒造成愚昧和没有文化的落后状况的一切因素！……”我从椅子上站了起来。我的声音很高。我内心很激动。我仿佛不是在对我面前的这一位姑娘说话，而是在对众多的各种各样的人说话。

我还想对她说，她可以对我们的人民没有感情，她也尽可以像她读过的小说中那些西方的贵夫人一样，对他们的愚昧和没有文化表示出一点高贵的怜悯，这无疑会使像她这样的姑娘更增添女人的魅力。但她没有权利瞧不起他们！没有权利轻蔑他们！因为正是他们，这些在历史进程中享受不到文化教育却在创造着文明的千千万万劳苦大众，如同水层岩一样，一层一层地积压着，凝固着，坚实地奠定了我们的九百六十万平方公里土地！而我们中华民族正在振兴的一切事业，还在靠他们的力气和汗水实现着！愚昧和没有文化不是他们的罪过，是历史的罪过！是我们每一个对振兴我们的国家我们的民族缺乏热情，缺乏责任感的人的惭愧！

我还想对她说，至于她自己，不过是我们九百六十万平方公里土地上一小片水分充足的沃壤之中的一朵小花而已。美丽，娇弱，但没有芬芳。因为她不是树木，所以她那短细的根须是触及不到水层岩层的。她所蔑视的正是她所赖以存在的。她漠视甚至嘲讽他们的最现实的烦恼，但她那种因没有什么值得忧郁的事才产生的忧郁，那种一颗空泛的心灵内的微渺而典雅的悲哀，与他们可能经历过的悲哀相比，其实质是不值论道的。

我还想对她说……

我什么也不想对她说了。

我又想到了发烧的儿子。我认为我应该回到儿子身边去了。

“非常抱歉，我不能再陪你交谈下去了！”我走到办公室门前，推开了门……

门外，站着我的父亲，呆呆地，一动不动地，像根木桩似的。一手拎着水壶，一手拿着一瓶墨水。

他是给我们送开水来的。

他分明是听到了我方才大声说的某些话。

那姑娘走下楼梯时，还回过头来看了我一眼，我这样对待她，肯定是她绝没想到的。

父亲一声不响，放下水壶，默默走向他睡的那张钢丝床。

一直到熄灯，我和父亲彼此没说一句话。我静静地躺着，无法入睡。我知道父亲也是在静静地躺着，没睡。

我真想翻身下床，走到父亲身边，跪下去，将头伏在父亲胸上，对他说："爸爸，原谅我那番话又无意伤害了你，原谅我，爸爸……"

隔了一天，我从朋友家很晚才回来，一进家门，妻便告诉我，父亲走了。

"走了？上哪儿去了？"

"回哈尔滨了！"

"你……你为什么不拦他？！"

"我拦不住。"

病刚好的儿子在哭叫："爷爷，我要爷爷！我要找爷爷嘛！……"

我问："父亲临走说了什么没有？"

妻回答："什么也没说。"

我一转身就从家中冲了出去。

我赶到火车站，匆匆买了一张站台票。

我跑到站台上时，开往哈尔滨的列车刚刚开动。我跟着列车奔跑，想大喊："爸爸……"却没喊出来。

列车开出了站台。

送行者纷纷离去了。只有我一个人还孤零零地伫立在站台上。望着远处的铁路信号灯，我心中默默地说："爸爸，爸爸，我爱你！我永远不忘我是你的儿子，永远不耻于是你的儿子！爸爸，爸爸，我一定要把你再接到北京来！……"

远处的铁路信号灯，由红变绿了……

图书在版编目（CIP）数据

梁晓声说：我们的时代与社会 / 梁晓声著. —北京:中国工人出版社，2014.12
ISBN 978-7-5008-5981-9

Ⅰ.①梁⋯ Ⅱ.①梁⋯ Ⅲ.①社会问题—中国—文集 Ⅳ.①D669-53

中国版本图书馆CIP数据核字（2014）第280951号

梁晓声说：我们的时代与社会

出 版 人	李庆堂
责任编辑	王学良　吴　迪
责任校对	董春娜
责任印制	栾征宇
出版发行	中国工人出版社
地　　址	北京市东城区鼓楼外大街45号　邮编：100120
网　　址	http://www.wp-china.com
电　　话	（010）62350006（总编室）　（010）62005039（营销出版部） （010）82075934（社科文艺分社）
发行热线	（010）62005049　（010）62005042（传真）
经　　销	各地书店
印　　刷	化学工业出版社印刷厂
开　　本	710毫米×1000毫米　1/16
印　　张	20.75
字　　数	325千字
版　　次	2015年1月第1版　2015年1月第1次印刷
定　　价	38.00元

本书如有破损、缺页、装订错误，请与本社营销出版部联系更换